ものと人間の文化史

184

掃除道具

小泉和子
渡辺由美子

法政大学出版局

右：「子日目利箒」（正倉院宝物。出典：宮内庁ホームページ。https://shosoin.kunaicho.go.jp/treasures?id=0000014711&index=0）
758（天平宝字 2）年正月初子の日の蚕神を祀る儀式で用いられたとされ、二本一対で伝わる。キク科のコウヤボウキを束ね、根元を紫色の革で包み、金糸を巻き付けて杷手とし、穂先にガラス玉をつけている。この箒は『万葉集』の大伴家持の歌「始春の初子の今日の玉箒　手に執るからにゆらく玉の緒」から「玉箒」ともよばれている。

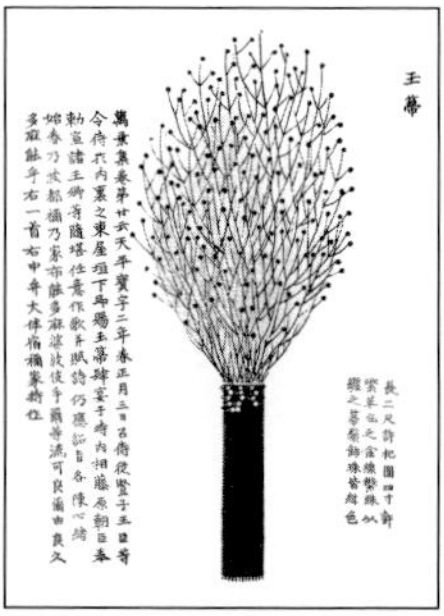

『観古雑帖』に描かれた「玉箒」
（国立国会図書館蔵）

庫裏の掃除に羽箒と棒ぞうきんを持つ僧。鎌倉時代
（『春日権現験記絵』巻 16、模本。国立国会図書館蔵）

庫裏の台所側の廊下の壁に吊り下げてある箒と塵取り。鎌倉時代
（『慕帰絵詞』巻 5、模本。国立国会図書館蔵）

草庵「竹杖庵」の縁の下に置かれた庭掃用の竹箒と板製の塵取り。鎌倉時代
（『慕帰絵詞』巻 8、模本。国立国会図書館蔵）

延暦寺で庭掃除をする僧。中世寺院では掃除も修行

年末の大掃除。12 月 13 日、江戸中一斉に行った。江戸時代
（斎藤月岑「商家煤掃」〈『東都歳事記』、1838 年。国立国会図書館蔵〉）

道路掃除は町人の義務。江戸時代
（式亭三馬「浮世床」。国立国会図書館蔵）

荒物売り。いろいろな箒や毛ばたきがある。明治時代
（長崎大学附属図書館所蔵）

掃除当番。床を拭いた最後の仕上げに机を拭く
（長野県會知村、1953年。熊谷元一写真童画館所蔵）

戦争中、掃除は国民精神涵養の手段とされ、子どもの双六にも「落書消し」
（「新年こども隣組双六」、1942、43年頃。国立教育研究所教育図書館蔵）

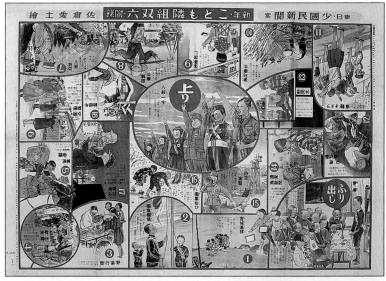

雑巾がけ。よく濯いでしぼった雑巾をバケツに入れて拭くところに運んで使い、汚れた雑巾はまとめて濯ぐ
（重要文化財熊谷家住宅、島根県）

刺子のある雑巾
（山崎光子民俗服飾コレクション。新潟県立歴史博物館蔵）

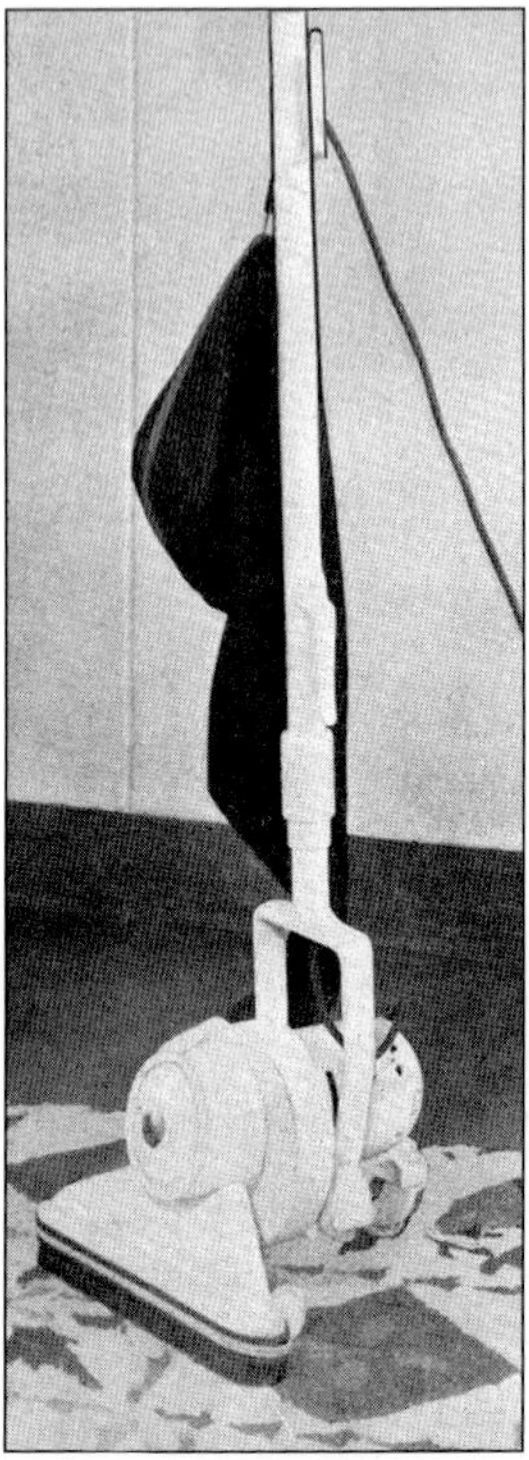

占領軍の家族用に製造されたアップライト式掃除機
（1947 年）

大掃除の掃き掃除。湿った茶殻を撒いて箒で掃く
（登録有形文化財 昭和のくらし博物館〈旧小泉家住宅〉東京都）

ロボット掃除機「ルンバ」（右）と床拭きロボット「ブラーバ」（左）
（画像提供：アイロボット社）

「抜穂細工取調書」に見るミゴ箒とその製法

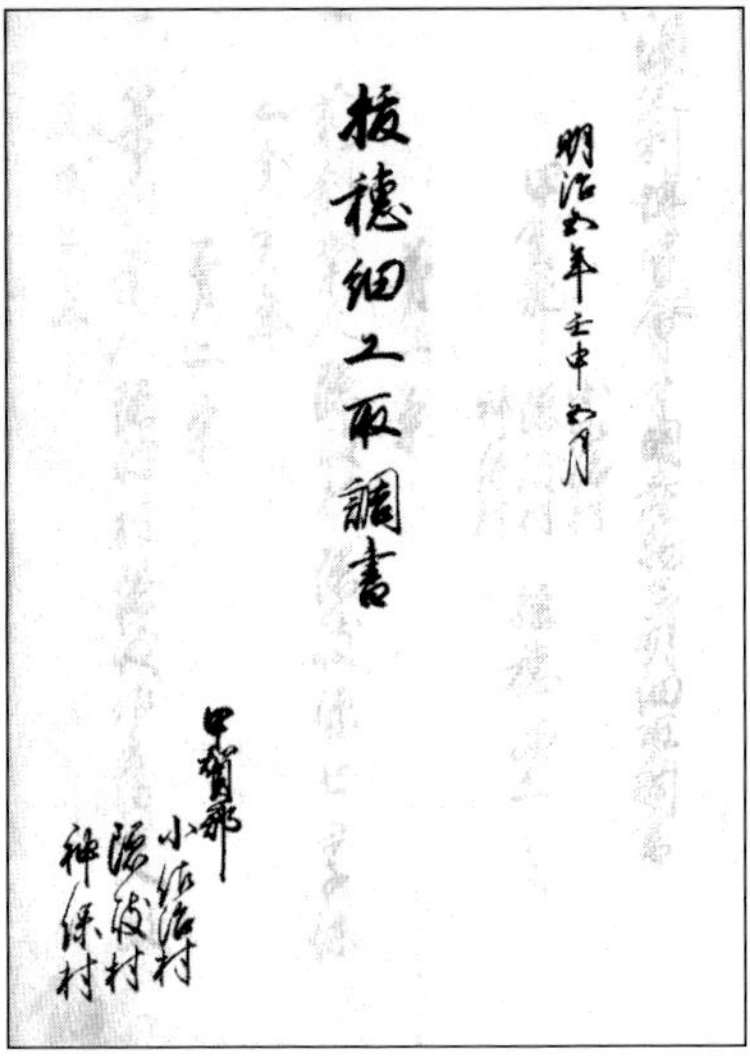

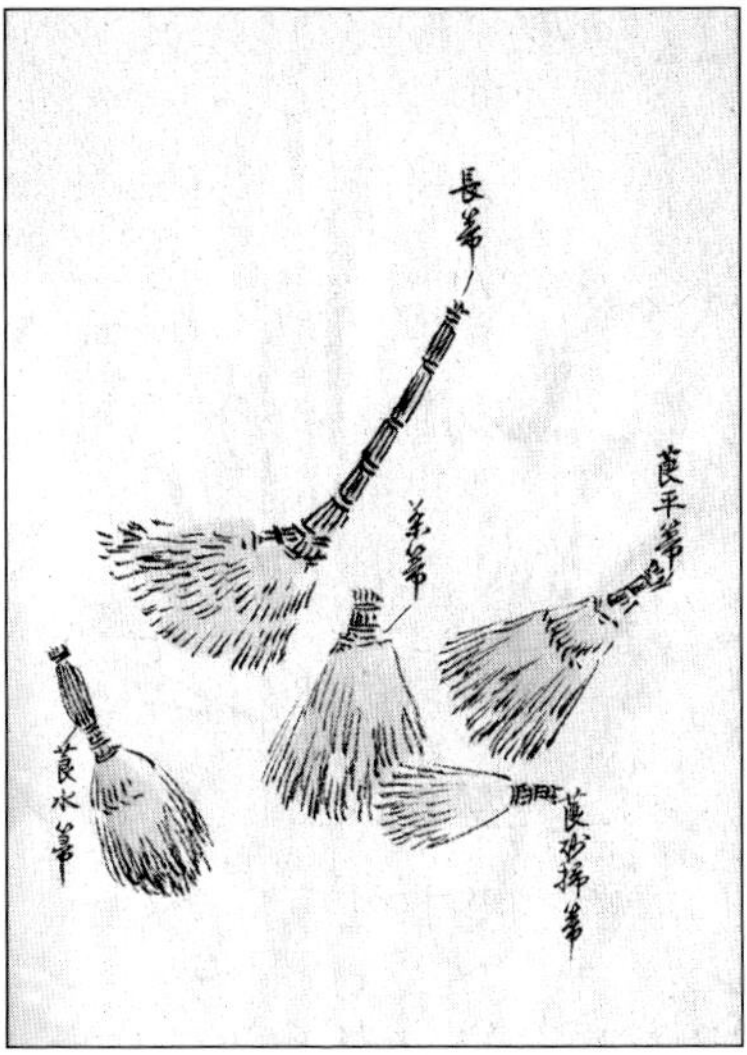

Ⓐ　右：「抜穂細工取調書」の表題部分。左：同書に見る５種類のミゴ箒（長箒・茶箒・莨《たばこ》平箒・莨砂払箒・莨水箒）。以下、Ⓑ〜Ⓙはその製法（いずれも滋賀県立図書館蔵）

Ⓑ　芼ぬきの図
（同前）

Ⓒ　揃へたばねる図
（同前）

Ⓓ　はさかけの図
（同前）

Ⓔ　水え晒す図
（同前）

Ⓕ　はかまかけの図
（同前）

Ⓖ　毛切の図
（同前）

「抜穂細工取調書」に見るミゴ箒とその製法

Ⓘ　箒結ひの図
（同前）

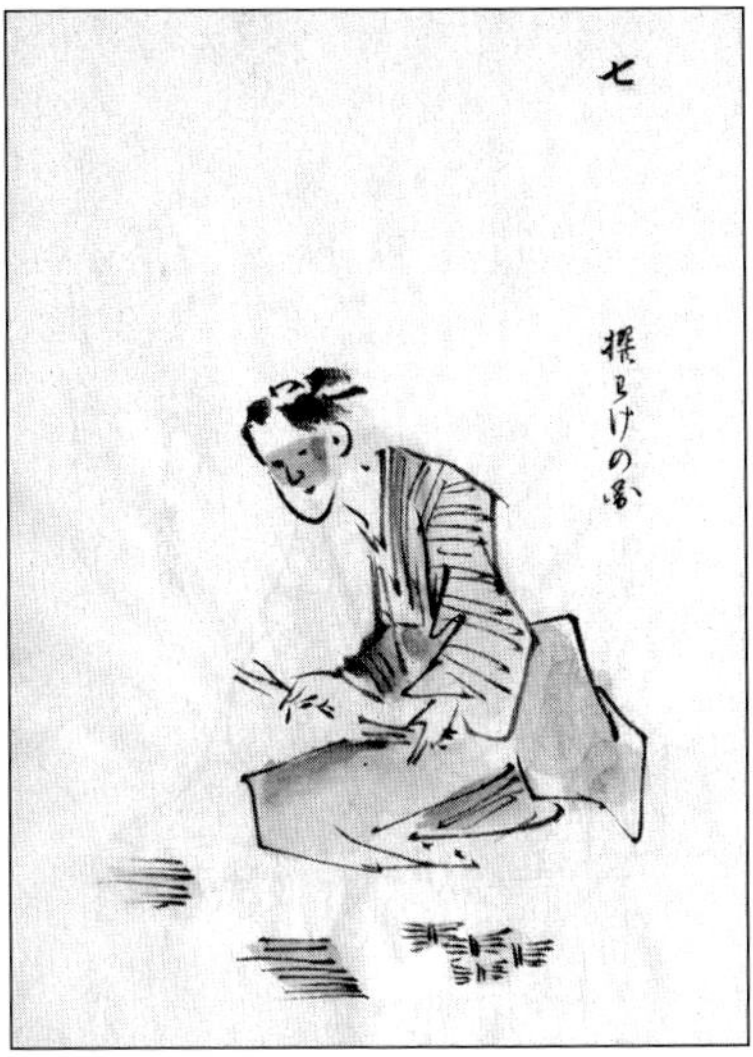

Ⓗ　撰わけの図
（同前）

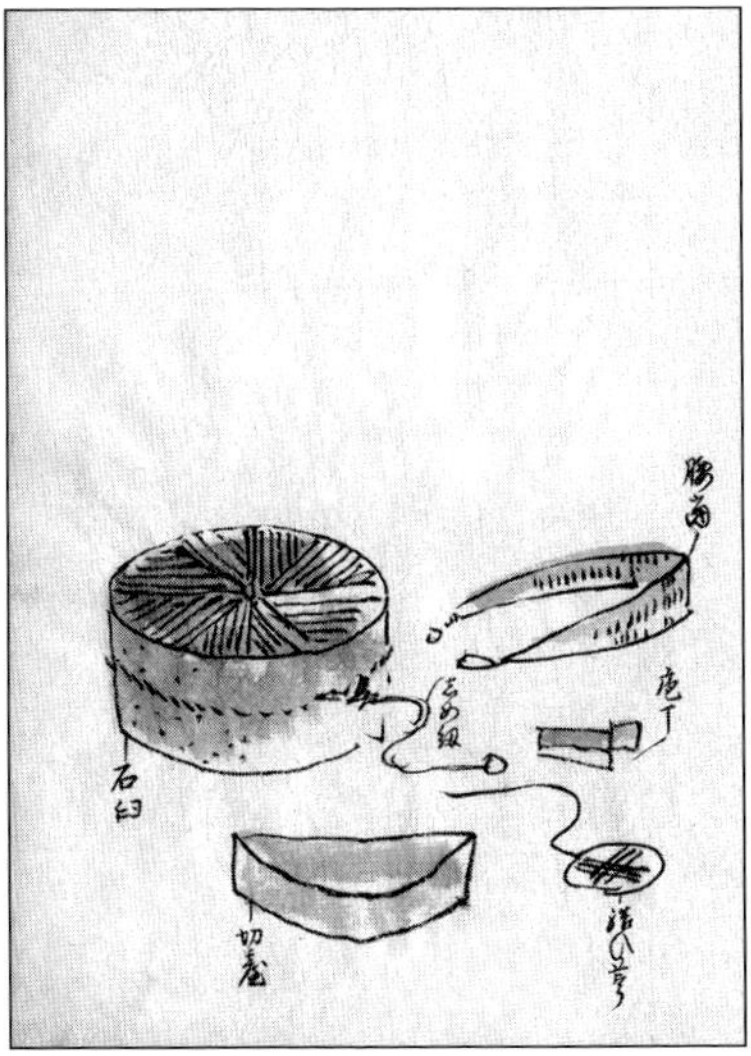

Ⓙ　右：箒仕上ケの図。左：道具として、石臼、締め紐、結い苧、腰当て、切り台、包丁が記されている（同前）

箒博物館「市民蔵常右衛門」の外観。神奈川県で中津箒を製造・販売する株式会社まちづくり山上が運営。かつての蔵を活用した情報発信拠点（提供：株式会社まちづくり山上、本文 262 頁参照）

同前・内部。館内の壁に展示された日本各地の箒（提供：株式会社まちづくり山上）

同前・内部。館内の壁に展示された世界の箒（提供：株式会社まちづくり山上）

蜀黍箒の製法

Ⓑ　種まき（提供：株式会社まちづくり山上）

Ⓒ　収穫（渡辺撮影）

Ⓐ　蜀黍箒製造の道具（渡辺撮影）

Ⓔ　天日干し（渡辺撮影）

Ⓓ　脱穀（提供：株式会社まちづくり山上）

Ⓖ　下準備（提供：吉田慎司氏）

Ⓕ　選別（提供：吉田慎司氏）

以下、Ⓗ～Ⓡは、2017 年 2 月 17 日、昭和のくらし博物館「ほうきの日」における吉田慎司氏による実演（渡辺撮影、本文 269 頁参照）

Ⓘ　「耳」をつくる

Ⓗ　「玉」をつくる

蜀黍箒の製法

Ⓙ 「玉」と「耳」を合わせる

Ⓚ 胴編み

Ⓛ 胴締め

Ⓜ 「胴」の中を切り落とす

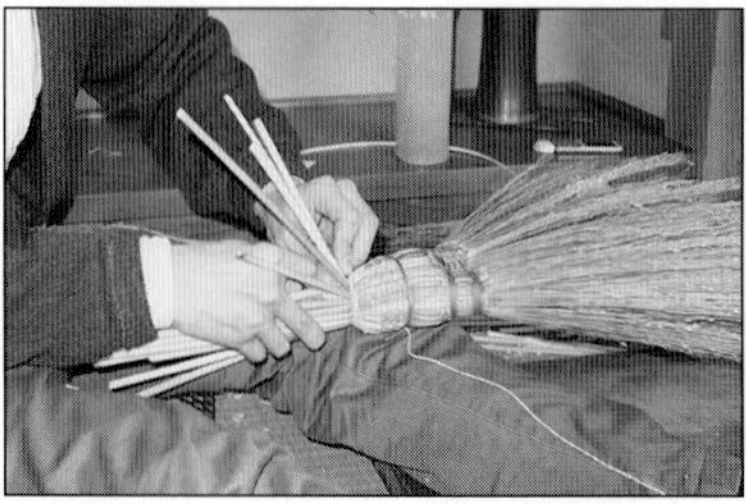

Ⓞ　胴編み（続き）

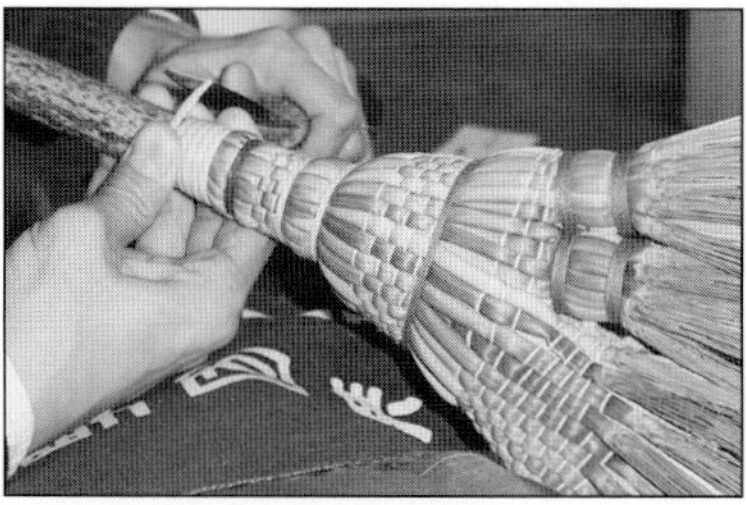

Ⓟ　籐を巻く

Ⓝ　柄を差す

Ⓡ　コアミ

Ⓠ　オオトジ

はじめに

二〇〇四（平成一六）年、新堂遺跡（奈良県橿原市）の河川跡から五世紀後半と推定される箒が発見された。それまで国内最古とされていた八世紀中頃の平城宮跡からの出土箒を約三〇〇年さかのぼる箒である。広葉樹の小枝を筒状に束ね、皮の紐を巻き付けてある（八三頁図1参照）。枝先が摩耗していることから、ものを掃くために用いられた様子がうかがえるが、鳥形木製品などと一緒に見つかっていることから祭祀具であったと考えられている。

このほか現存する箒としては、正倉院宝物の「子日目利箒《ねのひのめとぎのほうき》」がある（口絵(2)頁参照）。正月三日に初子の日の儀礼が行われる蚕室を掃いたとされる。古来、箒は神の依代《よりしろ》とされ、掃くという所作を通じて神霊を招いたり、払ったりする呪力があると信じられていた。

箒に関するもっとも古い記録は『古事記』の天若日子《あめのわかひこ》の死後、妻の下照比売《したてるひめ》が喪屋《もや》を建てて鷺を掃持《ははきもち》としたというものである。箒の「掃く」機能によるものだとされているが、これには二説あって、一つは死霊が再び戻らないように、穢《けが》れを忌むというもので、一つは反対に遊離した霊魂を箒で招き寄せるというものだという。いずれにしても「ごみを掃き出す」という行為が、掃除によって清められる状況に強い衝撃を受けた古代人が、「掃き出す」という行為と、そのための箒に、人智を越えた神秘的なものを感じたのであろう。葬送の儀式に掃持を置いたり、出棺時に箒で掃き出す風習は、地方によってはずっと後まで残っていた。

遺物はないが、すでに縄文時代には掃除が行われていたと考えられている。縄文の環状集落は円環状に構成されていて、中央が広場になっており、ここは祭祀場だったと推定されている。周囲を集落がドーナツ状に囲んでいて、その外にごみの廃棄場がある。縄文遺跡では、ごみは一カ所にまとめて捨てていて、中央広場からは遺物が発見されないという。このことから、環状集落の中央広場は常に清められていた空間だったと推定されている。掃除をしていたということである。日本人は古くから清潔を貴ぶ文化を持っていたのであろう。

だが世界では、掃除が発達していなかった国もある。古代メソポタミアでは、人間が食べ残りや滓を家の外に捨てると犬が食べてくれたので、掃除はしなかったという。もともと犬は狩猟のための動物というより、見張りやごみ浚いが主な役目だったといわれる。これが古代西アジアに影響を与え、西アジア一帯は掃除に関心を持たなくなったのだそうである。

これに対し古代中国では古くから掃除が発達していた。紀元前二世紀に成立した『爾雅《じが》』という字書がある。紀元前八世紀頃からの漢語を意味によって一九部門に分け、類義語や訓詁《くんこ》(字句の解釈)を集めたものである。この中に「掃除」の説明が載っていて、「振訊《しんじん》(埃を払い除く)、抜拭《ばっしき》(拭き掃除)、掃刷《そうさつ》(掃除して清める)は、皆、潔清《けっせい》(清潔)の為の所以《ゆえん》(手段)なり。」とある。掃除に関する語彙がこれだけ多いことは、掃除が丁寧に行われていたことを示している。

箒の実体については、尚秉和の「古の箒」(『歴代社会風俗事物考』)につぎのようにある。

昔は、喪礼の時や悪魔祓いに、桃茢《とうたつ》というものを用いているが、茢は箒のことで、桃の木を棒にした箒なのである。或いは黍穰《きびわら》やおぎ穂でも作ったともいう。おぎは荻のことで、秋に実がのれば萑《かん》といい、その穂で作る。黍穰は黍《きび》の穂、秋に実が落ちると、縛って箒にするが、今日でも北方の人家では多くこれを使っている。昔は、子弟が掃除する際の礼法として、必ず箒を塵取の上にのせ、塵取の口を胸にあてて、中に箒を入れているから、恐らく二尺以上はなかったものであろう。まさに今と同じである。桃の棒の箒といえば、このごろ庭掃除や高い所を払う時の、木の柄をつけた長箒を想わせる。

これは『左伝』『礼記』『詩経』『官子』など周、秦、漢といった古い時代の文献をもとに記述されているものであるから、やはり紀元前八世紀頃の箒の記録である。『詩経』などは民謡集であるから、このころには民衆の間でも掃除が行われていたということである。

漢代の画像石には、邸宅の庭で箒を持って掃除している男が描かれている。紀元前二世紀ころの邸宅だというが、これは柄が付いた箒のようである。

中国では掃除が「礼」に近いものであって、王侯クラスの人でさえ掃除をしたという。前漢時代の歴史書『史記』には王国クラスの趙王が、座を払って客を迎えた（趙王掃除して目迎す）と書かれている。中国では身分の上下の区別なく掃除をしていたことがわかる。

こうした中国の掃除文化が仏教とともに日本へも伝来した。中国の掃除文化の日本への影響については中世の宗教と掃除についてはよく知られている。しかし古代については、いまのところよくわからない。だが古代の宮廷など支配層の掃除には中国の掃除文化、掃除思想が大きく影響を与えたと考えられる。

しかしそのこととは別に日本では縄文時代から掃除が行われていたように、古くから日本独自の清潔感覚を育んできていたと考えられる。乾燥した中国大陸とは違い、日本は湿気が多く、とくに夏期、高温になる。このため黴や腐敗を生じやすく、身体も衣服も汗にまみれる。こうしたことからごみを片づけたり、衣服を洗ったりする文化が生まれて来るのはごく自然である。

加えて日本は、はっきりした四季の区別があることや、国土の七割が山で、川の流れが急峻であることなどといった自然環境も日本人の清潔感に大きく影響していたと考えられる。自然が見せる季節の変化、とくに新緑のみずみずしさや、爽秋、清雪、急峻な流れの水の清冽さは、鋭敏な感受性や清潔さに敏感な感性を育んだと考えられる。

神道《しんとう》が清浄を貴ぶのもここから来ているのであろう。神道で何よりも忌むのは穢れである。穢れを払うために水で禊ぎをし、御幣で祓いをする。そうして汚れを落とした状態になってはじめて神に近づくというもので、これは今日でも、宮参りや七五三、地鎮祭など神社の祭式には続いている。御神酒徳利《おみきどっくり》のすずのくち（錫製の御神酒徳利の口に挿す細竹で作った飾り）や、しで（紙垂）をはじめ、神に捧げるものはすべて真っ白で新しい紙や竹木を使うのも穢れを避けることから来ている。

中国では古くから掃除文化が発達していたが、実際に清潔を貴び、丁寧な掃除をしてきたのは、世界の中でも日本人がダントツなのではないか。近世初期に日本にやってきた外国人たちは日本の町が清潔なのに一様に驚いている。家の中で履物を履かないということもあるだろう。しかし韓国も履物を脱いで上がるが日本ほど掃除に神経質ではない。やはり日本は掃除文化がとりわけ発達しているのだろう。

本書はそうした日本人と掃除について、掃除道具の視点から歴史的にたどったものである。第一章「掃除道具の歴史」と、第二章「箒」とからなる。第一章では、時代と社会の中で掃除というものがどのような意味と役割を持っていたかを古代から現代まで、掃除道具全般について取り上げ、第二章では、時代を通して存在する箒に特化して、箒の名称と分類、箒の素材や産地、暮らしとのかかわりについて仕事、芸道、習俗の面から取り上げた。

このため箒については一章と二章で重複する部分があることについては諒とされたい。

目次

2　箒の素材　126

第一章

掃除道具の歴史

1　古代　棒ぞうきんの時代

縄文時代から日本人は掃除をしてきたとはいえ、中世あたりまで庶民の住まいはほとんどが土間住居だったから、草箒で掃くくらいで掃除は重要ではなかった。古代において掃除が重視されていたのは宮中である。宮中では律令制に基づいて掃除専門の役所も設けられ、女官も勤務していた。古代の宮中での掃除でもっとも重要だったのは、儀式の場である庭の掃除であった。そしてこれは形を変えながらも近世まで影響を及ぼしている。

[1] 棒ぞうきんと羽箒

ここに掲げた絵は一二世紀、平安時代の『扇面

図１　貴族邸の簀の子を掃除する下家司（『扇面法華経』。小泉作画）

法華経』という装飾を施した経典の下地に描かれた人物を描き起こしたものである（図1）。貴族邸での掃除風景が描かれている。当時の貴族住宅は寝殿造といって、広い板の間のまわりに簀《す》の子とよばれるテラスのようなものがついた建物だった。周囲は壁でなく蔀戸《しとみど》といって蝶番で吊って、水平に開く扉である。内部も間仕切りがなく、必要に応じて柱と柱の間にパネルをはめて仕切りとしたり、屏風やカーテンのようなもので仕切るというシステムだった。このため室内は体育館のように広い板の間に柱が立ち並んでいるだけだった。そうした建物が、前面に庭を持つ主屋（寝殿）を中心に、左右や後ろに副屋（対）が何棟も建ち並んでいたのである。

この場面は、池に張り出した建物の簀の子で、二人の男が裸足で掃除をしているところである。手前の男は棒ぞうきんで拭き掃除をしており、奥の男は絵がはっきりしないが羽箒《はねぼうき》で掃いている。こんな古い時代にモップが使われていたことに驚くが、当時は掃き掃除には羽箒、拭き掃除には、棒ぞうきんが使われていたのである。

棒ぞうきんと羽箒がもう少しわかりやすく描かれている絵巻がある。一四世紀初期の『春日権現験記絵』巻十六である。場所は寺の庫裏で、僧が羽箒と一緒に棒ぞうきんを持っている（図2）。十四世紀中葉の『慕帰絵詞』巻二の信昭の庫裏の裏廊下にも同じような棒ぞうきんが壁に立てかけ

図2　庫裏で掃除用の羽箒と棒ぞうきんを持つ僧（『春日権現験記絵』巻16、模本。国立国会図書館蔵）

てある（図3）。これらをみると一メートル二、三〇センチほどの長柄の先端にT型に横木がついていて、これに布をはさんでいるらしい。布はかなり長くて、五、六〇センチくらいはありそうだ。

布の素材については『延喜式』に雑巾類の材料と考えられる記述があり、「打掃布一条〈六尺〉拭布一条〈一条二尺〉御巾紵布六尺」と記されている。紵布だとすると、麻の一種、イチビで織った布ということになる。いずれにしても麻か楮《たく》（コウゾ）だったと考えられる。復原してみたのが図4である。

棒ぞうきんだったのは、古代の支配層の住宅は、寝殿造も、その前の奈良時代の住宅も、板の間だったからである。しかも広かったので、走り回って拭き掃除をするのには便利だったのである。そのかわり拭き掃除としてはかなり粗っぽかったと思う。棒ぞうきんによる掃除は、住宅が書院造に変わる中世末あたりまで行われていたと想像される。

ただ当時、これを何とよんでいたのかは、いまのところわからない。『延喜式』に「拭布一条」とあることから拭布だったかもしれないが、これは材料のことだから、棒ぞうきんとなった場合は違ったのかも知れない。

図3　庫裏の台所の壁に立てかけられている棒ぞうきん
（『慕帰絵詞』巻2、模本。国立国会図書館蔵）

最初の絵に戻って、もう一人が使っている羽箒である。箒の語源はハハキ（羽掃き）で、鳥の羽を束ねたものであるから、まさにそのハハキである。この絵でははっきりしないので、これもさきの『春日権現験記絵』巻十六（一三頁図2）をみると、羽根の部分はかなり長くて、先が細く、縦に斑点がある。この絵から推定すると鳥は山鳥ではないかと想像される。山鳥の雄は尾の羽根が一メートル前後あり、縦斑があるという。柄は細くてかなり長いので、横に寝かせて、ごみを静かに掃き寄せるようにして使ったのではないか（図5）。

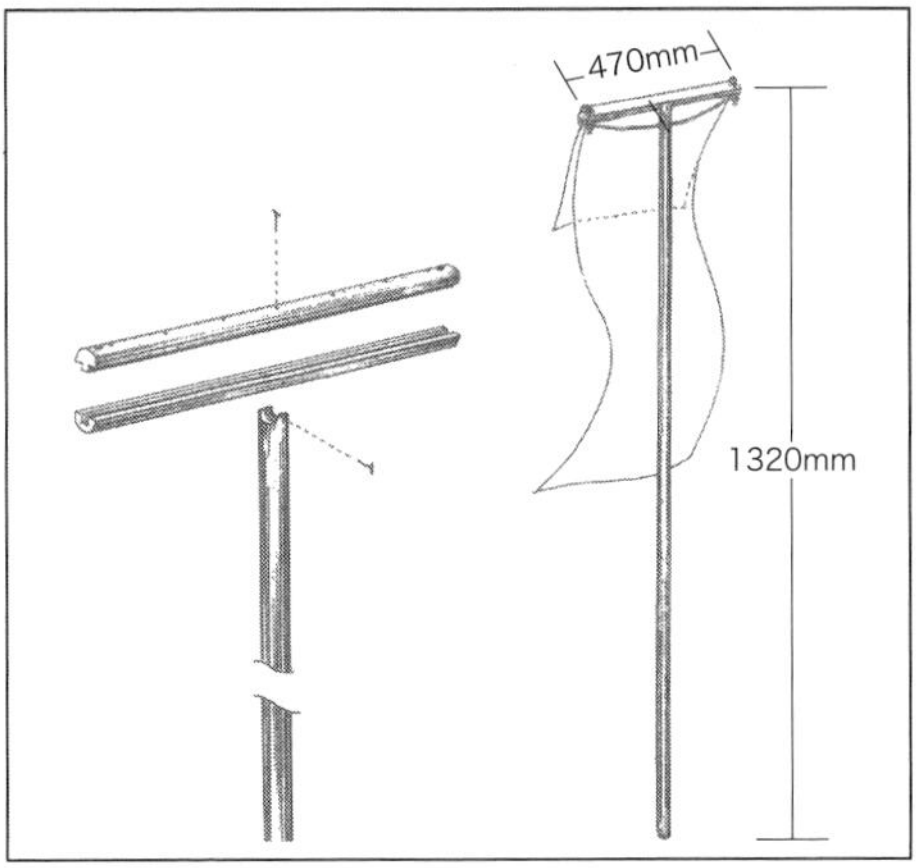

図4　棒ぞうきん（長柄の拭布）復原図（『春日権現験記絵』巻16を参考に復元。麻布、柄の部分は杉材、T字型の横木は二つ割になっていて和釘が植えてあり、ここに布をはさんでとりつけている。製作：竹中造形美術）

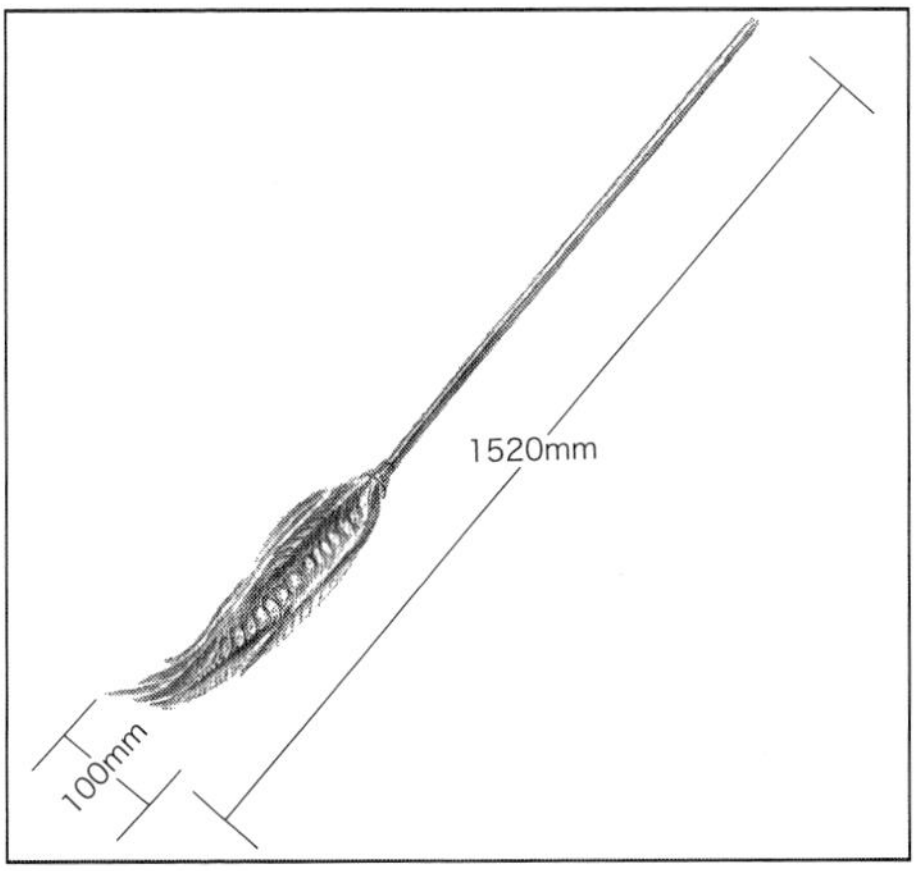

図5　羽箒復原図（『春日権現験記絵』巻16を参考に復元。鳥の羽は山鳥の尾と想定されるが、復元にあたってはキジの羽を使用し、羽の根元は柿渋和紙で巻き朱塗で仕上げている。製作：竹中造形美術）

② 箒と塵取り

箒には羽箒のほかにも多様な箒があった。出土品以外で現存する日本最古の箒は正倉院の「子日目利箒」である（図6）。一双（二本）で伝わり、正月の初子の日に祖先や蚕神を祀る儀式に用いたとされる。正倉院の説明には「中国古来の制に倣い、蚕室を掃き清めて蚕神を祀った」とある。この箒に被せる机上に置いた覆（緑紗几覆《みどりしゃのつくえのおおい》）に「天平宝字二年正月」という銘がみえる。『万葉集』には、儀式の後の宴席で詠まれた大伴家持の歌「始春《はつはる》の初子《はつね》の今日の玉箒《たまばはき》手に執るからにゆらく玉《たま》の緒《お》」が収められていて、この歌から「玉箒」ともいわれている。

正倉院宝物「子日手辛鋤」（図7）の柄にも「天平宝字二年正月」の墨書があることから、鋤と箒をセットと捉え、「天皇が鋤で田を耕し、皇后は

図6 「子日目利箒」（正倉院宝物）
長さ65cm、キク科のコウヤボウキを束ねた柄のない手箒で、緑色のガラス玉が飾ってあり、根元を紫の染革で包み、金糸で巻いて把手としている。材質は従来はメドハギ（マメ科の多年草）とされていたが、戦後の調査の結果、コウヤボウキだと判明した。

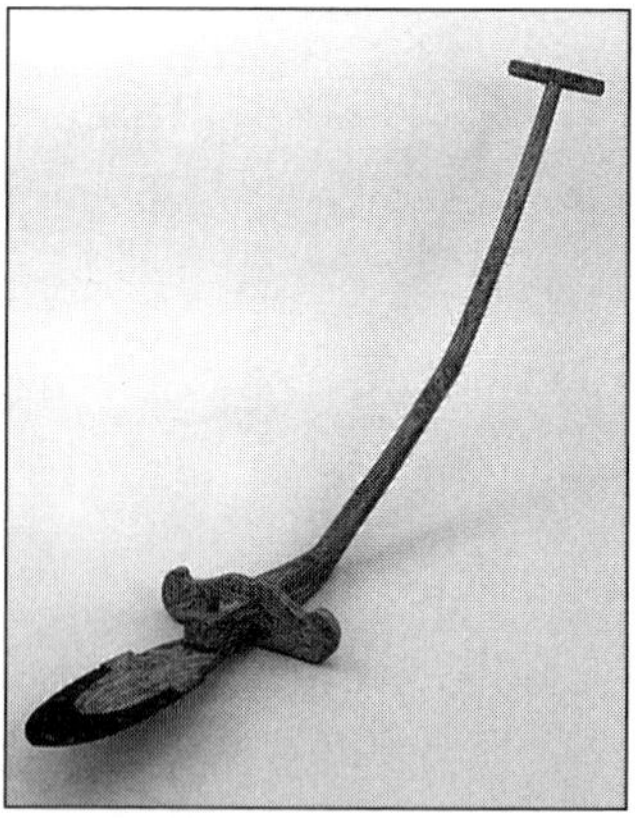

図7 「子日目手辛鋤」（正倉院宝物）
図6と同じ758（天平宝字2）年正月初子の日の儀式で用いた鋤。屈曲した木製の柄に蘇芳色で木理文を、鉄製の鋤先に金銀泥で花卉や蝶・鳥の文様を描く。一双（二本）で伝わる。

箒で蚕の蚕室を掃く」というような古代中国の親耕儀礼や親蚕儀礼の影響をうかがわせる儀式だったとされてきた。しかし近年異論が出てきているので、子日目利箒の由来に関しては第二章2節①「目利箒」（一二六頁）で詳述した。子日目利箒の用途はともかく、「掃く」「払う」が「祓う」に通じることから、箒には古くからさまざまな忌み事や風習が生まれていた。『魏志倭人伝』には旅に出た人の無事を祈って掃除をしないとあるが、逆に箒の「掃き出す」から、死霊が戻らないように、出棺時に箒で掃き出すなど、さまざまな風習が生まれた。

梳《くし》も見じ屋中《やぬち》も掃かじ草枕　旅行く君を齋《いは》ふと思《も》ひて（『万葉集』四二六八）

これなども「梳も見ますまい、家の中も掃きますまい。旅に行くあなたの安全無事を祈るとて」という意味である。

箒の種類には、文献によれば羽箒、棕櫚箒、草箒、藁箒、芒箒などがあったことがわかる。また絵巻物にも立って使う長柄箒、小さい手箒、屋外用の竹箒など、さまざまな箒が描かれている。

たとえば『慕帰絵詞』巻五の覚如屋敷の台所側の裏廊下の壁に箒と塵取りが並べて吊り下げられている（図8）。箒は一メートル二、三〇センチ

図8　台所側の裏廊下の壁に吊り下げてある箒と塵取り（『慕帰絵詞』巻5、模本。国立国会図書館蔵）

くらいの長い柄の根元に穂先を束ねてつけてあって、穂先が広がっている。『慕帰絵詞』巻四の親鸞聖人の閑居でも僧が同じような形の箒で掃いている(図9)。

『春日権現験記絵』巻十二で、僧房で客を泊める準備をしている場面には小箒が描かれている(図10)。三〇センチくらいで、草を束ねて、束ねたところを柄としている。敷居の溝とか部屋の隅を掃くのに使ったのであろう。そばに小形の塵取りも描かれている。

平安時代に原本が制作された『年中行事絵巻』巻十一には、稲荷祭の風流行列の中に竹箒が描かれている(図11)。これは祭りのための装束であるが、長い竹の柄に細い竹の枝を取り付けたもので、後の竹箒とまったく変わらない。同じような竹箒は『春日権現験記絵』巻十一にもみえる。『慕帰絵詞』巻八の宗昭の庵室、竹杖庵の濡れ縁の下にもある。板で箕の形に作った塵取りが一緒

図9　穂先が広がっている箒で掃く僧。床は板の間(『慕帰絵詞』巻4、模本。国立国会図書館蔵)

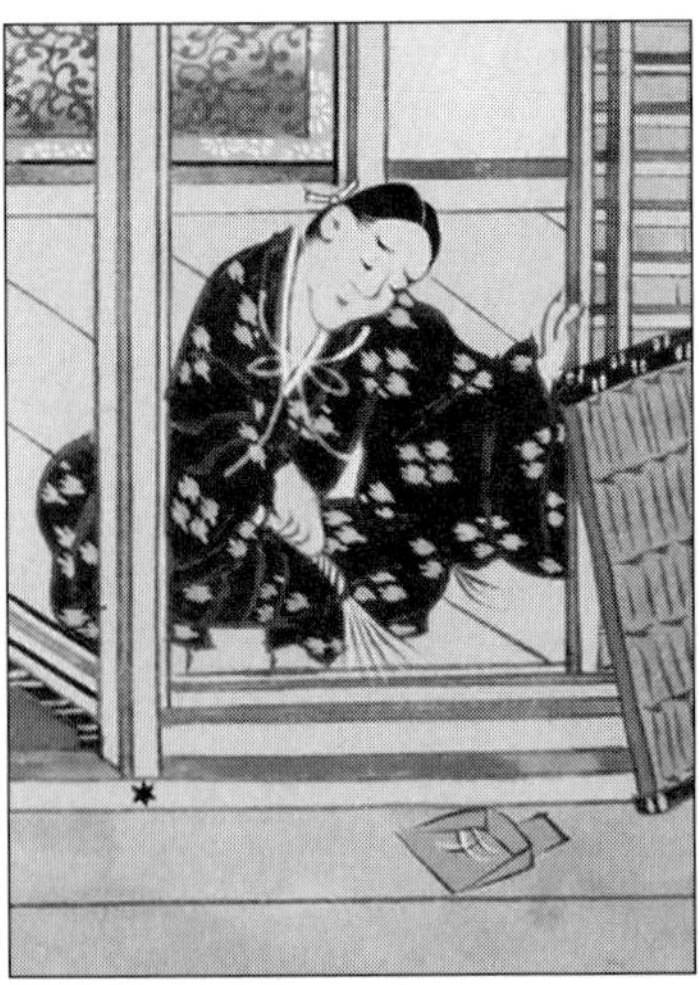

図10　小箒と塵取り。当時、畳は必要に応じて敷いた(『春日権現験記絵』巻12、模本。国立国会図書館蔵)

に置かれている（図12）。また巻十の宗昭屋敷の馬舎には柄の短い竹箒が立てかけてある（九二頁図5参照）。

こうしてみると箒については古くからあまり変わっていないようである。ただ現在の座敷箒のような穂先を平たく形作ったものは江戸時代以降だったようである。またはたきも出てこない。はたきが出てくるのも江戸時代からである。

屋内用の塵取りは、さきの『慕帰絵詞』巻五の覚如屋敷の廊下に吊られているものと、『春日権現験記絵』で小箒とともに描かれているものは共通している。竹を編んで和紙を張った一閑張《いっかんばり》か、和紙を張り重ねたものかであろう。表面には渋か漆を塗ったと想像される。

3 宮中の掃除

掃除という言葉は中国語である。周代の官制を

図11　稲荷祭の風流行列で持ち出された竹箒（『年中行事絵巻』巻11。小泉作画）

図12　竹杖庵の縁下におかれた庭掃き用の竹箒と板製の塵取り（『慕帰絵詞』巻8、模本。国立国会図書館蔵）

記した『周礼《しゅらい》』夏官編に「隷僕《れいぼく》（宮中の清掃をつかさどる官名）ハ五寝ノ掃除、糞洒《ふんさい》ノ事ヲ掌ル」とあるのによっている。類似語に掃地《そうち》（地面を掃き清めること）、掃洒《そうさい》・掃灑《そうさい》（掃いて水を注ぐこと）・掃除《そうじょ》・掃清《そうせい》（払い拭う）などがある。わが国でも平安時代から漢詩や文章上では使われていたが、日常の言葉では、きよめ、あさぎよめ（朝掃除）とか、はく（掃く）、はらう（払う）とよんでいた。

『枕草子』には「掃部司《かもりのつかさ》まいりて御格子まいる。主殿の女官おきよめなどに参りはてて」とある。当時の貴族邸における朝仕事の情景で、掃部司がやってきて寝殿造の蔀戸（御格子）を上げて行くと、その後へ主殿寮《しゅでんりょう》の下級女官たちが来て掃除をするということである。

宮中で掃除を担当していた部署は、掃部寮《かもんりょう》（かもりのつかさ）、主殿寮（とのもりのつかさ）で、殿上の掃除は掃部寮が、庭掃除は主殿寮が受け持っていた。掃部寮はそのほか儀式や行事の際の畳や薦・席《むしろ》などの敷物、牀（座る台）、幔幕などの設営と掃除を、主殿寮は行幸時の輿や輦（手車）、蓋笠や繖《きぬがさ》、帷帳、湯沐及び殿庭の掃除、宮中の薪炭や照明の管理なども受け持っていた。ただし掃部寮と主殿寮は時代により何度も統合や変更がされていたため、職掌についてもはっきり分かれていなかったようだ。

『枕草子』には「（石清水八幡の）りんじのまつり（中略）かんもりづかさのものども、たゝみとるやをそきと、とのもりづかさの官人ども、手ごとにはゝきとり、すなごならす」とある。掃部寮の職員が畳を設営するのを待って、主殿寮の職員たちが箒で砂を均しているということである。当時、宮中などの庭には掃いた後、白砂を撒いていた。雨が降っても水たまりが出来ないように、地面がぬかるまないようにするためで、いわば砂による舗装である。京都では白川流域の白砂が使われたという。

当時の掃除は砂を撒くことがセットになっていた。宮中では儀式が行われるとき、盛砂といって、砂を入口に盛ることと、敷砂といって儀式をする庭に撒くことが、庭前のきよめとされていた。また行幸時や摂政・関白などの社参の際には、道中の掃除が検非違使の監督の下で行われていた。こうした掃除の仕方は、監督機関は変わったが室町幕府から江戸幕府にまで引き継がれていた。

職員は掃部寮、主殿寮それぞれに一五〇人から二〇〇人くらいいて、女官も十人前後いた。宮殿や貴族邸は広く、儀式も多かったので、おおぜい必要だったのである。

公家、藤原忠実の日記『殿暦』（一一一二・天永三年）には「高陽院掃除夫三百人これを献ず、みな高陽院に遣わす」とある。これは当時、里内裏（平安京の内裏のほかに臨時に設けられる皇居）となっていた忠実の屋敷、高陽院が火災にあったため、火事場を片づけるために掃除夫を遣わしたということなので、通常ではないが、こうしたときにも掃除夫が担当したことがわかる。

掃部寮、主殿寮に対し、女官が掌る部署は掃司《かにもりのつかさ》、殿司《とのもりのつかさ》であった。掃司は「牀席、灑掃、鋪設を奉る事を掌る」、殿司は「輿・繖《きぬがさ》・膏・沐・燈油・火燭・薪炭を奉る事を掌る」（『女官通解』）と仕事の内容は掃部寮、主殿寮に準じている。

律令制度のもとでは女官もちゃんと官僚として身分が決まっていて、掃司の長官は尚掃《かもりのかみ》といい一人、次官は典掃《かもりのすけ》で二人、その下に女孺《じょじゅ》が一〇人いた。実際に作業をしたのは女孺である。尚掃は従七位、典掃は従八位に準ぜられていた。殿司は尚殿《とのものかみ》が一人、典殿《とのものすけ》が二人、女孺が六人で、尚殿は従六位、典殿は従八位に準ぜられていた。

貴族邸の場合は家政一般を担当するのは家司《けいし》であったから、掃除を行うのは雑色ともよばれる下家司だった。最初の絵（一二頁図1）で、簀の子を掃除しているのは下家司であろう。

2 中世 掃除は修行

中世は宗教の時代であった。これは平安時代の貴族政治の崩壊により、貴族社会を支えてきた呪術的な密教の権威が動揺したためである。唐で学んだ最澄（七六七〜八二二）が設立した天台宗の中から、浄土信仰が成長し、法然（一一三三〜一二一二）の浄土宗、親鸞（一一七三〜一二六二）の浄土真宗、日蓮（一二二二〜八二）の日蓮宗、栄西（一一四一〜一二一五）、道元（一二〇〇〜五三）の禅宗など、新しい仏教が続々と生まれた。この背景にあったのは武士の台頭である。武士が政治的勝利を収めたことで社会が変わり、農民、漁民、猟師、さらには、なお下層の庶民たちが、貴族仏教でないものを求めた。これに大きな影響を与えたのが宋、元の仏教思潮である。こうして生まれた新仏教は、その後の日本文化を大きく変え、その影響ははかりしれない。

その一つが掃除の思想化である。新仏教ではどの宗派でも掃除が重視されている。とるにたらない日常の些事である掃除に大きな意味を持たせ、思想的に深化したのが、中世の仏教で、この思想は後世にまで大きな影響を及ぼし続けている。

寺院の掃除については、小倉玄照「仏教と掃除」（沖原豊編『学校掃除』学事出版株式会社、一九七八）が詳しいため、以下はこれに多くを依っている。

1 永平寺の掃除

寺の掃除といえば、福井県にある道元の開いた曹洞宗の大本山永平寺での掃除が有名である。厳寒の早朝、真っ暗な中で雲水たちが裸足になって、広い廊下を、息を弾ませ、すさまじい勢いで走って雑巾がけをしている姿には粛然とさせられる。もっとも永平寺が開山した鎌倉時代は棒ぞうきんの時代だったから、こういう雑巾がけではなかったはずだが、掃除方法はともかくとして、永平寺では「一掃除二座禅　三看経《かんきん》」といって、何をおいてもまず掃除が修行の第一なのだという。

道元が修行道場内の役職について定めた『永平寺知事清規』（一二四六年成立）には「掃洒（掃除し清めること）」を司る「直歳」という役職があるように、永平寺では当初から掃除が重視されていたことがわかる。また道元の語録『永平広録』には禅の悟りによってつかむべき姿について「今生の活命、清浄を上と為す」、つまり生活態度の最上位にあるのが清浄であるといっている。掃除によって清浄にすることが悟りの一境地だというのである。鎌倉時代の実態についてははっきりしないが、基本的には引き継がれているといわれる、現在行われている掃除はつぎのようなものである。

掃除には、毎日の掃除、月ごとの掃除、年ごとの掃除がある。

まず毎日の掃除は、回廊掃除、便所掃除、臨時掃除、当番掃除である。回廊掃除は朝食後、合図の太鼓が打たれると雲水たちは急ぎ作務衣《さむえ》に着替えて回廊の雑巾がけをする。全員素足になって寒中も水で、全山を三〇分ほどで磨き上げる。便所掃除は毎日、夕食後に行い、便所の隅々まできれいに雑巾で磨き上げる。便所掃除は古くから隠徳を積むと称して、人知れず掃除することが奨励されていたという。修行道場では午前中は講義、午後は銘々が読書室で経巻を繙《ひもと》くのが日課になっているが、夏の晴天の日には、午前も午後も、草取り、掃き掃除を行い、冬は雪かきをする。これが臨時掃除である。当番掃除はそれぞれの寮の受持区域の掃除である。朝の勤行の間に行い、やり方は場所によって違う。たとえば法堂（講堂）とか祖廟の場合は当番以外の起床時間（夏は三時半、真冬は四時半）のおよそ二時間前には起きて、須弥壇《しゅみだん》の上の雑巾がけをし、三五〇畳敷の法堂大広間を掃く。次いで敷居やまわりの廊下の拭き掃除をして、囲炉裏に火を熾《おこ》したり、湯を沸かしたり、香炉に火を入れたりする。それらを夏なら三時半までに一人で片づけなければいけない。寮の世話役の部屋は、世話役が暁の座禅に出ている間に掃除をし、火鉢に火を熾し、鉄瓶の湯を沸かしておく。この各寮の当番については、同じことが中国北宋時代の『禅苑清軌』に書かれているという。

つぎに月ごとの掃除である。三八掃除といって、三と八のつく日は大掃除をする。それぞれの寮の受持区域を丁寧に掃除し、晴れていれば屋外の受持区域を掃除する。この日には三時半ないし四時に、振金を合図に、全員が廊下に出て煤払いと雑巾がけをする。全山が清浄に成ったところで、全員が僧堂の外側の廊下のような部屋に整列して、部長が朗々と読み上げる念誦を合掌して聞く。念誦は無常の世に生きる我々は、日々を決しておろそかにせず、精進努力せよといった内容である。

年ごとの掃除には、障子洗い、川掃除、書物の虫干し、畳干し、諸堂煤払いがある。障子張りは、四月か九月の三八の日をえらんで、全山の障子を洗ってから新しい紙で張りかえる。また同じく四月か九月の三八の日をえらんで境内を流れる永平寺川の大掃除をする。書物の虫干しは六月はじめの晴天の日に行う。同時に書庫の大掃除を行う。畳干しは三伏（酷暑）の頃に畳を上げて干す。諸堂の煤払いは、一二月一三日に、昼の勤行が終わると全員、白衣（現在は作務衣）に着替えて集まり、庶務役の指揮にしたがって、「麤《そ》暴《ぼう》喧《けん》争《そう》なく、身心の塵《じん》垢《こう》掃除を忘れず、神妙に作務」（『洞上僧堂清規法鈔』）、すなわち、粗暴だったり、騒がしく言い争ったりせず、身心のけがれの掃除を忘れずに、素直に作業をするのだという。ひたすら掃いて磨くのである。こうした作業の結果、境内にはちり一つ落ちていない。

2 延暦寺の「掃除地獄」

比叡山延暦寺でも掃除は「掃除地獄」といわれているほど重視されている（図1）。

延暦寺は八世紀末に最澄伝教大師が建立した天台宗の寺である。ここでも永平寺とは別の意味で、

図1　延暦寺の御堂前で掃除をする僧

掃除が苛酷な修行となっている。比叡山には三大地獄といわれる「看勤地獄」「回峰地獄」「掃除地獄」があるが、その一つである。

「看勤地獄」は、お勤めをする地獄で、朝から晩まで、晩から朝まで拝み倒す行法である。「回峰地獄」は、千日回峰といって七年間に千日を費やして比叡山一周を駆けめぐり、ときには京都市街を巡拝する。一日三〇キロ、二四時間歩いて、寝る時間は二時間くらいである。これを四万キロ、地球一周の距離をまわる針の山を歩くような行である。

「掃除地獄」は、最澄の墓所である浄土院の守り役である侍真という僧に課せられている行法である。侍真は一二年間、絶対に山を去らず、最澄が生きているかのごとく、墓前に食事を捧げ、経を読み、毎日をくらす。その中で最大の任務が掃除である。浄土院には、沙羅双樹と菩提樹の木が一本ずつ植わっている。拝殿を隔てた前には一面に叡山苔が生えている。この庭には一枚の葉が落ちていても、一本の雑草が生えることも許されない。侍真は葉が落ちるやいなや拾い、草が芽を出せばただちに抜く。これを追い回して侍真の一日は明け暮れる。こういう生活が一二年間続く。一二年間、新聞も読まず、テレビも見ず、ひたすら掃除にはげむ。一二年間というのは「最下鈍の者も一二年を経てば、かならず一験を得る」という最澄の言葉によっているのだという。しかも侍真になるには、「好相行」という苛酷な修行を突破しなければならない。これは一日のうちに二二時間、仏の名号を唱えつづけ、礼拝しつづけ、仏の幻を見るまで続けるというものである。

③ インドから中国に

仏教寺院におけるこのような掃除を修行と位置づける思想は、入唐した最澄や入宋した道元が中国からもたらしたものだが、そのもとはインドにある。釈尊は掃除の五功徳として、自己の心垢を除き、また他人の垢を除き、驕慢を除去し、心を調伏《ちょうぶく》し、功徳を増して善処に生きると説いている。また『阿含《あごん》経《きょう》』という古い仏典には、頭が悪く、お経も覚えられない周梨槃特《しゅうりはんどく》が、お釈迦様から渡された箒で一心に掃除をして、ついに悟りを開いたという話が載っている。そのほか『十誦律』『パーリ律蔵』などにも比丘《びく》（修行僧）の掃除について書かれている。

しかしインドでは仏堂の掃除を修行とするところにまで大きくはならなかった。古代インドの家屋は土を固めて作ったものだったから、あまり掃除に意味がなかったのかも知れない。しかしこの思想が中国に入ると、もともと掃除が尊重されていた中国では、仏教を受容していく過程で、仏道修行における掃除の意味も変化し、大きく発展していった。

東晋代（三一七〜四二〇）に漢訳された『沙弥十戒法並威儀《しゃみじっかいほう》』という律がある。沙弥は少年僧で、彼らがまもるべき日常生活の心得が十戒であるが、漢訳に際し、中国化が行われ、掃除が日常の重要事として入ってきている。

早起きをし、衣服を整え、甕を出し、地を掃き、水を注ぎ、掛け布団や枕をたたみ、敷き布団を払拭すべしとあって、整理整頓と掃除があげられている。さらに掃除の仕方についても、地に水をそそぐときは、平均に撒くように、壁を汚さないように、湿地を踏んで壊すことがないように、掃き終わったら草をむしり、糞をとって捨てることなどと具体的に書かれている。また炊事をする際にも、後できちんと掃除をせよとか、食堂の中を掃除せよと、掃除についてはっきりと取りあげられている。

また後漢時代に漢訳された大比丘（比丘の長老）が日常まもるべき威儀を書いた『大比丘三千威儀経』も掃除について詳細に記述している。これが道元の『正法眼蔵』で引用している禅宗の清規《しんぎ》（禅宗寺院内の日常生活について定めた規則）に影響を与えたという。

さらに隋代に漢訳された『五千五百仏名経』には「南無掃箒如来《そうそうにょらい》」という名号が載っている。箒が仏として礼拝の対象になっているのである。

しかし当時の中国で、掃除は一般にどのように認識されていたかといえば、当然のことながら誰もがいやがる汚くて賤しい仕事とされていた。このことを示す例が「寒山・拾得」である。

寒山と拾得は既成の仏教界からも詩壇からもはみ出した隠者で、山中に住み、三〇〇余首の詩を残した。詩には独特の幽巌の境地をしめす格調高いものと、現世の愚劣さや堕落僧を痛罵したものがあり、九世紀末から禅僧の間で愛好されていた。その拾得の詩に「死し去りて閻王を見れば、背後に掃箒を挿

図2 『寒山拾得図』（伝顔輝筆、重文。東京国立博物館蔵。小泉作図）

す」（『三隠詩集』）という一節がある。生前、悪事を働いて地獄に行ったら閻魔大王から背中に箒をくりつけられたということである。この詩は画題としても取りあげられている。蓬髪弊衣《ほうはつへいい》、草履か裸足の僧が二人、箒、筆、巻物などを手にして哄笑し、或いは問答している（図2）。

これによって当時、掃除は地獄でも刑罰にされるほどの仕事であったことがわかる。掃除を象徴するのが箒である。寒山拾得では、そうした箒をあえて持つことで、脱俗者、自己疎外者のとしての強烈な矜持を示しているのであるが、それほど掃除は嫌がられていたということがわかる。これは唐代の話だが、掃除を嫌がることは時代を通して変わっていないであろう。

4 禅宗と掃除

では最澄や道元が学んだ中国における禅宗寺院での掃除はどうであったか。

中国では八世紀から九世紀にかけて禅宗が発達し、黄檗宗《おうばくしゅう》、臨済宗、曹洞宗、潙仰宗《いぎょうしゅう》などが興ったが、禅宗では八世紀には全宗派で常住座臥すべての行いを修行とする思想が成立していたという。禅門の修行生活の規範である清規を初めて制定したのが、百丈懐海《ひゃくじょうえかい》（七四九〜八一四）で、清規には「普請」ということが重視されている。普請とは「普請の法を行う者は、上下力を均しくするなり」（禅門規式）とあるように、禅門の修行者がそろって労役に従うことによって、功徳をこい願うということである。この中には当然、掃除も含まれるはずであるが、ただし自給自足的な禅院においては水運びや、柴運び、農作業といった生産的な労働が中心であった。これが禅林の規模が拡大し、自給自足経済から檀信に依存する経済に移行して行く中で、残った非生産的な掃除に比重が移っていったのではないかといわれる。「経済を檀信に依存すれば掃除は格好の作務なのである」と小倉氏は書いておられる。

道元が書いた『正法眼蔵』につぎのような話がある。

八丈の弟子の黄檗希運は相当の修行をして徳を慕う弟子が大勢いたのに、弟子たちを捨てて大安寺という禅院に入り、名もない雲水たちに混じって仏殿を掃除し、法堂を掃除してひたすら修行生活をつづけた。そうした黄檗に対し、道元は「われわれは、とかく心を掃洒し、ひかりを掃洒しようと考えるが、黄檗にはそこをさらに一段抜けた境地がある」といっている。

図3『香厳撃竹《きょうげんげきちく》図《ず》』（狩野元信画、重文『禅宗祖師図』。東京国立博物館蔵。小泉作図）

また香厳《きょうげん》智閑《ちかん》という僧がいた。あるとき師の潙山（七七一～八五三）から、「汝は聡明博識だが、書物の中からでなく、自分の心底から出た一句を吐いてみろ」といわれた。聡明博学を自負していた香厳だが、胸に響くような答えが出せない。落胆して持っていた書籍をすべて焼き払い、粥飯を運ぶ給仕役の僧となって幾年月を過ごす。さらに師のもとを離れて奥深い山中で修行すること幾年月。ある時道を掃除していて、掃いた石がほとばしり、カチンと竹に当たった。その音で悟りが開けたという。それまでは掃除は悟りの手段だという思いがあって、身を落とした思いで精を出していたが、決して手段ではなかったということを悟ったという（図3）。

これらによると道元は、中国禅林での掃除観について、掃除は決して修行のための手段ではなく、それを乗りこえた境地、掃除そのものが仏行であると理解していたことがわかる。

こうした思想が最澄や道元によって日本にもたらされ、最澄の天台宗、道元の曹洞宗では、掃除が修行の重要な位置を占めることになったのである。道元は、掃除の理念ややり方について直接語ってはいないが、こうした中国の禅師の逸話を通じて伝えていったものと考えられる。

つぎは道元の四代の法孫瑩山紹瑾《けいざんじょうきん》禅師が撰述した『伝光録』にある逸話で、道元の師、天童如浄（一一三六～一二二八）が、便所掃除の役について修行した話である。

如浄は便所掃除の係を自分から志願したが、師は「元来すべてのものは浄不浄を超越しているのだから、便所と雖も汚れていないはずだ。それをどうやってきれいにするのか」といって許されない。以後長い間骨を折ったあげく、ある時、気づいて師のもとに行き「汚れなど関係ない」といった。するとその声が終わらないうちに、「よし」といって、便所掃除の係になることが許されたという。まさに禅問答だが、ここでも掃除を修行の手段とする考え方を否定している。浄不浄とは関係のない次元で、仏行として掃除をするのだという。こうして掃除は禅宗において高度に思想的に深化され、その後の日本人に大きな影響を与え、深く根を下ろしていったのである。

5 侘数寄と掃除

その後、掃除の思想は近世に入り、侘数寄の茶の湯においてさらに発展を遂げる。千利休の高弟南坊宗啓が利休から親しく見聞し、習得した茶の湯の心得を記したものとして立花実山が編集した茶道書の『南坊録』には、「侘《わ》びの本意は清浄無垢の仏世界を表して、このろじ（露地）・そうあん（草庵）に至ては、塵芥を払却し、主客ともに直心の交なれば、規矩《きく》寸尺、式法等あながちにいうべからず」とある。侘びの本意は、単に茶室や露地をきれいに掃除するだけでなく、煩悩や一切の俗情を拭い去って心の清浄をはかることだという。感覚的な清らかさを通して心の掃除をすることが「侘びの本意」だというのである。

岡倉天心の『茶の本』でも茶人にもっとも必要な条件の一つは「掃き、ふき清め、洗うことに関する知識である」といっているが、禅宗と関係の深い茶道では、掃除することによってさらに清らかな美の境地、もてなしの心にまで高めていったのである。

しかし掃除について利休にはこんな話もある。あるとき子どもの紹安が、露地を掃除して、庭石を三度洗い、石灯籠や庭木には水を撒き、地面には小枝一本、葉っぱ一枚ないという事を報告すると、露地の掃除はそれでは駄目だといって、木を揺すって庭一面に木の葉を散らしたという。世俗的な掃除を突き抜けたところに禅の思想があるのだろうか。

掃除に対するこうした思想性は、儒教道徳とは別の形で、その後、武士、職人、商人の世界、寺子屋から近代の学校掃除にまでおよんでいった。

戦国時代中期の武家の家訓『北条早雲二十一箇状』には「手水《ちょうず》をつかはぬさきに厠より厩庭・門外迄見めくり、先掃除すへき所を、にあひの者にいひ付、手水をはやくつかふべし」とある。掃除は武士の嗜みとなったのである。

なお中世の間に「掃除」という言葉が日常語として定着したようである。これも禅宗の影響だろうか。

3　近世　ひろがる掃除

掃除は近世に入ると一般に広がり、清潔が目的になる。対象も個々の建物だけでなく、都市全体にまで拡大する。と同時に掃除がモラルとなり、また馳走《ちそう》の一つになった。

1 浄巾《じょうきん》から雑巾《ぞうきん》へ

これは一つには家の造りが変わって、畳が敷かれ、床の間や違棚《ちがいだな》がつき、長押《なげし》や襖、障子のある住宅にかわったためである。こうした住宅を書院造という。中世までしっかりした建物にくらしていたのは上級武士や貴族、大寺院の僧くらいだったが、近世になると、町民や農民でも、もちろん上下の差は大きかったものの、畳や障子がある住宅に住むようになって、生活様式も感覚も大きく変化した。その結果、長押や障子の桟の埃を払い、畳を掃き、板の間には雑巾がけをするといった丁寧な掃除に変わったのである。そうした中でもっとも大きく変わったのが雑巾がけである。棒ぞうきんから手で拭く雑巾を使うようになった（図1）。

それまでも手で拭く雑巾がまったくなかったわけではなかったろう。しかし文献で追えるのは管見の限りでは室町時代からである。『文明本節用集』に「ぞうきん」が出てくる。しかし文字は浄巾である。慶長期の『日葡辞書』にも、Zogin（ザウキン）として「畳、柱その他これに類するものが汚れたり濡れたりしている時のそれを拭くための布」とあるから、このころにはぞうきんという言葉が一般に普及していたことがわかる。ただ文字は浄巾だったはずである。

浄巾は中国語で「清浄な頭巾、僧侶のかぶる頭巾」である。雑巾を意味する中国語は擦布《さっぷ》とか抹布《まっぷ》である。「ぞうきんがけをする」は擦抹である。

浄巾は、日本では禅林用語である。ただし頭巾ではない。江戸時代の臨済宗屈指の碩学といわれた無着道忠が著した『禅林象器箋』によると、「浄巾は手巾なり」とある。その手巾には二種類あって、一つは手拭いのように身につけて汗など拭くもので、もう一つは僧堂、浴室、便所などに備えておくものだという。これが面白い。

皆長丈二。掛之轆轤《これをろくろにかけ》。令牽轉《ひきころがしむ》。就其乾處拭用。

長い布を輪にして回転する心棒に掛け、乾いた

図1　雑巾がけをする女のそばに水を張った桶が置かれ、「かげうつる かがみのごとく 板の間に ちりすへぬこそ よき掃除なれ」とある（『絵本鏡百首』、1753年。国立国会図書館蔵）

ところを順繰りに繰り出して使うという仕掛けである。最近でも人の集まるレストランなどでは使われているが、こんな昔からあったのだ。浄巾は手拭いであるが、床などの汚れを拭くことも出来る。手巾として使っていたものが古くなったら床拭きに格下げされて、やがて雑巾となったのであろうが、雑巾と書くようになるのは江戸時代からである。

江戸時代になると小説などにも「衣は雑巾となり」（『好色一代男』巻二）、「ようかし雑巾の張返《はりかえ》しも手にのらねえ」（『浮世風呂』二の上）というように雑の字が使われるようになる。「じょうきん」が「ぞうきん」と話し言葉において訛り、これに雑巾の文字が宛てられてしまったのであろう。

江戸時代に入ると木綿が普及し、庶民の衣服寝具類がそれまでの麻や栲布《たくふ》から木綿に変わった。木綿は麻と違って柔らかい。このためいたみやすいので解いて洗い張り（解いた布を糊で板に張って再度使う）をして、いたんだ所をよけて仕立て直しをするようになった。日本の衣服は直線裁ちだから、解けば長方形の布となる。衣服類の使い古しを雑巾に作り直すことができる。そうなって、「雑巾」と書かれるようになったのではないか。汚いところを拭く布という意味と、『浮世風呂』がいう「張り返し」に布を使うという意味が合わさって「雑」となったと考えられる。布を補強するための刺子は古代からあったが、雑巾に刺子をするなどということも木綿の古布を使うようになってからのことであろう。

しかし日本には古くからたのごひ（手拭・手巾）という言葉がある。禅林で使われていた浄巾という言葉がなぜ一般に広まっただろうか。

広まったのは室町時代あたりだと考えられる。浄巾に限らず暖簾、蒲団、短檠《たんけい》（行灯）など室町時代には禅林用語が日常用のものに使われている例が多い。それまではとばりとか垂れ布、ふすまとか灯台右：緻密雑巾の文様。雑巾の刺子は運針の練習に用いられた。裁縫は女性の必須な技術だったため、早く、上手に縫うように厳しく鍛えられた。その点、雑巾は恰好の練習素材だったため、さまざまな緻密で美しい文様が工夫された（中島知子『日本の裁縫と女礼』中近堂、一八九二年、国立国会図書館蔵）
下：雑巾の刺子（昭和のくらし博物館蔵）

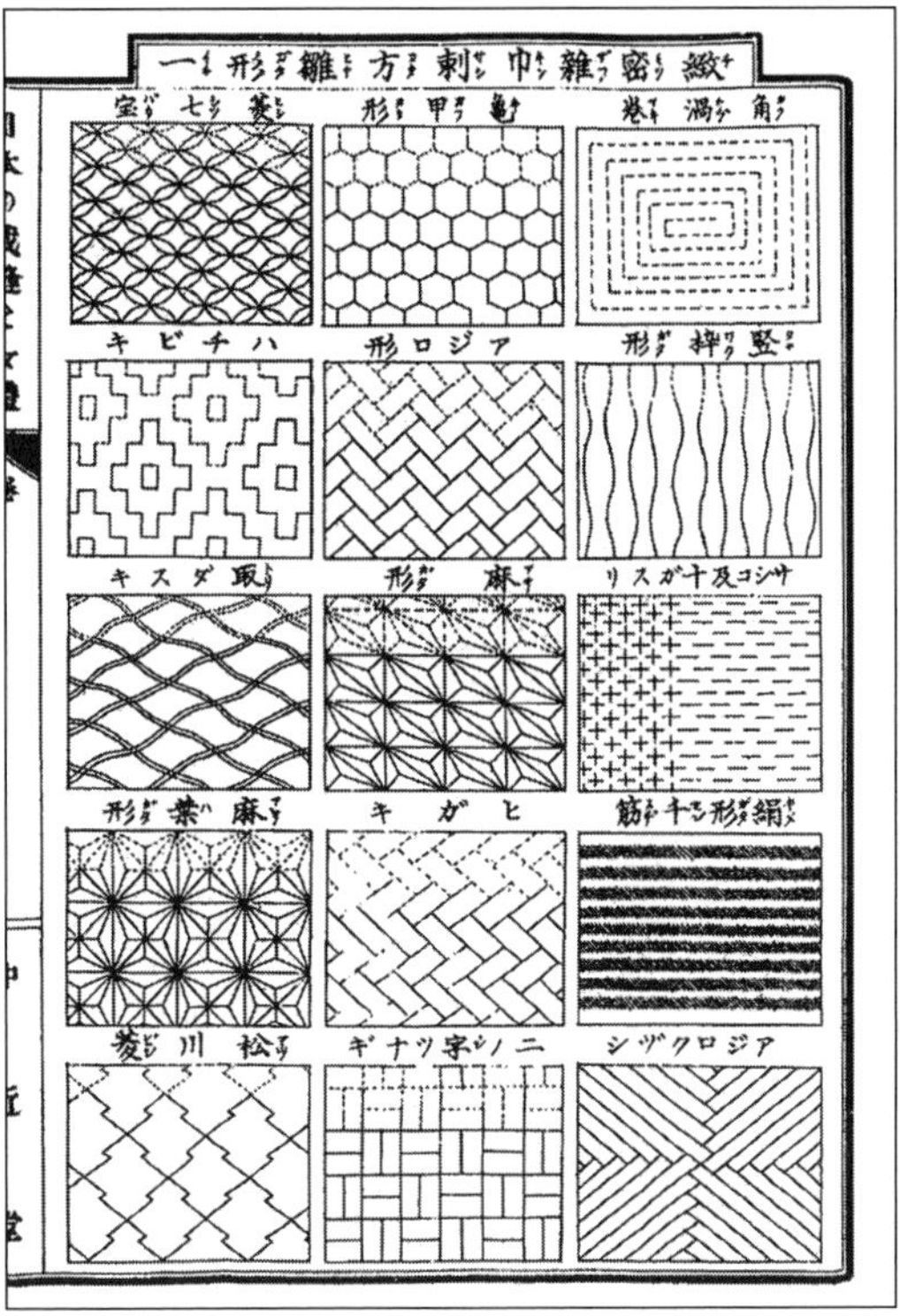

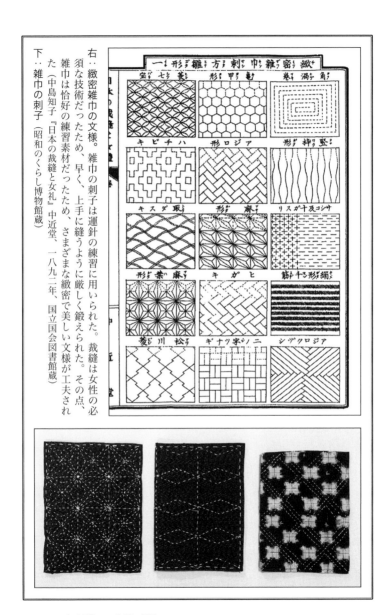

とよんでいたものが、材料や製法がかわったか、あるいはこの時期になって急に普及した場合もあり、禅林を通して一般に広まっていったのではないかと考えられる。雑巾などもそれまで「たのごい」とよんでいたものとは違う掃除用に使うものであるため、区別するのに浄巾をもじった雑巾となったのではないか。ということは禅林における拭き掃除も、この頃棒ぞうきんから雑巾がけに変化したのかも知れない。

[2] 箒・ちり取り・はたき

一七一三（正徳三）年に出た百科事典『和漢三才図会』には掃除道具が載っている。家飾具と農具類に部類が分かれていて、家飾具には帚《ははき》と華《ちりとり》、農具類に櫂《さらひ》がある（図2）。

帚は棕櫚《しゅろ》毛帚・草帚・羽帚・竹帚とある。図によると棕櫚毛帚は竹の長柄の先に穂先を結いつけたもので、形は中世と変わらない。草帚は穂先を束ねて柄とした五〇センチほどの箒、竹帚は竹の柄に竹の細い枝を結いつけたもので、これも古代から変わらない。羽帚は鳥の羽を束ねてあるらしい。説明によると、羽帚は茶道具や漆器用、棕櫚帚は棕櫚の皮の部分を使うのは筵席、つまり畳やござの掃除に使う上等な箒で、棕櫚の葉や浜すげ（莎草《くぐ》）、藁などを使う箒は下等品、竹の枝や黍《きび》の箒は庭掃きに使うとある。

ちり取りには木製のちり取りと竹製の箕が描かれている。解説には「米を櫂う器も箕である。ちり取りも似ていて大小ある」とある。

農具類に入っている欋には欋《さらひ》と竹杷《このはかき》が載っている。欋の図は長柄の先に四本の歯をつけたT字型の横木がついたもので、穀物を広げて干すのに使うと解説されている。竹杷は今いう熊手である。熊手は本来は金属製で武器であったが、形が似ていることから後に竹杷を熊手とよぶようになったのである。圃場や樵野で用いるとある。熊手（竹杷）はもとは農具とされていたことがわかる（図3）。

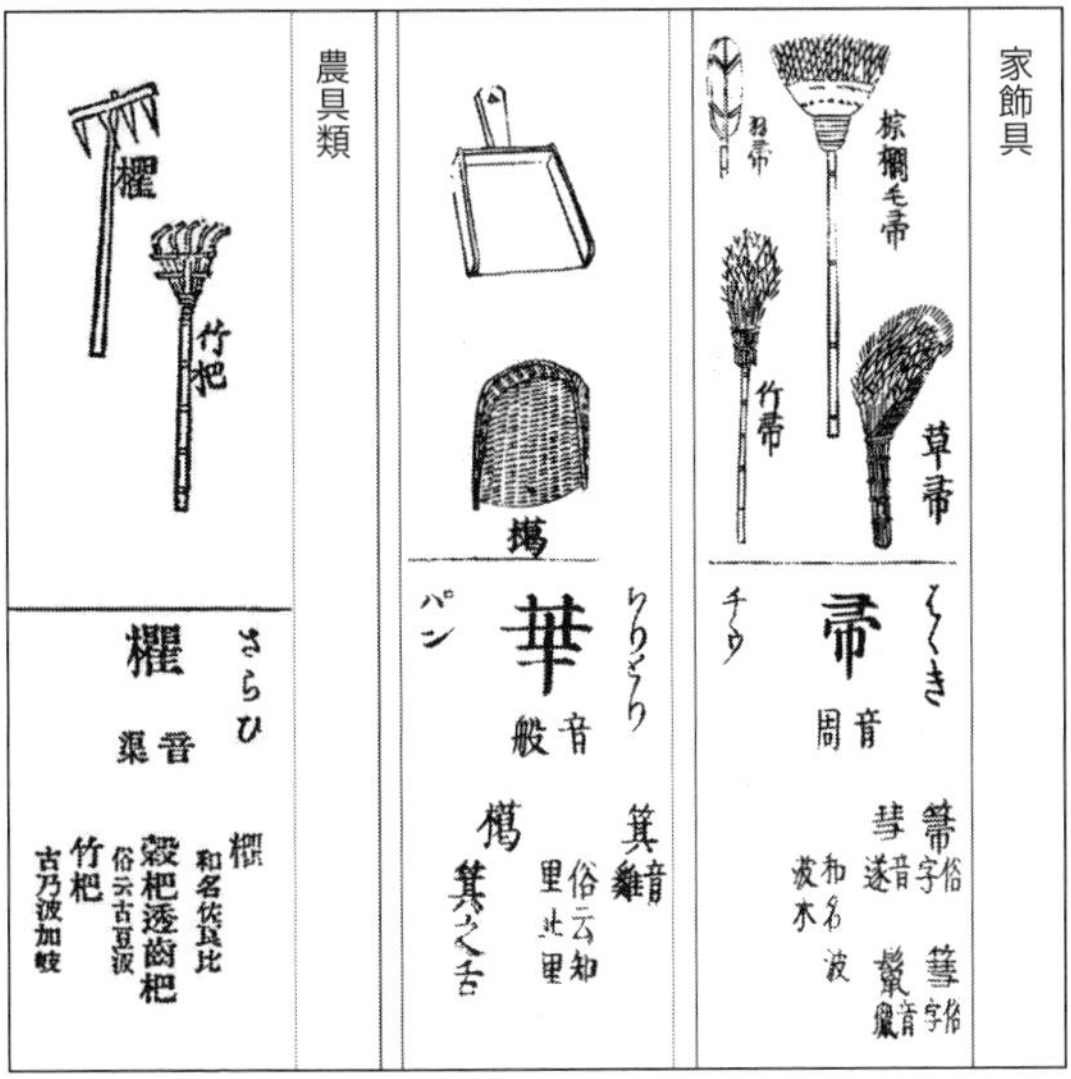

図2　江戸時代の辞書『和漢三才図会』（1713年）に載っている掃除道具。家飾具と農具類（国立国会図書館蔵）

図3　山で粗朶と木の葉を集める農夫。手前で担いでいるのが木の葉かき（竹杷）（『大和名所図会』巻3、1791年。国立国会図書館蔵）

だが『和漢三才図会』にははたきは載ってない。一八世紀はじめには、まだ一般化していなかったことがわかる。しかし一七世紀末の『人倫訓蒙図彙』（一六九〇・元禄三年）の道具屋ははたきを持っている（図4）。一八一九（文政二）年に富士谷御杖という人が書いた『北辺随筆』には「今俗さいはらひといひて、絹紙などをさきて、小竹にゆひつけ、塵をはらふ具とす」とある。おそらく最初は道具や仏像などの塵払いとして使われていて、手の届かない長押や明障子の桟の塵などを払うための道具に使われるようになるのは、書院造の住宅が広まってからだったのであろう。それまでは傷つけてはいけないところは羽箒で間に合っていたのだろうし、高い壁などは箒とか笹竹で塵を払っていた。法隆寺の壁画を模写していた画家が、壁には無数の傷があったといっていたのをおぼえているが、これなども箒で塵払いをした時についたものだったのではないか。

さいはらいがはたきとよばれるようになったのは、明治以降のようである。はたきという言葉は本来、叩いて外に出すとか、評判の悪いこと、失敗とか損失のことを指す言葉であった。それが長押や明障子のある家に住む人が多くなって、必需品となったことから、より使用実態に近く、直接的な「はたき」という呼び名に変わったのではないか。

図4　細くさいた和紙の塵払い（はたき）で品物の塵を払う道具屋。はたきの最初は家具や道具類の塵払い用だった（『人倫訓蒙図彙』巻8、1690年。国立国会図書館蔵）

3 年中行事と掃除

江戸時代の風俗画には、よく年末の大掃除風景が描かれている（図5）。十二月十三日は煤払いといって、武家も町方も江戸中一斉に大掃除を行ったのである。この日になったのは江戸城で一二月一三日に行われる恒例の「御事納・御煤払」が一般に広まったものだという。

家中の戸障子をはずして畳を上げ、ござを敷いた上に家財道具を集め、頰被りをした男たちが、高いところは笹竹を使ってごみを払い、棚のようなところは踏み台に乗ってはたきで払い、雑巾で拭き、手箒で土間を掃いている。かたわらには手桶や盥で雑巾を濯いでいる人もいる。大きな家や商家などでは出入りの職人や人足が馳せ参じ、煤掃きがすめば酒肴が振る舞われた（口絵(4)頁）。

煤払いに使用するのは長い笹竹や竹竿の先に藁

図5　元禄期の煤払い。畳を外に出し、頰被りをした男が笹竹を使って軒先の煤払いをしている（『大和耕作絵抄』。国立国会図書館蔵）

や葉っぱを束ねて結びつけた箒である。男女一対として、長い箒と短い箒の二本を作る。東日本では「すす男」「すす梵天」などともよんだ。江戸では煤払いの時期になると煤竹売りが市中を売り歩いた。

箒は神迎えのための依代だともいわれる。煤払いは正月を前にして煤を払うだけでなく、正月神を迎える準備を開始する日でもある。このため地方ではこの日に正月飾りの松を山から切り出す地域も多かった。江戸では二九日は「苦待つ（九松）」といって嫌い、大晦日の一夜飾りを避けて二八日に門松を立てた。

最初に神棚と仏壇を男が掃除し、そのあと家族で玄関、部屋、便所などを掃除するのがきまりだったという。

大掃除について和歌山の商家の主婦、沼野みねが記した日記が残っている（『日知録』）。一八二四（文政八）年一二月一五日に行っているが、大掃除の前日に「明日大そうじ故さうきんさし、九ッ時ふせり」と掃除のための雑巾刺しを一二時までしている。そして一五日は「早朝より起き大そうじいたし候、弥五郎、惣兵衛手伝ニ来ル、いつもの通り八ッ茶ニあかままにぎりこ出し候、夕かた七ッ前はやく相すミ申候、夕かた浴（以下略）」と、手伝いが二人来て、朝早くから大掃除を始めている。掃除の内容については書かれていないが、おやつには赤飯のむすびを出し、夕方の四時前には終わって、風呂に入ったとある。

一八世紀後期から一九世紀中期にかけて、町家でのこのような年中行事に合わせた掃除のサイクル化が、広く全国的に定着したようである。京都の福田という金属箔の店の年中行事の定めによると、三月二日内外の掃除、二六、二七日、すす払い、四月神事前日の掃除、五月四日内掃除、六月三日町内の氷餅祝いのための煤払い、九月門の掃除、十月二一、二二日煤払い、二八日出店の煤払い、一二月二六日座敷内の掃除、と決まっている（安永四年「茅屋年中行事」）。

また飛驒高山の町家に伝わる「谷屋九兵衛年行事」（一八三〇・文政一三年）では、季節ごとの掃除、土用の虫干し、障子の張替え、畳上げ、暖簾や囲炉裏の清掃が行事に向けた準備の一環として行われている。雛祭りの前には奥座敷の掃除、祭礼の前と年末には障子の張替え、盆の前には畳上げや畳叩き、仏壇掃除というように決まった日取りが示されている。そしてこの場合も大工や鳶などの出入りの職人衆が行事の準備や掃除の担い手で、行事の準備や片づけのあとには酒食を振る舞っている。たとえば年末の手伝い衆には、夜の酒、夜食、朝の御膳と雑煮を出すなどで、大きな住まいを維持するには、その規模にみあうだけの幅広い担い手が必要だったのである。

4 掃除と躾

日々のくらしの中で掃除が重視されるようになって、掃除の質があがり、柱や廊下を顔が映るように磨き上げるようになると同時に、掃除は道徳となり規範となった。貝原益軒の『和俗童子訓』には、婦人の仕事は「席《むしろ》をはは（掃）き、食をととのへ、うみ（績）・つむぎ・ぬい物し、子をそだてて、けがれをあらひ」とある。掃除は家事の中にしっかり組み込まれたのである。とくに客を迎える商家では、掃除が重要で、家訓にもとりあげられている。たとえば家内、土蔵共拭き輝麗に仕り、住居毎夜〆り等入念吟味可申事（「西村彦兵衛家家訓」）

毎朝六ッ時、表店餝、掃除之事（「虎屋黒川家掟書」）

毎朝早ク店ヲ開キ、店ヲ洒掃シ、商品ヲ整列シ（略）（「中山人形店随筆録」）

店前ノ掃除ハ常ニ怠ルベカラズ、店前ノ掃除能ク行届キ、往来ニ便ナレバ行人ハ必ズ其ノ店ノ前ヲ歩ムベシ、是レ顧客ヲ誘フ一手段ニシテ又自家ノ勉強ニ感セシムルニ至ルヘシ、買客ハ総テ勉強ナル商店ニ就テ物ヲ求ムルヲ好ムナリ（同前）

図6　腰にはたきをはさみ、たすきがけで商品の小箪笥を拭いている丁稚小僧（『古道具穴掃除』、1787年。国立国会図書館蔵）

等々である。掃除をして店をきれいにしておくことは、中山人形店がいうように、客を誘うための手段でもあった。商家の場合、掃除は丁稚の仕事、職人では徒弟の仕事であった（図6）。

掃除の中でとりわけ重視されたのが便所掃除である。誰もがいやがるため、便所掃除をするときれいな子が生まれるとか、下《しも》の病気をしないなどと脅したり賺《すか》したりした。便所掃除と出産を結びつけることも多かった。「妊婦が便所掃除に精を出せば、お産が軽く、よい子が生まれる」（飛騨地方）。「毎月四日に便所に線香を立てて便所の神様を拝んで安産を祈る」（信州地方）、「便所の箒を神様として三月と一一月の一九日に祀る」（埼玉地方）などという風習が各地にある。

武芸や芸ごと、習い事では、はじめる前と終わってからは掃除をするのが礼儀ともなった。しかし子どもに対しては江戸時代のうちは、明文化して掃除をさせるということはなかったようだ。村々で親孝行な子どもを表彰する「孝義伝」や「孝義録」にも、親の手助けの中に掃除については出てこない。実際には江戸時代のうちは、まださほど掃除が重視されていなかったのであろう。掃除が子どもの躾として特に重視されるようになるのは明治からである。

5 町の掃除

都市の発達も掃除の範囲を拡大した。江戸は世界に類を見ない衛生的な都市だったといわれる。これは早くから公認の処理業者によるごみの収拾・運搬・処理が行われていたこと、道路の掃除や補修、下水浚えが町人に義務として課せられていたこと、また下肥《しもごえ》は農家が代償を払って持っていって肥料にするシステムができていたことによる。加えて衣食住の全般にわたってリサイクルのシステムが網の目のようにできあがっていたことも、ごみを生み出さない大きな要因だった。

［ごみ処理の問題］一七世紀前期の江戸は人口が増えるにしたがって、ごみが下水に掃き捨てられた

り、空き地に捨てられたり、道路の補修に使われたりして問題になっていた。その処理のための対策が行政にとって重要な課題であった。とはいえ現在と違い江戸時代には、道路の補修や掃除、下水の維持管理などは町人の義務とされていて、町触《まちぶれ》によって町々に伝達された。町触は、町人に対し町奉行所などが発給する法令で、江戸の場合、町奉行所から町年寄、町名主、町人（家持）、地借り・店借りへと伝達される。町年寄は町役人の総元締めで奈良屋・樽屋・喜多村の三家が代々担っていた。その下に数町単位で町名主がいて、ここまでが町役人で、その下に町人がいる。町人は家屋敷を持つ者でなければ認められなかった。町人の中で実際に住んでいるのが家持である。その下が地借り・店借りである。町触は京都では京都所司代、大坂では大坂城代が発給した。

つぎはごみ処理が問題化し始めた一七世紀半ばの、奉行所の命令に対する月行事《がちぎょうじ》（当番の町役人）からの請書である。

御請負申事

一町中海道（街道）悪敷《あしき》所江浅草砂ニ海砂ませ、壱町之内高ひき（高低）なき様ニ中高ニ築可申事、

并こみ又とろ（泥）にて海道つき申間敷事、

一下水并表之みぞ滞なき様ニ而こみをさらへ上ケ可申候、下水江こみあくた少も入申間敷候、若こみあくた入候ハヽ可為曲事、

右之趣相心得申候間、少も違背申間敷候（背きません）、為後日如件、

正保五年（一六四八）子二月廿一日　　　月行事判形

これは道路の補修にごみや泥を使ってはいけない、浅草砂に海砂を混ぜて使うこと、下水溝のごみ浚えをして流れが滞らないようにすること、ごみを投棄しないこと、という命令に対して、そうしたことは行わないという誓約である。これによって当時、道路の高低を平らにするのにごみやどろが使われていたことがわかる。当時の道路は舗装されていなかったから、雨が降れば泥濘になり、車の轍などで凸凹になり、乾燥すれば土埃が舞い上がるため、道路の管理は大変なことだった。この補修を町人が行っていたのである。この後も同じような町触が再三にわたって出されている。

翌一六四九（慶安二）年には、ごみを会所地《かいしょち》に捨てることを厳しく禁じる町触が出されている。会所地は、町割に際し中心部に生じた空閑地で、町人たちの塵芥捨て場になったり、火除地として利用されていた。

御奉行所

一六五五（明暦元）年になると、川筋へ掃き溜《だめ》のごみを捨てないこと、隅田川の河口にある永代島をごみ投棄場に指定し、船で永代島へ捨てに行くようにという町触が出される。これによって、江戸のごみ処理は収拾・運搬・処理の三過程に分離されることになったのである。

一六六二（寛文二）年には、永代島へのごみ捨ては幕府が命じた船によること、しらせがありしだい、町では人足を仕立てて船までごみを運ぶこと、船の運賃は町で支払うことなどを指示した町触が出され、さらに一六六五（寛文五）年には町々に永代島に運ぶごみ専用のごみ溜場（大芥溜）を設けることが命じられた。この間にはこれらを補足する法令がつぎつぎに出されて、ごみは永代島に捨てること、町に大芥溜を設けること、運搬・投棄は特定の請負人によること、経費は町が負担することの基本方針が確立し、これが近世を通じて江戸のごみ処理の原則となった。町人のごみ処理費用「塵捨賃」は、地主が道路に面した間口に応じて負担したが、江戸後期には町から支払われるごみ処理委託費「芥取賃」は定額になり、町の諸費用と合算され、地主に小間割りで賦課された。

［町人の清掃義務］一方、町人に対しての町の清掃義務は、最初に挙げた道路の補修と下水浚えのほかにも、各種出されている。たとえば

一風吹候時分、其海道江水を打、こみ立不申様ニ可仕候（一六六〇・万治三年）
（風が吹くときはごみが立たないように道路に水を撒け）

一町中海道掃除朝ハ手桶之水を替打、無油断掃除可仕候、并水溜桶手桶之水切々入替候而、水こほり不申候様に可仕候事（一六六二・寛文二年）
（街道の掃除に朝は手桶の水を替えて、油断なく掃除をすること。また手桶の水はたびたび替えて凍らせないように、これは防火対策でもあった）

一前々之通、松かさり明七日朝とり可被申候、附、海道掃除之儀も可被申付候、少も油断有間敷候（一六六六・寛文六年）
（松飾りは七日の朝取ること。街道の掃除も油断なくするように）

一町中ちりあくた多く相見、橋の上なとにも、ちりあくた有之候間、其町近キ所より掃除可仕候、勿

論町中小路小路、溜土ちりあくた無之様ニ可仕候事（一六七〇、七三・寛文一〇、一三年）
（町の中にごみが多く、橋の上にもあるから近い町のものが掃除をせよ。もちろん町の中の小さい道にも泥やごみがないようにせよ）

一町中橋際、道悪敷所ハ道を造、毎日橋之上掃除可仕候事（一六七一・寛文一一年）
（町の中や橋の際、道路が悪ければ補修し、毎日、橋の上の掃除をすること）

等々である。町名主に対しても

一近キ頃ハ橋之掃除等不仕候故、御橋早く損候間、向後度々掃除致候様、町々江可申渡旨被仰渡候（一七三七・元文二年）
（近頃橋の掃除をしないため、橋が傷んでしまうから、掃除をするように町々に申し渡すように）

という通達がでている。つぎは月行事が下水御改役の役人に提出した文書である。

一今度下水御改ニ付、我等共町内之下水不掃除ニ有之候間、急度掃除仕、下水不滞様可仕旨被仰付奉畏候、自今以後不掃除ニ有之候ハハ如何様ニも可被仰付候（一六七八・延宝六年）
（私どもの町内では下水の掃除をしていませんでした。かならず掃除をして、下水が滞らないように致します。今後、掃除をしなかった場合には如何様にでも言いつけて下さい）

こうした町触は江戸時代を通して出されていた。このように道路掃除や維持管理を町人に義務づけていた結果、江戸は清潔な都市だったのである。

［下肥］下肥は糞尿である。いまでこそ糞尿はもっとも汚い廃棄物であるが、以前は糞尿は貴重な肥料の原料であった。「肥だめ」という畑の脇の掘って蓋をつけた装置によって屎尿が熟成されて肥料に変わり、蛔虫などもほぼ死滅する。このため都市では大きな便槽が作られ、ある程度分解された後にくみ取られ、船あるいは牛車や馬車によって郊外の農家に運ばれ、いったん肥だめに貯留されて、肥料化された後、田畑に撒布された。このため下肥は貴重な資源であって、金銭、あるいは農産物と交換されていた。この下肥代が大坂全体で年間一万両にものぼったといい、一人一年分で米が二〇キロ買えたという。このため町も衛生的に保たれていたのである。

［リサイクル］下肥は究極のリサイクルであるが、江戸時代はあらゆるものにリサイクルが発達していたこともごみを少なくした。紙屑拾い・紙屑買い・古着屋・傘の古骨買い・湯屋の木拾い・古樽買い・蠟燭の流れ買い・灰買いといった不用品の売買、交換・下取りから、鋳掛屋・瀬戸物の焼き接ぎ・下駄の歯入れ・臼の目立て・研ぎ屋といった修理や再生専門の業者、提灯の張りかえ・鎖前直し・算盤直し・印肉の詰め替え・眼鏡直し・煙管の櫓直しといった商品の販売と修理を兼ねる職商人など、挙げて行けばきりがない。

6 道筋《みちすじ》の馳走《ちそう》

江戸時代に特有の掃除に「道筋の馳走」ということがある。馳走はいまでは酒食のもてなしをいうが、江戸時代は大名行列などを迎える際の一連の作法のうちの一つであった。将軍家を頂点とする家の序列を重視する考え方を社会全般に浸透させるために、将軍以下、幕府の役人や勅使、諸大名、または国賓である朝鮮通信使、琉球使節などが通行する道筋の宿や町の住人に対して幕府が課したものである。出迎え・案内・道筋の馳走・番所の設営・見送りと、町並みの整備・宿からの献上品・酒食のもてなし・宿屋の調度や寝具の新調などが含まれていた。

このうちの「道筋の馳走」というのは街道沿いの家々が道路を清掃し、砂を撒き（撒砂、敷砂とも）、飾り手桶、飾り箒、立砂（盛砂）をすることである。飾り手桶と飾り箒は各家の前に手桶と箒を目立つように飾ること、立砂は砂を一対、円錐形に盛ることで、これによって道が清められていることを示す。

さらにそうした街道を通行する行列の先導については、「露払い」「先払い」として、藩領内の村内を通行するときは村役人、町（宿）の場合は宿役人が、正装して「ほうき持ち」二人を従えて案内する。「ほうき持ち」は道を清めるという意味を示すものである。このとき、村役人・宿役人が「下に、下に」といって沿道のものに下座をうながした。

道筋の馳走は、その道路を通る人の権威の序列にしたがって格差があった。最高位者に対するもっとも鄭重な馳走は、丁寧な掃除をした上で町内に立砂、撒砂、飾り手桶、飾り箒をして迎えるもので、次のレベルが、町内の掃除と飾り手桶、飾り箒、身分が低ければ「そうじばかり」といって町内の掃除をするだけである。将軍を最上位とする道筋の馳走の体系がかたち作られ、準備する人々にとって、誰が権威者であるかをはっきりさせる働きをもったのである。

つぎに掲げるのは、将軍世子であった大納言家綱（後に四代将軍）の日光社参に際し、一六五一（慶安二）年四月三日に江戸の町に出された町触である。

覚

一今度日光江大納言様就御参宮、被為成候通りニは、広壱間半ニ海砂を敷、両わき銘々家之前ニは浅草砂を置可申事、

一被為成候時分、拝申ものの事、形儀能仕、女童子出家ハゑん（縁）の上ニ而おかみ（拝み）候而も不苦事、男之分ハ地ニ罷有おかみ可申事、二階より除（覗）候儀御法度之事、奉公人并うさん（胡散）成者ハ御法度ニ候間、置申間敷事、

一被為成候日ハ月行事自身罷出、掃除之儀ハ勿論、火之用心成程念入可申渡事、附、口論無之様可仕事、

丑卯月

右ハ四月三日御触、町中連判

大納言様が通る道には、道の中央に広さ一間半に海砂を敷き、家々の前には浅草砂の盛砂を置くよう

図7　琉球使節を出迎えるため掃除をし、手桶を並べたりしている（『琉球画誌』公益財団法人東洋文庫蔵）

に。行列を拝むには、女と子供は縁の上でもかまわないが、男は地面で下座し、二階から見るのは禁止、奉公人や不審者は置いてはいけない。お成りの日には月行事が出て、掃除は勿論、火之用心についても良く注意すること、なお喧嘩はないように気をつけること、とあらましはこういうことである。

馳走は外国からの使節に対しても同じように行われた。もっとも鄭重に迎えるのが朝鮮通信使で、琉球国王の使節、オランダ商館長の順で軽くなった。つぎは一八三二（天保三）年に琉球からの使節が江戸城に登城する際に、町年寄役所が奉行所にさしだした確認書である。通り道になる道路は入念に掃除をして、自身番屋（市中警戒のため各町内に設けた自身番の詰所）の前には積手桶をするようにといっている。積手桶は、手桶をピラミッド状に積み重ねて飾ることである（図7）。

一明四日、琉球人登城ニ候、芝松平大隅守屋敷より将覧橋増上寺表門前、夫より通町芝口橋際より左江、幸橋御門エ大隅守屋敷迄道筋掃除入念、自身番屋前ニ積手桶出し置可申候、先達而相触れ候通、町中往来之者立やすらひ申間敷候、尤見物之者不作法無之様可仕候、此旨町中可相触候

右之通被仰渡候間、町中不洩様入念可相触候

閏十一月三日　町年寄役所

こうした「道筋の馳走」に対して、通行する側もここだけは威儀を正した。数百人の行列であるから、常に整然と歩いていたわけではない。「先払い」が派遣されて「下に下に」と村役人が案内を始めると行列はにわかに整然となって、正装し、露払いのほうき持ちを従えた宿役人を先頭にし、立砂、飾り手桶、飾り箒で清められた道を、独自の行列としては毛槍を持った奴《やっこ》を先頭に供揃えして「槍を立て」、緊張した面持ちで通り過ぎていったのである。

道筋の馳走が定着するのは一七世紀後半だというが、立砂については少なくとも室町時代から確認できる。この時期、禅宗の方丈が、武家住宅に取り入れられて玄関が成立する。玄関に立砂をすることで貴人を迎える際の象徴となった。砂を撒いて地面をきれいにすること自体は古代の宮殿からであり、江戸時代の街道の整備にも砂が使われていたことで、砂は掃除の仕上げを象徴するアイテムだったのである。これが江戸時代になって身分秩序を示す可視的な装置として再編成されたのである。

4　近代　衛生と掃除

近代にはいると細菌や黴菌の情報とともに衛生という新しい観念が生まれて、掃除も衛生の一環とされるようになる。そうした中で衛生がもっとも重視されたのは小学校である。学校掃除が重視されるようになった。そのため児童たちには掃除が修身として教え込まれた。また家庭での掃除もレベルアップして丁寧なものとなり、掃除は家事の中で大きな位置を占めるようになった。一方、建物も大きく変わった。石造、鉄筋コンクリート造の建物が多くなり、住宅も西洋館や洋間つきの家が出てきて、寄木、石、タイル、リノリュウムの床やガラスなど新しい材料も使われるようになった。電気、ガス、水道の普及もあって掃除も大きく変わった。また近代は対外戦争の時代でもあった。このため掃除も戦争の一環として動員されることとなった。

1　学校の掃除Ⅰ　明治から昭和戦前

大勢の児童が集まる学校では風邪をはじめ、疱瘡やコレラ、トラホームなどの伝染病も伝播しやすい。一八七二（明治五）年に学制が発布され、全国に小学校が生まれていくと、学校の衛生は重要問題となってきた。このため明治政府は二〇年代になると学校衛生の見地から、校地の選定、教室の日当たり、換気、温度、明度、机や椅子の良否などの調査を行うとともに校舎や教室の清潔を保つようにとの法令を出している。

掃除に特化して最初にだされた法令は、一八九七（明治三〇）年の文部省訓令「学校清潔方法」である。前文には「学校ノ清潔ハ衛生上忽ニスヘカラサルヲ以テ（中略）清潔方法ノ標準ヲ定ム　依テ各学校ヲシテ之ニ準拠シ　其清潔ヲ保タシムルコトヲ務ムヘシ」とあって、内容は（甲）日常清潔方法、（乙）定期清潔方法、（丙）浸水後清潔方法、の三項に分けて細かく規定されている。

たとえば（甲）の第一は、教室及寄宿舎ハ毎日人ナキ時ニ於テ先ツ窓戸ヲ開キ、如露ヲ以テ少シク床板及階段ヲ潤ホシ、掃出シタル後湿布ヲ以テ建具校具等ヲ拭フヘシ、但掃除ノ為メニ室内ヲ潤ホスハ生徒ノ再ヒ之ニ入ルマテニ充分乾燥シ了ルヲ度トスヘシ」というものである。

以下、教室及び寄宿舎には紙屑籠と唾壷をそなえ、毎日掃除せよ、靴のまま昇降する校舎の出入り口には靴拭を備えよ、便所は毎日一回水で洗い、金隠しは拭き、便箱には蓋をし、糞壷には防臭剤を撒け。食堂・炊事場・洗面所・洗濯所などはときどき窓を開けて空気を通して悪臭や煙気、湯気などが滞らないようにして、掃除を怠るな等々と続く。

（乙）は、毎年一回、夏休み又は長休みに際して、日常掃除で行わないところを丁寧に掃除すること、（丙）は、洪水で水害を被ったときの掃除法で、建具や床板を取り外して、汚物泥土を取り除き、場合によっては焚火、火鉢などで乾燥することなどと、詳細に書かれている。

この「学校清潔方法」は一九二六（大正一五）年に廃止され、新たな「学校衛生方法」に改正されるが、内容については基本的には変わっていない。前文についても、前のものより具体的になってはいるが最後に「地方長官ハ地方ノ実情ニ鑑ミ学校当局者ヲシテ左記方法ニ準拠シテ夫々実施セシメ以テ学校清潔ノ実績ヲ挙グルニ力《ツト》メラルヘシ」と、学校当局に対して、より強く指示している。この「学校衛生方法」は、一九四八（昭和二三）年に廃止されるまで続いていて、明治から昭和まで基本的には変わっていない。注目されるのは、いずれも学校当局に対して出されていることである。掃除の責任者は学校当局であって、生徒に掃除をさせろとはいっていないのである。

ところが実際には多くの学校で、早くから生徒が掃除を行っている。たとえば静岡藩が一八七〇（明治三）年に藩内の小学校に対し、児童数数百人以下の小学校では、小学生や員外生とも交替で掃除をすることという布令を出しているし、加賀藩でも小学生徒心得で、教師の監視の下で、生徒は輪番で掃除をしろとある。青森県弘前市の和徳小学校でも、生徒が交代で教室の掃除を行っていたという（一八八六・明治一九年）。これは児童に「勤労の美風を植え付ける」のが目的だったという（『和徳小学校沿革史』）。

修身科でも一九〇二（明治三五）年の掛図『小學児童作法訓畫』（名古屋の鈴木製本所編輯）には「教室内の心得」の一つとして「教場は自分の居間と思ってきれいにし、机や腰掛けは自身のものと思うて大切にせなばなりませぬ。」とあって、生徒が机を拭き掃除している様子が描かれている（次頁図1）。

一九〇六（明治三九）年には、文部省から各地方長官に向けて「学校舎内掃除ニ関シ学校清潔法励行並生徒掃除ニ従事ノ場合ニ就キ注意方」という文部次官通牒が出されている。

これは一八九七（明治三〇）年に出した通牒「学校清潔方法」通りに、床板や階段を潤し、雑巾がけをしなければいけないのに、実際は従っていない学校が多いため、トラホームや皮膚病、肺結核などが蔓延するおそれがある。通牒の通り実行せよというもので、対象は学校当局になっているが、最後は「追テ学校生徒ヲシテ本分ノ掃除ニ従事セシムルニ当リテハ体格年齢等ニ依リ斟酌ヲ加フヘキハ勿論ノ儀ニ有之候条身体薄弱ノ者又ハ十才未満ノ児童ニ就キテハ特ニ御注意相成度此段申添候也」と、生徒が掃除をすることが「本分」であるといっている。前文でも「生徒掃除ニ従事ノ場合ニ就キ注意方」とあるから、生徒の掃除が前提となっている。法令は学校当局宛になっていても、実質は生徒にさせることが暗黙の了解事項だったようである。

２ 学校の掃除II　第二次大戦後

この点は戦後も変わらない。ただ戦前の法令が、単に学校を清潔に保てといっているのに対し、「保健教育」に主眼が置かれるようになった。こ

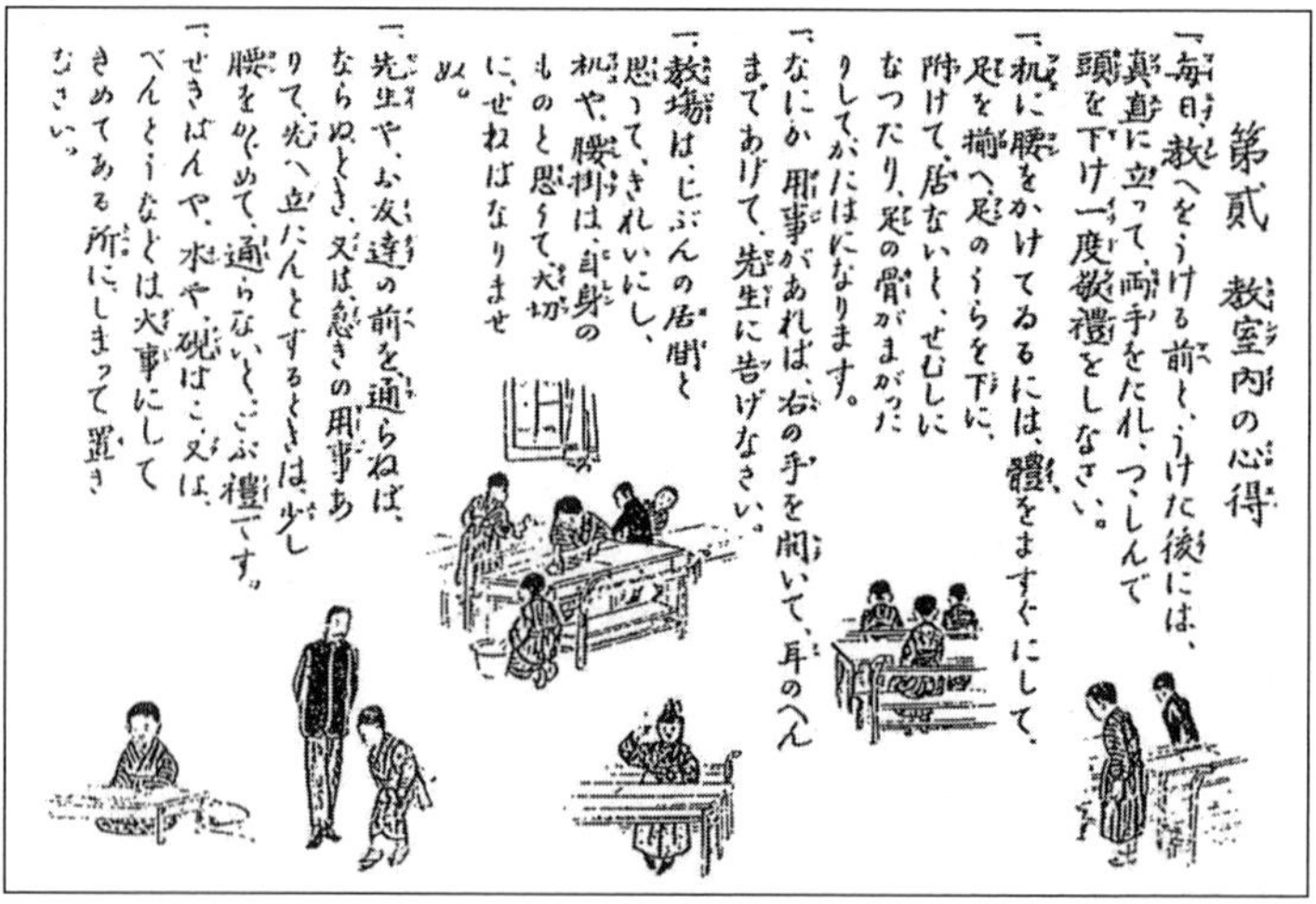

図１　教室の掃除は、授業の前後の敬礼や手を挙げて答えることなどと並ぶ大事な作法とされていた（「教室内の心得」『小學児童作法訓畫』、1902 年。国立教育政策研究所教育図書館蔵）

れは一九四七（昭和二二）年に定められた「教育基本法」で、教育の目的の中に「心身ともに健康な国民の育成」「健康、安全で幸福な生活のために必要な習慣を養い」などというのがあるためである。

一九四八（昭和二三）年に「学校衛生方法」が新たに定められたが、これは「学校の環境を清潔に保つことは、学生生徒児童及び幼児の健康並びに学習能率の向上を図るために重要であり、なお、清潔な環境における生活は、おのずから清潔に対する習慣と態度を養い、衛生思想を向上し品位を高めるものである。」となっている。

そしてさらに「なお学校における清掃の指導訓練は、衛生教育の一環として系統的に実施させ、その実践は、学校だけにとどまらず生徒児童の家庭にも及ぼし、更に社会公衆の衛生思想並びに美的観念の高揚にまで及ぶことを期待しなければならない。」とある。生徒が掃除することは既定のこととなっている。

内容は、従来と同じで、日常清潔方法、定期清潔方法、臨時清潔方法に分けてあるが、掃除をするのは生徒だということが、よりはっきりしている。たとえば日常清潔方法の場合、「清掃を行うときはマスク、帽子等の防塵保護具を使用させるように努めなければならない」としていることである。方法についてもより具体的になっていて、たとえば校舎、寄宿舎の掃除については、「毎日窓を開放して、適宜左の方法によって掃除を行わなければならない」として、ちり、あくたの飛散を防ぐため、まず水をまいて少し床を潤し、静かに掃き出した後、湿ったおがくず、茶がら、もみがら等を床上にまきちらしてこれを掃き出すか、また湿布で拭きとる。アスファルト、タークレー（コールタールに特殊な物を混合した液体でアスファルトに似ている）、コンクリート、石、れんが等の廊下、昇降口運動場等は時々水で洗浄する。畳敷は乾燥のまま掃き出すほか、乾布を使用させる。建具、校具などは湿布で拭き、窓ガラスは特に注意し、湿布使用の後、乾布を使用させるなどとある。

一九五八（昭和三三）年、「学校衛生方法」が廃止され、「学校保健法」が制定される。これは、「学校においては、換気、採光、照明及び保温を適切に行い、清潔を保つ等環境衛生の維持に努め、必要に応じてその改善を図らなければならない。」（第三条）というものである。このための基準を設けるべく、文部省は一九六四（昭和三九）年に保健体育審議会に諮問を行い、その答申が「学校環境衛生の基準」として全国の教育委員会に示された。

これまでと違って学校環境衛生についての基準が定められ、基準に従って判定することになったのである。検査項目、時期、検査事項、検査方法、判定基準、事後措置などが、詳細に述べられている。この中の「学校の清潔」で、検査項目については、床、壁、天井、窓ガラス、カーテンなどのよごれおよび破損があってはならない、教室、廊下、運動場などに紙くず、ごみ、ガラス片、くぎなどがちらかっていてはならない、排水は良好でなくてはならない、校地は緑化され、校舎内は良く整頓され、美化されていなければならない、清潔用具は、その数が十分で、保管状態は良好でなければならないとなっている。また事後措置は、校地・校舎に紙くず、ごみ、ガラス片などがちらかっていたら、清掃方法の改善や徹底をはかること、窓ガラスやカーテンの破損がある場合は、速やかに修復すること等々とある。これらは保健管理上の必須項目であり、責任者は教育委員会と学校当局となっている。

一方、戦後は「学習指導要領」が定められた。一九五八（昭和三三）年に改定された「学習指導要領」は、教育課程の国家基準が定められ、法的拘束力を持つものとなった。学校の掃除についてみると、

「総則」では「学級における好ましい人間関係を育て、教室内外の整頓や美化に努めるなど学習環境を整えるようにすること」とあり「道徳」でも「身のまわりを整理整頓し、環境の美化に努める」ことが定められている。しかしこうしてみると一九五八年の「学校保健法」も「学習指導要領」も身のまわりの整理・整頓、環境の美化についていては規定しているが掃除についていては児童生徒に義務づけていない。

しかし一九七〇（昭和四五）年の『中学校指導書特別活動編』では、大掃除が学校行事の中の勤労生産的行事に挙げれらており、一九七七（昭和五二）年の学習指導要領では小学校の大掃除が勤労生産的行事に組み入れられている。

④ 掃除は修身

前述の通り学校での掃除は建前としては生徒にやらせることになっていなかったが、その代わり、明治に入ると家庭での掃除を修身や作法教育として学校で教えるようになる。江戸時代の儒教道徳が教育勅語によって新たに国家的道徳として公認されたためである。

このことを示すのが掛図や絵解《えとき》、教科書などの教材で、子どもの遊びである双六でも掃除は必ず入れられている。いくつかの例をあげてみよう。

一八七三（明治六）年の「文部省家庭教育用錦絵・衣食住諸職絵

図２　校舎の廊下の雑巾がけ（画像提供：宇和米博物館）

解錦絵」では幼年期における家庭教育の一つとして「早朝の掃除」があげられている。「朝ははやく起き内外浄らかにふき掃除してけがれなければ悪しき病をうけず福をむかへ寿を保ちて終身安かるべし」とある。商家らしい家で三人の少年が朝の掃除をしている。土間を竹箒で掃いていているのは丁稚か。床の上では一人が座敷箒とはたきを持ち、一人が雑巾を持っている（図3）。

一八七九（明治一二）年の『小學生徒心得』は、家庭の情景を描いている。庭に面した座敷に父親と母親がおり、庭で男の子が竹箒で掃いていて、女の子が縁側で雑巾を濯いでいる。母親には女の子がお茶をさしだしており、もう一人の女の子が父親の肩を叩いているところから、掃除も親孝行の一つであることを示している（図4）。

一八九四（明治二七）年の『小學修身經入門尋常科生徒用』「第六課　掃除をよくす」も家庭の情景である。女の子が座敷ではたきと箒をかたわらに置いて本を片づけ、庭では男の子が竹箒で掃いている（図5）。一九〇二（明治三五）年の『新編修身教典尋常小學校児童用』にも家庭の情景があり、座敷に父親が赤ん坊を膝の前に置いているところに女の子が膳を運んできていて、縁側では女の子が雑巾がけをし、庭では男の子が竹箒で掃いている（図6）。

図3　早朝の掃除（「文部省家庭教育用錦絵・衣食住諸職絵解錦絵」、1873年。国立国会図書館蔵）

図４「人ノ子弟タルモノハ、日々學校ニ至リテ、學業ヲ勉勵スルノミニテハ、未全ク其務メヲ盡スモノニアラズ、歸宅ノウヘ、辛勞ヲ厭ハズ、父母長者ノ命ヲ奉行スベキモノトス」とある（群馬県編輯『小學生徒心得』、1879年。国立政策研究所教育図書館、明治期教科書デジタルアーカイブ）

図６「ダイ十一　コーコーナ、キョーダイ」（『新編修身教典尋常小學校児童用』巻1、1902年。国立政策研究所教育図書館、明治期教科書デジタルアーカイブ）

図５「第六課　掃除をよくす」（『小學修身經入門尋常科生徒用』、1894年。国立政策研究所教育図書館、明治期教科書デジタルアーカイブ）

一八九三（明治二六）年に茨城県が出した検定教科書『尋常小學作法書』には、「家庭ニ於テノ作法」で、「毎朝ノ心得」として、「室内ハ毎朝怠ナク掃除スベシ」、「掃除ノ心得」として、「室内ヲ掃除スルトキハ襖障子ヲ開キ塵ヲ払ヒテ後箒ニテ掃クベシ。地上ヲ掃クトキハ塵ノ立タヌ様ニ気ヲ付ケ塵取ニ塵ヲ掃キ入レ塵捨場ニ捨ツベシ。雑巾ハ清ク灑ギ出シ木理ニ従テ拭ウベシ」とある。

　前述の『小學児童作法訓畫』でも、家庭での掃除について事細かに記述されている（図7）。すなわち「掃除をなすにはまづ戸や障子や窓を開けて置いて、隅から隅まで残らぬよう、又色々の品物はとり置いて丁寧に掃き出さねばなりませぬ」からはじまって、紙屑のこと、箒の使い方、雑巾の拭き方、塵の始末、水まきの時の注意とつづき、掃除をしつけると自然と汚さなくなる、ほこりの多い家に住むと病気になる、掃除は目に見えないところまできれいにする、溝やどぶの掃除をする、掃除道具

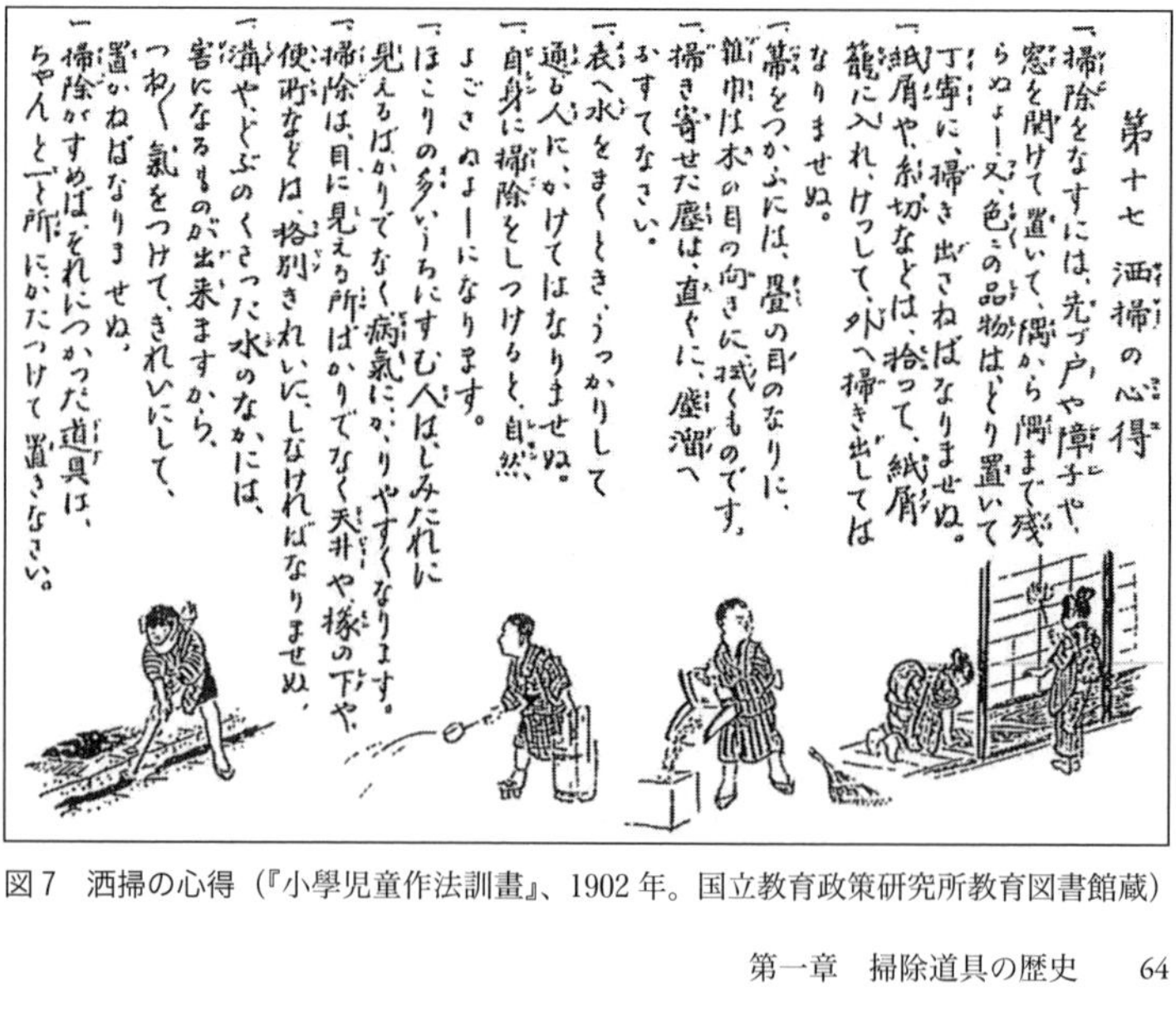

図7　洒掃の心得（『小學児童作法訓畫』、1902年。国立教育政策研究所教育図書館蔵）

はかたつけて置くと教訓が記されている。

大正時代の「教育絵解――子供の一日」（唐澤富太郎『教育博物館 上』ぎょうせい、一九七七年、三二四頁）では、起床、洗面についで掃除があり「太郎は父と一緒に箒を持って庭掃除、文子は雑巾がけをする。こうして清潔になった一日は心地よいものである。」とある。共通するのは男の子が庭掃除で女の子が雑巾がけや座敷の掃除と、比較的に楽な庭掃除を男の子に割り当てているところに、男尊女卑の風潮がうかがえる。

江戸時代には、掃除は必ずしも子どもの仕事ではなかったが、明治になってはっきりと修身、親孝行の徳目として位置づけられたことがわかる。これは基本的に昭和になっても変わらなかった。

掃除が修身、親孝行の徳目となったと同時に、掃除に対して丁寧さが求められるようになった。一九一九（大正八）年の嘉悦孝子『家庭生活の改造』は家事全般について書かれた女学生向き教科書であるが、「掃除と雑巾掛の方法」として、掃除の趣味と実益、掃除の順序方法、床柱や床板敷居、雑巾掛の水と板の間、眼と心でする掃除、掃除の時間は何時、棕櫚箒より朝鮮箒という項目で細かく書かれている。たとえば雑巾掛けについて、雑巾は場所によって濡れ雑巾と乾《から》布巾、艶《つや》布巾を使い分ける。座敷廻りは乾布巾、床柱や床板は艶布巾、家によっては縁側も乾布巾をかける。縁側に濡雑巾を使う場合でも敷居だけは乾布巾で拭かないと、雑巾が畳の縁にさわって薄黒くなる。濡れ雑巾は水を使うこと、水なら何度でも惜しげなく取りかえられるが、お湯だとたくさん使えないので少々汚いお湯で濯ぐことになりやすい。板の間は一度ざっと拭いて、さらにその上に雑巾をよく濯ぎ、固く絞って力を入れて拭くようにすると艶々してくる。箒は長刀《なぎなた》箒（穂先が長刀のように反りかえった形になる）にならないように注意し、なったらお湯に浸して真っ直ぐに直しておく、すり切れた箒は畳も傷めるし、襖の裾なども傷めるのでよくない。座敷箒には棕櫚箒は、使いにくい上に隅々まで掃けないから、朝鮮箒（蜀黍箒）の方がよいなどとある。

それだけに掃除が行き届いているかいないかは、主婦の評価を決める重要な点となって、掃除は家事の中で大きな位置を占めるものとなった。

このことが拡大して、掃除は家の中のことだけでなく社会的な存在となり、太平洋戦争がはじまると、掃除は日本精神を涵養する重要な手段とされて、国民学校、中学、国防婦人会、町内会などでは、神社の掃除、道路の掃除、公園の掃除などさまざまな掃除奉仕を行うことになった。

一九四〇（昭和一五）年の学習雑誌『セウガクー年生』正月号付録「仲ヨシ部隊突貫双六」（唐澤富太郎『教育博物館 上』一六五頁）では三人の子どもが竹箒で道路掃除をしている。また『東日

図 8　神社の境内を裸足で掃除する男子生徒。女生徒は社殿の掃除（監修・解説：下村哲夫『写真集「国民学校と子どもたち」全 1 巻』、福岡県柳川市矢留小学校、1943 年。株式会社エムティ出版刊行より転載）

少国民新聞』の付録「新年こども隣組双六」では、「落書消し」「町をきれいにいたしませう。」よその家の壁の落書きを三人の子どもが消している（口絵(7)頁）。

とくに神社は国家の祭祀とされた神道において天皇崇拝のシンボルとなっていたため、神苑の汚れを祓い清める掃除は、国家と天皇に捧げる神聖な奉仕として強制され、多くの国民が週一回とか月のうちの一日、一五日などには白鉢巻きで奉仕に参加させられた（図8）。また小学生の女生徒には勤労奉仕で雑巾縫いが割り当てられた。

4 新しい掃除道具

汚れも変わり、アルコールやアンモニア、便器には硝酸、塩酸、酢酸などの薬品も使われるようになり、道具も桶がバケツに、塵取りが金属や琺瑯製となり、モップやブラシが加わった。大正末にはアメリカからGE（ゼネラルコンプレスト・エア&バキューム社）製の真空掃除機も輸入され、一九三一（昭和六）年には国産もはじまった。国産第一号はGE社製をモデルにした東芝のアップライト型（箒型）で、長い棒の先に掃除機がついているタイプである。吸込用床ブラシとモーターが一体化した先端部には走行車輪がつき、軽く押すだけで掃除ができるように改良されたものであった。ビルディングなどでは使い始めた。価格が一一〇円、大卒初任教の半年分に相当した。

一九三七（昭和一二）年、GEが全国調査をしているが、それによると全国で六六一〇台普及し、うち東京が三一〇〇台だとある。

図9は国定教科書に準拠した「家事教授掛図」である。時期は大正末から昭和初期、家庭での掃除道具を示してある。図の右上は「掃除の身支度」で、「作業ニ便ニシテ身体ト衣服トヲ保護スルヲ目的トシ、掃除服ヲ着ケ或ハ襷ヲ掛ケ前掛ケヲ用ヒ、手拭ニテ頭髪ヲ包ミ、或ハ鼻及ビ口ニ覆ヲ掛クルヲ普通トス」とある。左は「電気掃除器具ノ使用」で、「バキューム、クリーナーハ電気ヲ利用シテ真空ヲ作リ塵埃ヲ吸収セシムル装置ニシテ主トシテ室内ノ絨毯ノ掃除ニ用フ」とある。これはアップライト型である。すでに家庭用にも真空掃除機を使うことが想定されている。

図9　「家事教授掛図」に載る掃除道具。絨毯には電気掃除機を使っている（『家事教授掛図 国定三期準據』、大正末〜昭和初年。唐澤博物館蔵。図中文字は一部打ち直した）

下に描かれているのは、①サラへ（江戸時代「木の葉掻き」とよんでいたもの、現在は熊手）、②モロコシ箒、③刷毛（デッキブラシ）、④竹箒、⑤棕櫚《しゅろ》箒、⑥バケツと雑巾、⑦如雨露《じょうろ》、⑧各種の塵取、⑨ハタキ、である。デッキブラシ、トタン板のバケツ、如雨露が、江戸時代にはなかったものである。またはたきが完全に掃除道具となっている。

5 現代 掃除道具の革命的変化

第二次大戦後、掃除は革命的ともいえる変化をとげる。まず電気掃除機の出現と普及である。ついで化学ぞうきんが生まれ、さらには掃除会社やロボットの登場など、掃除は産業分野でも大きな位置を占めるようになった。また掃除自体、建物、家具・インテリアをはじめとして厨房用品、サニタリー用品など、建物のつくりや使われる素材が多様化したことにより、汚れの原因も複雑になって、洗剤の種類も増えて、洗剤の使い方も複雑になっていった。

[1] 電気掃除機

電気掃除機――最初は真空掃除機とよんでいた――の生産が本格化するのは戦後である。占領軍家族住宅用に製造されたのが最初である。「デペンデントハウス」(DH) とよぶ、占領下における米軍将校軍人層の家族用住宅に備えるためである。「デペンデントハウス」は、代々木のワシントンハイツをはじめ、東京にはパレスハイツ、リンカーンセンター、ジェファーソンハイツ、グラントハイツなど、一九四五(昭和二〇)年から四七年にかけて各所に一万六千戸もの住宅団地が造られた。そこにはリビングルームには調度品や家具、ダイニンググルームやキッチンには数々の厨房用品が揃えられ、衛生的な設備も完備された。とくに洗濯機、冷蔵庫、掃除機、空調機といった家電製品が完璧に準備されたが、これらを製造したのは戦争中の軍需工場である。このうち電気掃除機は東芝・神戸製鋼・日本電気精機・菅原電気・日本電熱工業が製造に当たった。DH用に製造された掃除機はアップライト型である。箒型とよばれた長い棒の先に集塵装置が付いたもので、基本的には戦前からの輸入品と同じである（図1）。

一九四九（昭和二四）年には、DHの電化製品のメンテナンスを請け負っていた太平工業が、米国製品を参考に自社開発して日本人向けに販売を開始した。その後、一九五一年には東芝が小さな車輪つきのタンクを備えたシリンダー型（タンク型・ポット型）の国産をはじめ、さらにほかの家電メーカーでもシリンダー型とポット型の中間の形のキャニスター型や肩掛式で小型軽量のショルダー型も考案、発売されるようになった。

しかしテレビや洗濯機にくらべて掃除機の普及はおそく、一九五一（昭和二六）年の関西電力による「希望家電製品調査」でも掃除機は一〇位にも入っていない。掃除機はごみを吸い取るものだが、開放的な日本家屋では、ごみは掃き出すので、箒とはたきがあれば事足りていたのである。

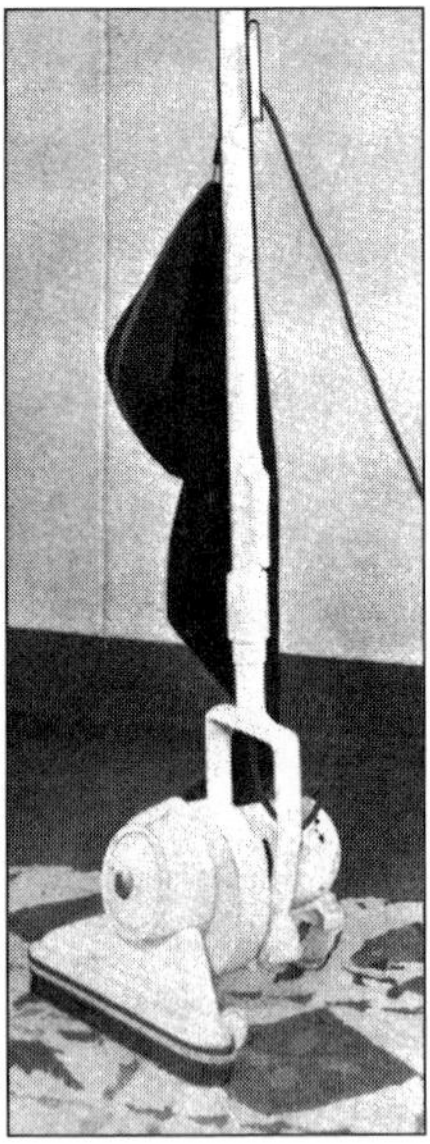

図1　占領軍家族用に製造されたアップライト型掃除機。箒型とよばれた（*Dependents housing*）

ところが一九五五（昭和三〇）年以降、掃き出し口のない公団住宅や民間マンションが増えたことで、急に広がり始め、一九六一年には普及率二〇パーセントになった。とくに洋室が増えて絨毯を敷くようになると、絨毯の中に溜まった埃によって蚤やダニが大量発生することが問題となり、掃除機の必要性が高まった（図2）。

この間メーカーでも吸込力の強化をはじめ、吸込口を畳用と絨毯用に手元で切り換えられるようにしたり、軽量で肩に掛けて掃除が出来るポータブル型を発売したり（一九五五年）、ペダルを踏むだけでコードが自動的に巻き込めるタイプ（一九六〇年）、ごみ溜まりが示される集塵メーター採用タイプ（同じく一九六〇年）など、つぎつぎに改良していった。

一九六一（昭和三六）年には『暮しの手帖』五八号が、掃除機の商品テストを実施している。使用中の四五〇世帯を調査した結果、便利という答えが六〇パーセント、まあまあが四〇パーセント、時間が短縮された一六パーセント、時間が増えた八四パーセント、買ってよかった七三パーセントであった。買ってよかった理由は、徹底的にきれいにきれいになるからが多いが、きれいにはなるが取扱いが面倒くさい、楽にごみを捨てられるものは一つもない、音がうるさい、掃除道具の掃除が面倒くさい、という苦情も多い。

同じ時に「財団法人日本消費者協会」（一九六

図2　シリンダー式掃除機をかける主婦（1960年。東京都足立区郷土資料館蔵）

一年設立）も製品テストをしていて、やはりシリンダー型は重い、ごみ処理が面倒だ、カセット式ごみ袋は高いなどという苦情が多く出ている。

『暮しの手帖』では、その後も一九六六（昭和四一）年の夏と冬、一九六八、七四、七六、七七、八〇年と昭和時代だけでも数回にわたって機種や条件を変えて電気掃除機の商品テストを行っている。調査項目はごみの吸込力、動かしやすさやコードの始末、ごみの捨て方といった取扱方法、音、価格などで、詳細にテストを行っている。

このような調査結果や苦情をうけてメーカー側も改良の努力をし、軽量化のためのプラスチックボディ化（一九六五年）、本体を二つ割にして、簡単にごみ処理ができるタイプ（一九六七年）、ホースを本体上部に縮めて納めるホース収納式（一九六九年）、ごみを圧縮してパックにするごみパック式（一九七九年）、引き出した集塵用カセットのボタンを押すと、ごみがそっくり処分できるカセット式ごみ処理タイプや、ボタンを押すと内部の円筒形のフィルターがごみを押し出す旋回押出式ごみ処理タイプ（一九八一年）、ペーパーカセット（紙袋）をセットすれば、ボタン操作だけで、ごみに触れることなく捨てられるペーパーカセット式（一九八二年）、手元のリモコンスイッチで吸引力を四段階に調節できるパワーコントロールつきで、本体は動かさずに三六〇度動かせる回転ホース機能もついた、業務用なみの吸込仕事率二〇〇Wの掃除機（一九八五年）や、一ミクロンの微細塵をキャッチできるフィルター採用の機種（一九八六年）、〇・三ミクロン以上の塵を九九・七パーセントキャッチするごみセンサー付きタイプ（一九八八年）等々と改善を重ねていった。

この間、一九六五（昭和四〇）年の普及率三二・八パーセントが、一九七五年には一〇〇パーセントとなり、一九八〇年代の後半（昭和六〇年代）には一三〇パーセントとなった（『電気協会雑誌』一般社団法人電気協会発行）。一家で複数台となったのである。その後もメーカー側は、吸い込み量の改善、パワーブラシ、各種フィルターなどの採用による集塵能力・排気の清潔性・操作性の向上、省エネ化を進めている。

２ 化学ぞうきん

化学ぞうきんもフローリングやカーペット、化学タイルなど新建材によるインテリア素材が増えてきたことで登場したものである。「油をつけた布で拭きとる」というもので、木綿に潤滑油や吸着剤と抗菌剤、防かび剤を界面活性剤（液体に溶かしたとき、その液体の表面張力を著しく低下させる性質の物質。水に対しては石鹸・アルキルベンゼンスルホン酸塩の類。分子内に親水性の部分と疎水性の部分を併せ持つ。洗剤・分散剤・乳化剤・起泡剤・帯電防止剤などに用いる）を使ってしみ込ませたものである。油の粘り気によって埃や細菌を残さず拭き取る。もとはアメリカの電話会社ベルカンパニーで、埃による通信回路の故障が起きたとき水拭きができないため考え出されたアイデアだという。これにヒントを得て布に潤滑油や流動パラフィンなどの沸点の低い油を、界面活性剤を使って布にしみ込ませたものが一般の化学ぞうきんである。布が黒く汚れても更にほこりを吸着でき、しかも付いたほこりが離れて落ちにくいのが特徴である。しみ込んだ汚れではなく表面に付いた汚れを取るのが目的である。ダストコントロールシステムといってアメリカ海軍で開発されたものだそうだ。これを一九六四（昭和三九）年に掃除会社のダスキンが導入、日本向けに開発し、「水を使わず、濯がずにすむ」といって、フランチャイズ方式によるレンタルや使い捨て商品で急速に広げて行った。化学ぞうきんでいちばん使われているのは柄が付いたモップ式で、次いで雑巾式、玄関用のマットも人気があるという。

3 掃除は嫌いな家事第一位

こうしてつぎつぎと掃除機や化学ぞうきん、洗剤などは進歩をとげていったが、それでも掃除は、どの調査でも一貫して嫌いな家事の第一位になっている。たとえば二〇一二（平成二四）年に『リビング新聞』が全国の既婚女性四五七名に対して行った調査では、主婦の約半数五二・二パーセントが掃除が苦手だと答えている。理由は、「面倒」六六・七パーセント、「やってもきれいにならない」四七・八パーセント、「片付けが下手」四二・〇パーセントで、フリーコメントでは「すぐに汚れてしまう、埃が溜まる」というのが多数の声だという。

二〇一六（平成二八）年に「SUUMOジャーナル編集部」（リクルート住まいカンパニー）が行ったインターネット調査（対象は全国に居住する普段家事をする二〇代〜五〇代の男女、有効回答数男性一四三名・女性一五七名）でも、嫌いな家事では、上位三位までが「風呂掃除」四二・〇パーセント、「トイレ掃除」四〇・〇パーセント、「床の雑巾掛け」三四・〇パーセントで、八位「洗面所掃除」二八・〇パーセント、九位「掃除機をかける」二七・〇パーセント、一一位「ゴミ出し」二〇・〇パーセント、一二位「玄関掃除」一五・三パーセントと、一五項目のうち七項目までが掃除関連である。

また、高齢者や単身者、共働き世帯の増加もあり、掃除困難家庭が多くなった。そこで登場したのが掃除の会社とロボット掃除機である。

ハウスクリーニング業には、不動産業者が取り扱う戸建て、マンション、アパートなどの空室を対象とするものと、一般在宅家庭を対象として、家屋の一部または全部、あるいはエアコンやレンジフードなど特定の設備機器の清掃を行うものがあり、また専門的な知識や技術が必要な専門的清掃と、家庭等における日常的な清掃を行うものとがある。

一般家庭を対象にしたハウスクリーニングがはじまったのは一九七〇（昭和四五）年で、ダスキンが着手した（図3）。「ダスキンの新戦略」として「家庭の〝掃除〟引受けます」という新聞記事が出ている。当時は新聞記事になるほど珍しかったのである。ダスキンは米サービスマスター社と事業提携をして、研修チームが渡米して、ハウスクリーニングのノウハウを習得してきた。新聞記事によると、当時は家庭の掃除を引き受ける会社は少なかったが、その後、急速に普及して行ったとある。

ハウスクリーニング業者が急速に増加したのは、需要が増えたこともあるが、開業に当たって特別な許認可や届出が不要で、設備などの初期投資が少なくて済むため、新規開業が比較的容易であることにもよる。女性が二、三人で開業するなどといった個人経営的な中小業者が多数誕生した。二〇〇八（平成二〇）年九月の時点で事業所数八二

図3　ハウスクリーニング会社による掃除（株式会社ダスキン発行パンフレットより）

○○社だという。ハウスクリーニング会社の成長ぶりはめざましく、二〇一五（平成二七）年の市場規模は一二〇〇億円に達し、成長率は年五パーセントだという（総務省「家計調査」）。

一世帯あたりの家事サービス代支出金額は、二〇一二（平成二四）年で全国平均九四八六円、全国トップは津市で一万八二九六円、二位は和歌山市一万七四八〇円、甲府市一万四五六七円と、地方で大きいことがみられる（総務省「家計調査」）。掃除を外注しているのは大都会だけではなく、むしろ地方都市なのがわかる。

ハウスクリーニングとエアコンクリーニングについては、二〇一三（平成二五）年の人口一〇万人あたりの登録件数が、前者は六八二五件、後者が一三三五件で、都道府県で見るとトップが山形県で、以下長野県、福島県、鳥取県、徳島県と続く。東京は二〇〇四（平成一六）～〇八年まではトップだったが、二〇一三年には二二位にまで落ちてしまっている。最初大都市で火が付いた便利なサービスが、地方に飛び火して人気を確実なものにしたと見ることができると、調査は分析している（NTTタウンページデータベース）。

ロボット掃除機も二〇〇二（平成一四）年に発売されて以来、急速に普及している。平成一四年、東芝がエレクトロラックス社の「トリロバイト」の販売をはじめた。同年にはアイロボット社の「ルンバ」が販売開始した（図4）。ロボット掃除機は直径二五センチから三八センチ程の薄い円盤型である。家庭用と業務用とある。家庭用は本体内にバッテリーを内蔵しており、動作中はコードレスである。本体の前方、側面、底面にある複数のセンサーが感知して、障害物を避けるように床面を自立走行しながら、回転するサイドブラシで塵埃を本体下面に集めて、吸引・収集して行く。本体に障害物が当たると方向転換するものと、赤外線やカメラなどを用いた非接触式距離センサーによって障害物との距離を測り、方向転換するものがある。

ついで二〇一四（平成二六）年にアイロボット社から床拭きロボット「ブラーバ」が発売開始された（図5）。幅約二四センチ、奥行約二一センチ、高さ約八センチの四角形で、フローリングやタイルなどの硬い床の拭き掃除をする。ボタン一つで水拭き（ウェットモード）とから拭き（ドライモード）が選択できる。ウェットモードは、付属のウェットクリーニングパッドに水を入れると、パッドから一定量の水が補給され、モップ掛けをするように前後に動きながら水拭きをする。ドライモードはクリーニングパッドにドライクロスを装着し、ブラーバ本体にセットする。直進しながら障害物があるとターンを繰り返し、平行移動しながら室内を清掃する。また「ノーススターナビゲーションシステム」の搭載により、ブラーバ自身が正確な位置情報を把握して部屋中をくまなく動いて、段差を回避し、家具の下にも入り込んで拭き掃除をする。

これまでの掃除道具は、電気掃除機にしても化学ぞうきんにしても、人手を必要としたが、ロボット掃除機や床拭きロボットは人手を使わない。ここにきて掃除道具は革命的な変化をとげたのである。

上：図4　ロボット掃除機「ルンバオリジナル」（2002年発売）
下：図5　床拭きロボット「ブラーバ380j」（2014年発売。いずれも、画像提供：アイロボット社）

4 掃除の現状

最後に、二〇〇〇（平成一二）年以降の家庭における掃除の状況を、各種の調査によってみてみよう。まず場所別の掃除頻度では、「キッチン・台所」「浴槽・風呂場」は三割がほぼ毎日、「居間・ダイニング・リビングダイニング」「洋室」「洗面所」「トイレ」は「ほぼ毎日」「週に三〜四回」「週に一〜二回」を含めると、五割以上が週に一回以上掃除をしている。もっとも多いのは「浴槽・風呂場」の六一パーセントである。[1]

モノについては、「流し」「流しの排水口」「ガスレンジ・IH調理器」は週に一回以上している場合が多い。一方「窓ガラス」「エアコンのフィルター」「照明器具」は、「年一〜二回」「年三〜四回」が、合わせて四〇〜五〇パーセントと多い。[2]

掃除で好きな場所、嫌いな場所では、「好きな場所はない」が五六・三パーセントに対し、「嫌いな場所はない」が四・四パーセント、嫌いな場所の上位は「換気扇」六一・六パーセント、「排水溝」四五・五パーセント、「網戸・サッシ」四四・三パーセント、「便器」四二・六パーセントとなっている。辛うじて好きな場所の上位に「キッチンシンク」一八・〇パーセント、「床・カーペット」一六・三パーセント、「洗面台」一五・二パーセントが挙がっている。[3]

したがって掃除しにくい場所の一位も「換気扇」六三・六パーセント、プロに頼んだ場所の一位も同じで二四・六パーセントである。エアコン、レンジ周り、洗濯機の中、照明器具なども掃除しにくい。

プロに頼んだことがある人もいる。(4)

使われている掃除用具は、普段の掃除の場合、掃除機九四・二パーセント、布雑巾六三・九パーセント、箒・化学繊維はたき（ほこり吸着タイプ）・モップ（紙・不織布）・ワイパー・塵取りが三〇パーセント台、クロス（紙・不織布）・モップ・ハンド式ワイパーが二〇パーセント台、ハンディタイプの掃除機・洗剤付きクロス（使い捨て）・デッキブラシ・はたき（布・羽）が一〇パーセント台、その他が三・三パーセントである。(5)

丁寧な掃除で使っているのは、歯ブラシ七九・五パーセント、クレンザー・専用洗剤・爪楊枝・綿棒・布雑巾が四〇パーセント台、重曹・メラニンスポンジ・激落ちスポンジが三〇パーセント台、金だわし・ワイヤースポンジ・割り箸・ウェットシート・キッチンペーパー・ティッシュが二〇パーセント台、新聞紙・軍手・靴下・ストッキング・酢・クエン酸・Tシャツ・粘着テープ・化学ぞうきん・サッシ用ブラシ・ガムテープが一〇パーセント台、以下エタノール、スチームクリーナー、針金ハンガー、エアダスター、その他となっている。(6)

家庭にある掃除家電は、サイクロン掃除機六七・四パーセント、あとはスチーム洗浄機（スチームモップ）八・五パーセント、お掃除ロボット五・〇パーセント、電動ポリッシャー（掃除用ブラシ）三・八パーセント、その他二二・九パーセントである。(7)

掃除の頻度や、汚れが気になる場所、ものなどについては、どの調査機関のアンケートでもほぼ同じような結果が出ている。

年末の大掃除については、毎年年末に大掃除をしている人は、全体の六割近く、一方でしないという人も二割近く存在する。男女別では女性の六割強が「毎年年末に大掃除をしている」が、男性では五割弱にとどまっている。(8) これが二〇一二、一三年頃の一般の掃除の様子と掃除観である。

以上、第二次大戦後、大きく変わった掃除事情について見てきた。箒が電気掃除機に変わり、水で濯がずにすむ化学ぞうきんが開発されるなど、掃除道具は革命的な進歩を遂げたが、それでも掃除が嫌いな家事の一位に挙がっている。そこで出てきたのがロボット掃除機である。とはいえロボット掃除機で可能な作業は、まだ限られている。今後、どこまで進化していくのか。まったく手を使わないでも済むようになるのだろうか。しかし禅宗寺院の掃除に象徴されるように、掃除には深い意味があり、人間形成の上で重要なものであるということも忘れてはならないのではないか。

注

(1、2、8)「日本リサーチセンター・NOS自主調査　家の掃除についての調査」(調査期間:二〇一三年一一月二九日〜一二月一一日、調査方法:NOS〈調査員による戸別訪問留置調査、住宅地図データベースから世帯を抽出し、個人を割り当て〉、調査対象:全国の一五〜七九歳の男女個人一二〇〇人/(株)日本リサーチセンター)による。

(3〜7)「二〇一二年　ミセスの掃除調査　簡易報告レポート」(調査期間:二〇一二年九月六日〜九月一二日、調査方法:『リビング新聞』のWEBサイト「Living.jp」にてWEBアンケート、調査対象:全国の既婚女性四五七名/リビングくらしHOW研究所)による。

第二章

箒（ほうき）

はじめに

『広辞苑』など多くの国語辞典では、「ほうき」の漢字表記として「箒」と「帚」を併記している。殷・周時代の甲骨文や金文をもとに漢字の成り立ちを説き起こした白川静によれば後者が初文（当初の字形）であり、箒は「竹の帚であるというので、竹を加えて作られた俗字」、かつ「わが国で用いられる字」であるという(1)。氏は、古代中国における「帚《そう》」とは「木の先端に細かい枝葉などをつけて箒の形をしたもの」で、「これに香りをつけた酒をふりかけ、祖先の霊を祭る廟《みたまや》の中を祓い清めるのに使用した」という(2)。帚は後の箒《そう》（ほうき）にあたり、また掃除のための帚が箒であるとも述べており(3)、呪具ないしは儀礼具から掃除道具という新たな用途が生みだされたとの見方を示している。

当の日本において、箒は古く「ははき」とよばれていた。平安中期の漢和辞書『和名類聚抄』は十巻本と二十巻本が伝わっているが、前者は「箒」の字訓を「波々岐」、後者は「波々木」としている。同末期に成立した最古のいろは引き国語辞書『色葉字類抄』でも「ハ、キ」と読ませ、「彗」の文字にも「同」と記している。『色葉字類抄』は「問題としている単語にどういう漢字をあてるべきかを知るために引く和漢辞典(4)」であることから、「箒」とともに「彗」も広く用いられていたと推察される。「ははき」は後に音便化して「はうき」に転じ、室町期には後者が優勢となったとされている(5)。

一方、現存する実物資料に目を向けると、奈良県橿原市の新堂遺跡から発掘された遺物が日本最古の(6)「帚」である（図1）。これは古墳時代に相当する五世紀後半のものと推定されているが、出土状況などから「水辺の祭祀」に使用された可能性が指摘されている。文字学のみならず考古学の分野でも、古代においては箒が祭祀と密接な関わりをもつことが認められているのである。

そうした箒の本来的機能については、記紀神話が象徴的に描き出している。葦原の中つ国を平定するため高天原から遣わされた天若日子《あめのわかひこ》(7)の葬送に際して「ははき」が登場する場面を、『古事記』から引用しよう。

乃《すなは》ち其處《そこ》に喪屋《もや》を作《つく》りて、河鴈《かはがり》を岐佐理持《きさりもち》と爲《し》、鷺《さぎ》を掃持《はゝきもち》と爲《し》、翠鳥《そにどり》を御食人《みけびと》と爲《し》、雀《すずめ》を碓女《うすめ》と爲《し》、雉《きぎし》を哭女《なきめ》と爲《し》、如此《かく》行ひ定めて、日八日《ひやか》夜八夜《よやか》を遊びき。(8)

なお、『日本書紀』では「ははきもち」を「持帚者」と記し、鷺ではなく川鴈《かわかり》に託しているが、ここで問題とすべきはその役割である。「喪屋を掃くほうきをもつ役」「葬送の時、帚《ほうき》を持っていく者」「墓所掃除の箒を持つ人」など種々の注釈がなされ、岐佐理持などと同様、「古典研究の側からも葬墓制研究の側からも、なんら定説がない」(9)といわれる中、この場面を

図1　奈良県橿原市の新堂遺跡から発掘された日本最古の「帚」（橿原市教育委員会蔵）

古代の葬送儀礼である「殯《もがり》」と見る立場に注目したい。ここでの箒の役割について、民俗学では解釈が二分されているのだが、それはこの道具が対極的機能をもつ所以であるように思われるからである。

『日本民俗大辞典』によれば、「古代、人の死後しばらくの期間、遺体を木製の棺に収め、埋葬地とは別の場所に喪屋を起して安置」する葬法を「殯」といい、「喪屋」とは「死者の近親者たちが遺骸とともに、またはその近くで忌籠りの生活をする建物」をさす。天皇の場合は「殯宮《ひんきゅう》」とよばれ、その中では挽歌の朗詠や誄《しのびごと》の奏上などさまざまな儀礼が行われていたとされる。また、九世紀中頃に編纂された養老令の注釈書『令集解《りょうのしゅうげ》』の喪葬令には、殯宮では「凶癘魂《きょうれいこん》（生者を死の世界へ引きずりこもうとする霊の力）を鎮める遊部が供奉して死者に食物を捧げた」とも記されているという。[10]

このような儀礼が行われた理由について、折口信夫は「古代には、死の明確な意識のない時代があつた。平安朝になつても、生きてゐるのか、死んでゐるのか、はつきり訣まらなかつた」といい、殯宮へ納められた天皇・皇族に対し「死なぬものならば生きかへり、死んだのならば、他の身体に、魂が宿ると考へ」て、盛んに鎮魂術を施したという。[11] こうした折口の鎮魂論を支持する谷川健一は、天若日子の喪屋に集う鳥たちは「死者を復活させる儀礼の執行者」であり、その一翼を担う「ははきもち」とは「身体の外に脱した死者の魂をかきあつめるためにホウキを動かす者」だとみる。

一方、こうした「殯蘇生説」を否定する立場の五来重は、古代の死者の霊魂は「凶癘魂」であるゆえ、「これを浮遊させないように封鎖して、荒れるのを鎮めるのがモガリ」であると説く。件《くだん》の記紀神話は浮遊した凶癘魂をよびもどして「封鎖鎮魂」する「魂呼ばい」の呪術であると解釈し、死体からの遊離魂を払い落すために「ははき」が必要とされたと指摘する。[12]

このように、民俗学では殯の儀礼が「生死の境にある者の遊離した霊魂を招き寄せる、または衰弱した霊魂を揺さ振り動かして霊魂の賦活を願うタマフリの儀礼なのか、それとも遊離した霊魂や他の死者の亡霊が邪霊となって荒ぶれて災いを及ぼすことを防ぐタマシズメの儀礼なのか、あるいは生死の境にある際に初めタマフリを行い、死を確認した後にタマシズメを行なうという一連の儀礼なのか、議論の分かれるところ(13)」だというが、死者（ないしは仮死状態にある者）の魂と相対するための呪具として「はき」をとらえていることに変わりはない。これほどまでに箒が神聖視されていたのは、その原初的な形状が「藁などを束ねたもので、注連《しめ》の一種と似ている(14)」ことなどに起因すると考えられている。

加えて、箒は産育にまつわる習俗とも深く結びついている。柳田国男の『産育習俗語彙』から、二つの例を挙げてみよう。

肥後南関地方でも、お産の軽い呪として、産婦の足許に箒を逆さに立てゝ置く

信州北安曇郡でもハキガミと云つて、産をする時枕許に箒を逆さに立てるとウブガミサマが出来て安産すると云ふ

注目すべきは、肥後南関地方の例において箒は一種の魔除けであるのに対し、信州北安曇郡では神の依代《よりしろ》とされている点である。ここでもまた、先述した殯の儀礼と同様、神霊を「招く／払う」という箒の両義的役割を見いだすことができよう。このような機能的特質を、飯島吉晴は「此世と異界、生と死、

内と外といった二つの異なる世界の境にたって両界の間の媒介[15]」をするものと指摘している。

こうした呪具的性格を帯びたまま、箒は掃除のための実用具としても用いられてきた。また、さまざまな伝統産業においても生産工程を支える道具として欠かせないものとされている。本章では、こうした多種多様な箒の特徴を紹介するとともに、その歴史や習俗についても概観し、箒という道具の全体像に可能な限り迫ってみたい。

注と引用文献

(1) 白川静『新訂字統（普及版）』二〇〇七年、五六六頁。
(2) 白川静『常用字解』平凡社、二〇〇四年、五五一頁。
(3) 白川静『中国古代の文化』講談社、一九七九年、二三六頁。
(4) ブリタニカ国際大百科事典 小項目事典 オンライン版（コトバンク）。https://kotobank.jp/word/%E8%89%B2%E8%%91%89%E5%AD%97%E9%A1%9E%E6%8A%84-32580（二〇一九年一〇月二一日閲覧）。
(5) 日本国語大辞典第二版編集委員会、小学館国語辞典編集部 編『日本国語大辞典 第11巻 第2版』小学館、二〇〇一年、一三七九頁。
(6) 報告書の表記に基づく。『橿原埋蔵文化財調査報告書 第12冊 新堂遺跡――京奈和自動車道「御所区間」建設に伴う発掘調査報告書』奈良県橿原市教育委員会、二〇一五年、五五頁。
(7) 『古事記』では「天若日子」、『日本書紀』では「天稚彦」。
(8) 倉野憲司・武田祐吉 校注『古事記 祝詞（日本文学大系1）』岩波書店、一九五八年（一九八九年 第35刷）、一一七頁。
(9) 五来重『葬と供養（新装版）』東方出版、一九九二年、三二七頁。

(10)『日本民俗大辞典 下』吉川弘文館、二〇〇〇年、六九二―六九三頁、七〇四―七〇五頁。
(11)折口信夫 著、折口博士記念古代研究所 編「古代人の思考の基礎」『折口信夫全集 第3巻』中央公論社、一九六六年、四〇三頁。
(12)五来重『葬と供養(新装版)』東方出版、一九九二年、八、四〇、七三一頁。
(13)川村邦光『弔いの文化史――日本人の鎮魂の形』中央公論新社、二〇一五年、四九頁。
(14)『日本民俗大辞典 下』吉川弘文館、二〇〇〇年、五二五頁。
(15)「第4章 子供の発見と児童遊戯の世界」『日本民俗文化体系(普及版)第10巻 家と女性――暮しの文化史』小学館、一九八五年、二五七頁。

1 箒の名称と分類

改めて掃除道具としての側面に目を向ければ、箒とは、ほこりや塵、ごみなどを掃き出したり掃き集めたりする道具の総称である。日本最大規模の国語辞典である『日本国語大辞典』には「ほうき」あるいは「ははき」を含む見出し語が一二〇余りも収録されており、掃除道具に限定しても、その数は五〇以上に及ぶ。こうした多種多様な箒を、形態と用途という二つの側面から分類し、それぞれの特徴をとらえてみたい。

1 各部の名称

その前に、まずは箒の中でも代表的な二種類の箒、すなわちヤシ科常緑高木のシュロで製した「棕櫚《しゅろ》箒」とイネ科一年草のホウキモロコシを材料とする「蜀黍《もろこし》箒」を例に、各部の名称を見ていこう。次頁の図2に棕櫚箒の長柄箒（鬼毛箒）と手箒（皮箒）、九〇頁の図3に蜀黍箒の長柄箒（櫛型）と手箒の図を掲げ、各部の名称を記入した。なお、名称は産地によって異なり、表記が漢字であるか片仮名であるか等も製作者による違いが見られる。

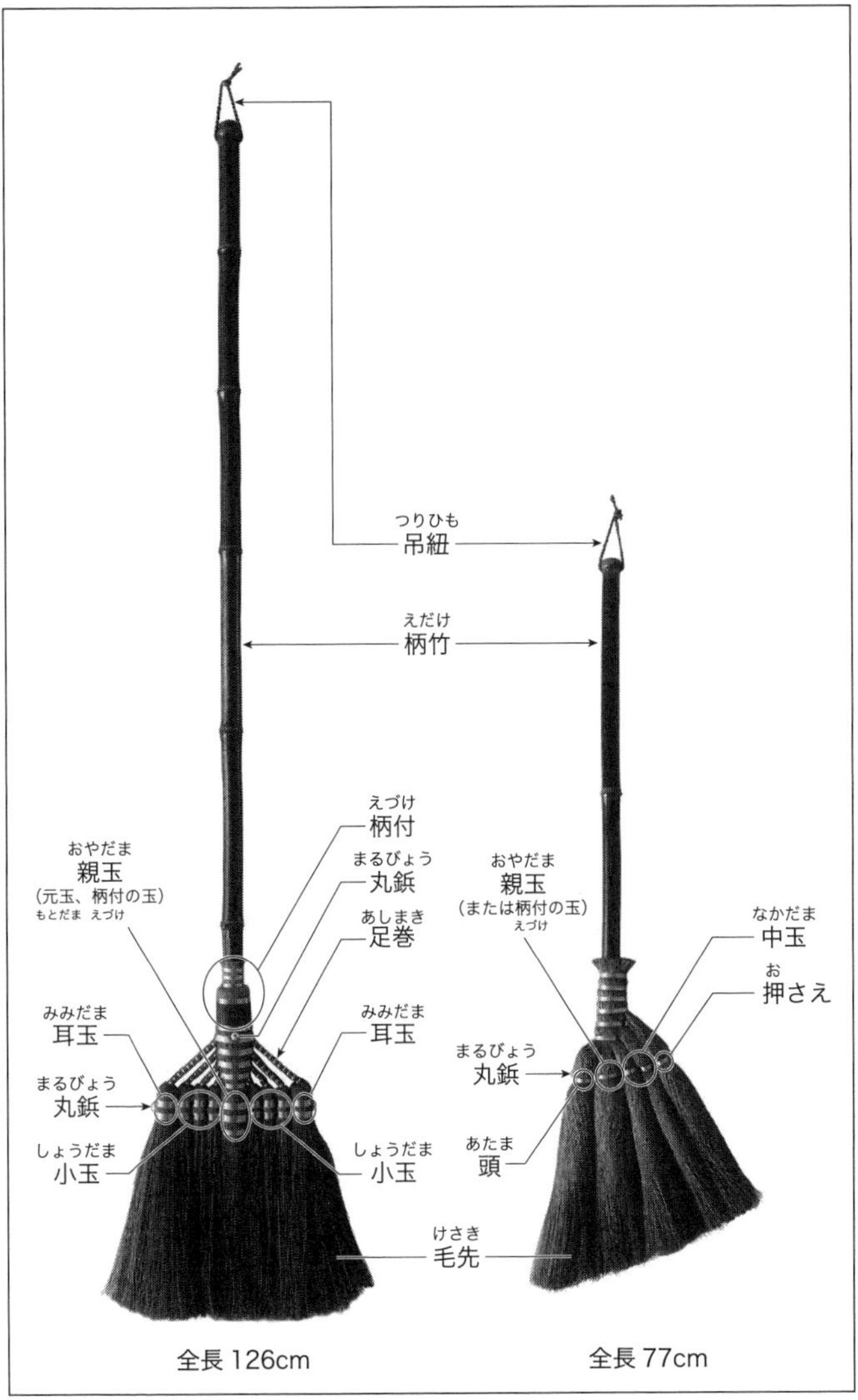

図2　棕櫚箒：左は長柄箒（鬼毛箒）、右は手箒（皮箒）（製作・画像提供：棕櫚箒製作舎・西尾香織氏）

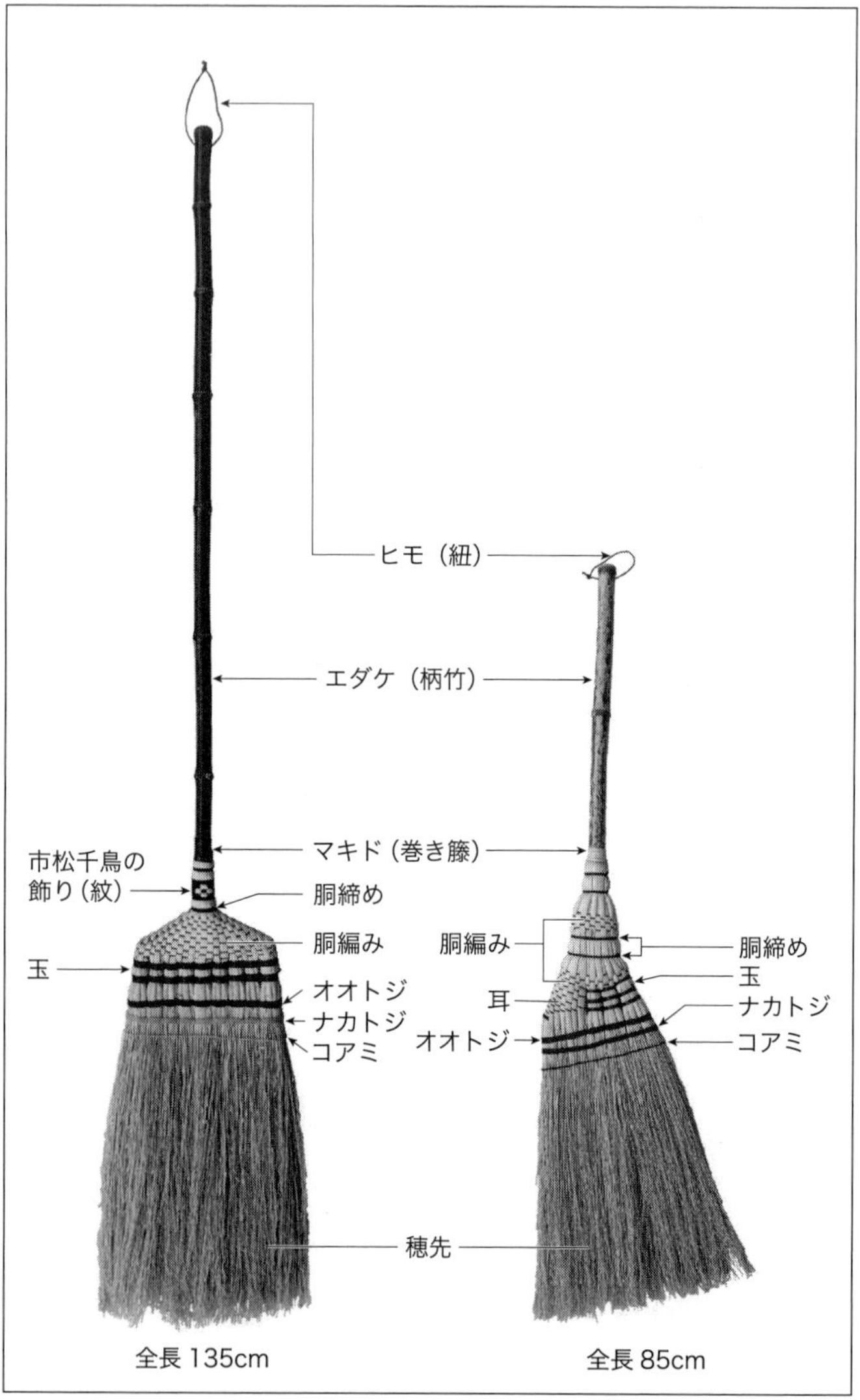

図 3　蜀黍箒：左は長柄箒（櫛型）、右は手箒（製作：山田次郎氏、画像提供：株式会社まちづくり山上）

② 形態による分類

柄の有無や長短など

箒は柄の付いているものとそうでないものに大別される。柄のある箒は、その長短や素材によっても区別される。その総称については後述することとして、まずは柄のある箒の種類を挙げていくと、立って使うための長い柄をもつ箒を「長柄箒」という。図2の棕櫚箒（和歌山県）や図3の「中津箒」とは異なるが、地域や時代によっては「長箒」「高箒」「立箒」とよばれることもある。片手で持つための短い柄が付いたものは「手箒」と称される。「穂先」「毛先」「穂」などとよばれる箒の本体部分（本稿では以降「穂先」と総称する）と柄は通常、別素材であるが、茎を長く残して柄に用いるものもある。このような箒は「トモエ（共柄／巴）箒」（図4Ⓐ）という。

単に「手箒」や「トモエ箒」といった場合は座敷箒を指すことが多いものの、同形の箒は他の場所でも用いられる。地域によってはそれらを「土間箒」などの用途を示す名や、素材にまつわる名でよぶこともある（一二二〜一二五頁表2Ⓐ〜Ⓖ参照）。

こうした柄のある箒に対し、柄のない箒は「小

図4　Ⓐトモエ（共柄／巴）箒。Ⓑ小箒あるいは子箒（荒神箒）（画像提供：株式会社まちづくり山上）

箒」または「子箒」（図4Ⓑ）と総称される。その代表例は竈まわりを掃く「荒神箒」であることから、用途を問わず、その名でよばれることもある（一七三頁参照）。

柄の有無や長短に着目した呼び分けは古くから見られるが、意味は時代とともに変化している。イエズス会宣教師らが一六〇三（慶長八）年から翌年にかけて編纂し、室町期の日常語を多数収録している『日葡辞書』では、「手箒」を「柄のついていないほうき」と説明している。植木職人が用いる柄のない竹箒は今でも「手箒」とよばれており[1]、これはかつての名残と思われる。

図5　厩の柱に立てかけられた竹箒。この絵巻が描かれた14世紀半ばには、現在とほぼ同形の竹箒が使われていたことがわかる（『慕帰絵詞』巻10、模本。国立国会図書館蔵）

「手箒」が柄のない箒を指していた時代、柄のあるものは「柄箒」または「柄差箒」とよばれた。『日葡辞書』の「Yebŏqi エバウキ（柄箒）」の項では「Yesaxibŏqi（柄差箒）と言う方がまさる。木や竹の取っ手あるいは柄のついた箒」と説明されている[2]。近松門左衛門が一七一一（宝永八／正徳元）年頃に書いたとされる浄瑠璃「冥途の飛脚」にも、この「枝差箒」が登場する。遊女梅川に入れあげる友人の忠兵衛を思い、廓にやってきた八右衛門は「柄差帚《えさしばうき》逆手《さかて》に取《と》り、二階《にかい》の下《した》から板敷《いたじき》をぐわた〳〵と突《つ》き鳴《な》ら[3]」す。友を案じて使い込みをあえて暴露するこの場面において、枝差箒は八右衛門の俠気を描くための小道具とされているわけである。柄の長短は定かでないが、ここは長柄でないと話が成立しない。

柄の長い箒は庭を掃く竹箒に古くから見られ、『慕帰絵詞』（図5）など中世の絵巻物でたびたび目にする。対して、長柄の座敷箒が使われるようになったのは後述するように近世以降のことである。一般に普及したのはずっと後で、「上流の町家などを中心に少しずつ取り入れられてきた」(4)といわれる。一九一八（大正七）年より『読売新聞』紙上に連載された加能作次郎の私小説「世の中へ」の中に、そのあたりの事情を裏づける描写が見られるので以下に引用しよう。一八八五（明治一八）年に能登半島の漁村に生まれた著者が、年譜によれば一八九八（明治三一）年、伯父の営む京都の薬店で丁稚奉公を始めた場面である。

長い竹の柄のついた棕櫚箒《しゆろばうき》を使ふことも、私には初めての経験であつた。箒の先に力を入れないで柄の方に力を入れて、軽く掃き出せと言ふのだが、田舎で使ひ馴れた身藁《みご》や、黍殻《きびがら》の手箒などとは勝手が違つて、先の方が妙に手応《てごた》へがなかつたりして、どうもうまく使へなかつた。そして、それでは塵が出ないとか、箒の先が曲るとかと小言を言はれた。その箒は、棕櫚の穂先を一寸ばかりだけ出して他の部分は更紗《さらさ》の袋を被せてあつた。それは何となしに猿に着物を着せたやうで、私には奇異《ふしぎ》に感ぜられた。(5)

長柄の座敷箒はまず棕櫚箒が上方で出現し、後にホウキモロコシの穂を材料としたものが江戸周辺から各地へと広まった。「更紗の袋を被せてあつた」のは穂先が広がらないようにするための工夫で、かつてはよく行われていたという。(6)旧式の棕櫚箒は現代と構造が一部異なっていることとも関連しているのかもしれない。

なお、「長柄箒」「長箒」は座敷箒を指すのが一般的で、「高箒」は庭箒にも座敷箒にも使われた。竹は「たか」とも訓読するところから「竹箒」を「たかぼうき」と読むこともあり、これは庭箒のことである。上方で活躍した後に江戸へ移った歌舞伎狂言作者、西沢一鳳が東西の言葉や文化、風俗を比較考証した随筆『皇都午睡』には、江戸では「竹箒《ほうき》をたか箒」というと記されている。夏目漱石の『明暗』には「高箒《たかぼうき》で庭の落ち葉を掃いていた男」とあり、永井荷風の『にぎり飯』でも笊や籠の製造・卸売をする家に間借りしている主人公が「近処の家でつくる高箒」を背負って千葉の市川から東京へ売りに行く場面が描かれる。

「高箒」を長柄の座敷箒に対して用いている例としては、一九六八(昭和四三)年に発表された織井文雄の論文「在来箒工業地域の形成」[7]が挙げられる。文中には「生産高ならびに生産額については、高箒・手箒の比率が明確でないため正確な調査は困難であった」「全国箒連合組合長橋本軍司氏の示した比率三対七(高箒対手箒)を採用して算出した」との記述が見られる。

ただし、この数字については検証が必要であろう。箒の主産地のひとつであった埼玉県内では、一九二九(昭和四)年の段階で生産量の内訳が長柄箒六六・四パーセント、手箒三三・六パーセントであり、翌年から一九三四(昭和九)年まで長柄箒が七割超で推移している[8]。

素材の結束方法

箒を形態面から分類する際、柄のほかに指標となるのは素材の結束方法である。なかでも、ホウキモロコシの穂による箒（標準名が見当たらないため、本稿では以降、「蜀黍箒《もろこし》」とよぶ）には多くの「編み方」が存在するが、箒は元来、「結う」ものであった。「箒師」とよばれた専門職人の別名も「箒結い」である。

「結う」と「編む」という語の意味を確認すると、「結う」とは「ばらばらになっているものをまとめて一つの形に組み立てる意」、「編む」とは「（物品や髪型を作るために）細長いものを互い違いに組み上げる」ことだという(9)（『広辞苑』）。さらに古語辞典からも引用すると、「結ふ」は「紐などを用いて一つにゆわえまとめる」、「編む」は「繊維を組み合わせて布状の物を作る」とある(10)。

これらを箒の製造にあてはめた場合、「結う」と「編む」とでは素材に働きかける方向性が異なっていることに気づかされる。すなわち、「結う」工程とは、紐などを使って締め付けることで穂先の束を固定し、脱落を防ごうとするものである。単純にひとくくりするだけなら、結束部分の断面は円に近い形となる。

一方、「編む」工程とは素材を互い違いに交差させることにより組まれた状態を保とうとするもので、平面をつくりやすい。穂先が幅広になれば、一度の動作で広い範囲を掃けるわけで、「結う」箒にはそのために束ね方を工夫し進化していった様子が見受けられる。

「編む」という新しい技法を取り入れたことで注目されたのは、「神田箒」という藁箒である。その出現時期は定かでないが、遅くとも一八世紀半ばには江戸名物として知られていたことが文献資料から明らかになっている。詳しくは「藁箒」の項で触れるが、「編んだ箒」の登場は、後に誕生した蜀黍箒の製造工程に影響を与えた可能性が考えられる。

結束方法の具体的な種類については、第2節「箒の素材」の各項で触れることとする。

注と引用文献

（1）一般社団法人日本造園組合連合会によれば、「杉苔や敷砂などの上の落葉やゴミを払ったり、飛石や敷石の上についた塵や土を払ったりする、柄のない小型の箒。竹穂を束ねて手製でつくるもの」だという。https://www.jflc.or.jp/index.php?itemid=105&catid=59#more（二〇一九年二月二日閲覧）
（2）土井忠生・森田武・長南実 編訳『邦訳 日葡辞書』岩波書店、一九八〇年、八一五頁。
（3）近松門左衛門『近代日本文学大系（近松門左衛門集 上）』国民図書、一九二七年、七二六頁。
（4）日本民具学会 編『日本民具辞典』ぎょうせい、一九九三年、三七八頁。
（5）加能作次郎『世の中へ』新潮社、一九一九年、五一―五二頁。
（6）棕櫚箒製作舎ブログ、http://blog.shurohouki.jp/2017/04/20/ 温度・湿度の変化による毛先のハネや広がり（二〇一九年一一月二二日閲覧）
（7）織井文雄「在来箒工業地域の形成」『地理』第13巻第9号、一九六八年、古今書院、一〇九―一一二頁。
（8）富士見市立難波田城資料館 編『平成28年度春季企画展 ほうきと竹かご――自然素材の生活用具』富士見市立難波田城資料館、二〇一六年、八頁、表2より算出。
（9）新村出 編『広辞苑 第七版』岩波書店、二〇一八年、二九七七頁（結う）、八九頁（編む）。
（10）大野晋・佐竹昭広・前田金五郎 編『岩波古語辞典』岩波書店、一九七四年、一三三二頁（結ひ）、五九頁（編み）。
本書では動詞の見出しは連用形である。

3 素材による分類

箒の素材による分類とは、穂先の種類についての区別をいう。先に述べておくと、現代の箒柄にはほぼ竹が用いられているので、種類を区別する指標とはなりえない。だが、流通経済が未発達だった時代、寒冷地では木柄が使われていた。

本項では、まず自製箒に用いられる素材を紹介し、続いて歴史的観点から、箒の手工業品化との関わりについて整理した後、個々の素材について言及したい。

自製箒に用いられる素材

箒は元来、身近にある植物を用いて自らつくるものであり、既製品が登場した後も、農村部では自製することが珍しくなかった。とりわけ、家の土間、庭先、軒下や筵などを掃くとき、農山村の大半の家では「山から採ってきて自分でつくったほうき」を使ったと長澤武はいい、しばしば材料とされた植物として、次の七種を挙げている。

①コマユミ（ニシキギ科）、②マユミ（ニシキギ科）、③リョウブ（リョウブ科）、④コウヤボウキ（キク科）、⑤コゴメウツギ（バラ科）、⑥ツクバネウツギ（スイカズラ科）、⑦ホツツジ[1]（ツツジ科）

これらのほか、ススキやオギ、藁をはじめとする農作物の副産物なども自製箒の素材として利用された。「ほうきのき」「ほうきしば」「ほうきぐさ」といった地方名（方言）でよばれる植物は、箒の素材に利用されたものが少なくない。

　こうした自製箒の素材は地域の植生を反映しているため、地方色が豊かであった。たとえば、竹の育たない寒冷地に竹箒は見られず、稲作地帯では藁箒を多く目にするといった具合である。各地で用いられていた素材の具体例については、[4]「用途による分類」の表2「用途別にみた箒および素材の名称」（一一二～一二五頁）を参照されたい。

箒の手工業品化と素材との関係

　手工業品として生産される箒の素材を個々に見ていく前に、歴史的視点からその変遷を概観しておこう。

　自給自足を原則としていた農山村の生活においては近代以降も自製箒が使用されたのに対し、都市では早くから既製品が登場した。日本最古の紙史料群「正倉院文書」（主に東大寺写経所が作成し、東大寺正倉院に保管されてきた帳簿類など）には、竹箒と目利箒を購入した記録が残されている。目利箒の実態については第2節[1]で詳しく検討するが、正倉院宝物の「子日《ねのひの》目《め》利《とぎの》

図6　『法然上人絵伝』巻33に見える物売。朸（おうご；天秤棒）に箒を添えて担いでいる（小泉作画）

箒《ほうき》」にはキク科の落葉小低木「コウヤボウキ」が使われていることが判明している。

中世に入ると経済活動の活発化とともに箒の手工業品化が進み、流通範囲がより広がった。鎌倉時代末頃に完成したとされる絵巻物『法然上人絵伝』には箒を担いだ物売と思しき男が描かれ（図6）、室町時代（一五〇〇年頃）に成立した『七十一番職人歌合』[2]にも付木と荒神箒を売り歩く「硫黄箒売」[3]が登場する（図7）。ただ、これらの箒の素材は不明である。

近世には「箒師」とよばれる専門の職人が登場して製造技術が向上し、箒の手工業品化が大きく進展した。また、販売面でも従来からの行商人による「振売」に加えて、常設の小売店「店」での取り扱いが一般化した。これらはいずれも箒の素材別に専門特化されたため、手工業品として製作される箒の種類も自ずと集約化されたと考えられる。

図7 『七十一番職人歌合』の「硫黄箒売」（左）。詞書に「よきはゝきか候」とある（国立国会図書館蔵）

図8 『人倫訓蒙図彙』に見える箒師。「棕櫚（しゆろ）の皮葉（かはのは）并（ならび）に藁蘂（わらのしべ）等の箒（はゝき）あり」などと詞書にある（国立国会図書館蔵）

まず、工人が製作していた箒の種類を見てみると、国立歴史民俗博物館の「近世職人画像データベース」で確認できる「箒師」「箒ゆひ」の資料計三点のうち、職名が「箒師」と記されている二点は詞書に「椶櫚《しゅろ》」（『人倫訓蒙図彙』、一六九〇・元禄三年。前頁図8）、「しゅろ」（『今様職人尽百人一首』、一七二九・享保一四年頃。図9）の文字があり、彼らが棕櫚箒を製作していることが明かされている。

もう一点の「箒ゆひ」（『職人尽発句合』、一七九七・寛政九年。二〇四頁図33参照）には、詞書は添えられていないものの、穂先の部分に格子模様の束が取り付けられている。これは、毛をほぐす前の棕櫚皮と見て間違いないだろう。つまり、これら三点が描いているのはみな棕櫚箒を製作する職人の姿であり、しかも手がけているのはすべて長柄箒という共通点がある。

以上から推察すれば、「箒師」とは主に棕櫚の座敷箒を手がける職人を指していたのかもしれない。言い換えれば、江戸時代において、棕櫚の座敷箒は「箒の中の箒」であり、その製作技術をもつ人が

図9『今様職人尽百人一首』に見える箒師。詞書は狂歌「ゑもすげて　しゅろそろふけは　とけやらぬ　ねまきてほうき　まきしまいける」。国立歴史民俗博物館の近代職人画像データベースによれば、「『柄』をすげて『棕櫚』の毛先を揃え、ほどけないように『根』の部分をしっかり巻いて箒の出来上がり」の意（国立国会図書館蔵）

「箒師」とよばれたのではないか。これは、三都の風俗や事物を解説した江戸後期の類書『守貞謾稿』において、「箒売」とは「棕梠箒売りなり」(4)と記されている点とも符合する。

続いて、箒の販売形態に話を移そう。さまざまなジャンルの職人や商店の名前と所在地を記した『万《よろず》買物調方記《かいものちょうほうき》』(一六九二年刊)では、三都の商人および工人を次のように紹介している。

諸工商人所付　いろは分
は　京之分　とりのはゞき　四条河原町東へ入
は　大坂之分　はうきや　久太郎町一丁目
　　同竹はうき　天神はし北詰
ほ　京之分　ほうきやわら　ゐのくま松はら上ル丁
し　京之分　しゆろばゝき　六條ひの上町
　　同　下立売油の小路
　　江戸之分　しゆろばゝき　本町通
　　同　通塩町　島田七兵衛
　　同　よこ山町二丁目　いせや理兵衛
　　同　同　五兵衛
　　同　しバゐ町　加兵衛(5)

「江戸之分」の四人は『増補江戸惣鹿子名所大全』巻六「諸師諸藝」にも「棕櫚箒屋」として記されていることから、(6)名の知れた箒師であったと思われる。同時に、名前を掲げているのが棕櫚箒のみである点にも留意したい。

この『万買物調方記』の記述からは、羽箒、竹箒、藁箒、棕櫚箒の四種について、各々の店が存在していたことが確認できる。もっとも、江戸初期に薦・渋紙・縄などを扱っていた荒物屋が後に箒なども商うようになり、また町内の警備や雑務にあたる番人（「番太〈郎〉」という）が起居しながら小商いもする「番小屋」にも置かれたというから、(7)専門店のみが箒を店売していたわけではない。

また、東西では様子が異なり、江戸では竹箒と同じく荒物店などが取り扱った「草箒」は、京坂では売り物ではなかったと『守貞漫稿』にある。草箒とは実に厄介な言葉で、何の「草」が材料なのかが判然としない場合も少なくないが、ここはヒユ科の一年草「ホウキギ」でつくる土間箒を指している。

ここまで見てきた箒の製造・販売事情は、江戸時代の半ば過ぎまでの話である。江戸末期になると、イネ科一年草の「ホウキモロコシ」という新素材が突如登場し、箒の世界に一大革命が沸き起こる。モロコシの変種であるホウキモロコシは穂が長いうえに軽くてコシがあり、座敷箒の素材として打ってつけであった。また、換金作物として農家からも歓迎され、江戸から周辺各地へと栽培地域が広がったのである。

この素材でつくる箒は「蜀黍箒」「黍箒」といった名称のほか、「ホウキモロコシ」が「ホウキグサ」と俗称されたことから「草箒」ともいわれた。また、東京および関東で多く生産されたことから「東京箒」「関東箒」ともよばれた。単に「座敷箒」と称されることも多く、さらには「朝鮮箒」という呼び名まで存在する。詳しくは後述するが、いずれにしても標準名が見当たらないこの新製品は、江戸末期から明治期にかけて主に東日本で急速に普及し、棕櫚箒と並んで座敷箒の代名詞となったのである。

本稿では便宜上、ホウキモロコシを素材とする箒を「蜀黍箒」とよぶことにするが、その急成長の要因としては、まず、座敷の普及という住宅様式の変化が挙げられ、それにより座敷箒の需要が拡大した背景がある。日露戦争以降には、疲弊していた農村の経済振興策として農閑期の副業が奨励され、各地で箒の生産が始まった。一〇四〜一〇六頁の表1Ⓐ〜Ⓒは、一九二六（大正一五）年における全国の生産概況である。年産額の多い道府県の順に記し、素材を特定しうるものについては［　］内に示した。

新たに形成された産地が材料を調達するには、一部地域でしか採取できないうえ棕櫚縄などの軍事利用により不足しつつあった棕櫚皮より、畑作できるホウキモロコシを使う方が好都合だったと推察される。また、蜀黍箒が棕櫚箒と比べて軽いこと、棕櫚皮箒のように使い始めにくず（棕櫚粉）が出ない点なども、人気の要因だったようである。とはいえ、西日本における棕櫚箒の人気は根強く、蜀黍箒の登場後も主役の座を占め続けた。

こうして座敷箒は棕櫚とホウキモロコシの二大素材に収斂されたわけだが、第二次世界大戦中は、ともに材料不足に陥った。棕櫚は先にも述べた通り軍需拡大のあおりを受け、ホウキモロコシは食糧不足により畑への作付が禁止されたのである。このため、竹の繊維を利用した代用箒や、藁でつくった座敷箒が用いられた。

作家になる前の松本清張は、戦後の一時期、福岡県小倉市（当時）の朝日新聞西部本社広告部に籍を置きながら、藁箒の仲買を副業としていたことが知られている。妻子が疎開していた佐賀県の農家から

表1Ⓐ　各産地における箒の生産概況（1926年）

府県名	箒の種類［素材］	年産額（円）	概　況
栃木県	黍箒［ホウキモロコシ］	800,000	従来の産地は上都賀郡。奨励の結果、下都賀地方にも。関東以北、北海道地方へ仕向け。最近は関西・北陸の大都市にも販路を拡張。
長野県	蜀黍箒［ホウキモロコシ］	140,000	筑摩郡芳川村（現・松本市）が最も盛ん。次いで下高井郡平岡村（現・中野市）、下水内郡常盤村（現・飯山市）。新潟県、北陸地方、関西地方などへ販路拡張。
熊本県	蜀黍箒［ホウキモロコシ］	130,000	最大の産地は飽託郡小山戸島村（現・熊本市）で、熊本市がこれに次ぐ。飽託郡小山戸島村地方唯一の特産物。熊本市で伝習会を開催し、製品の改良統一を図っている。
東京府	草箒［ホウキギ］	120,000	享保年間、豊多摩郡井荻村で初めて栽培製造。同郡高井戸村、野方村、北豊島郡石神井村、北多摩郡三鷹、武蔵野、清瀬、久留米、保谷、小平などの町村で発達。主な販路は東京市、横浜市、近畿地方、北海道。
埼玉県	蜀黍箒［ホウキモロコシ］	100,000	起源はおよそ100年前（1826頃）。当時は朝鮮箒と称し江戸で販売または近在で行商。今は大井箒として名声を博す。入間郡大井村付近の特産。京浜・京阪地方をはじめ朝鮮・台湾にも販出。
千葉県	蜀黍箒及其原料［ホウキモロコシ］	70,000	明治初年より拓かれた印旛・市原などの開墾地がホウキモロコシの栽培に好適で原料の一大供給地に。従来少なかった加工も各地に広まりつつある。
東京府	蜀黍箒［ホウキモロコシ］	56,000	天保年間以前に北豊島郡上練馬村で製造。同郡内に普及。下練馬村、中新井村、大泉村、石神井村（以上、現・練馬区）などは今日もなお盛んに製造。販路は東京市を主とし、ほかは近村で消費。
岡山県	備中箒［藁・モロコシ］	50,000	浅口郡鴨方村大字深田。明治初年、一老人の製作販売に端を発し、深田箒、鴨方箒として発展。阪神より関門に至る都市で使用していないところはない。福山市における工場生産の棕櫚模造製手箒との競争があったが、困難に打ち勝って名声を博した。
佐賀県	毛箒［藁］	35,000	佐賀、神埼郡平坦部の諸村で副業として経営。小工場を設けて農家の婦女子が賃取副業として従事するものも。販路は隣県、関西地方。

表1Ⓑ　各産地における箒の生産概況（1926年）

府県名	箒の種類 ［素材］	年産額 （円）	概　況
北海道	黍箒 ［ホウキモロコシ］	35,000	1909（明治42）年頃から栽培を開始して年々増加。それにともない箒の製作も普及発達し、胆振国伊達町（現・伊達市）、北見国斜里村（現・斜里郡斜里町）、後志国南尻別村（現・磯谷郡蘭越町）および東倶知安村（現・虻田郡京極町）、石狩国沼具町（沼貝カ、現・美唄市）が優良な座敷箒の産地に。販路は主に道内。
和歌山県	棕櫚箒 ［シュロ］	25,000	那賀郡東野上村（現・紀美野町）。
神奈川県	座敷箒 ［ホウキモロコシ］	20,000	愛甲郡中津村を中心として栽培された箒草で副業的に製作。現在は原料不足で栃木県より供給を受ける。販路は東京府下、静岡県、阪神地方。
奈良県	朝日箒・手箒・水箒	20,000	主産地は磯城郡川西村（現・川西町）、南葛城郡大正村（現・御所市）。販路は関西地方の主要都市。
群馬県	蜀黍箒 ［ホウキモロコシ］	20,000	利根郡川場村大字生品、大胡町（現・前橋市）。天明年間、勤倹貯蓄の一方として奨励され、漸次発達し1913（大正2）年に産業組合を設立。形質改善や販路拡張に努め、「沼田箒」の名で特産品として各地へ販出。
岐阜県	実子箒 ［藁］	19,589	従来、揖斐郡小嶋村（現・揖斐川町）で製造。同郡養基村・宮地村・本郷村（現・揖斐川町および池田町）に普及。仕向地は管内および名古屋市。
岐阜県	棕櫚箒 ［シュロ］	16,000	養老郡高田町（現・養老町）で生産。販路は県内および名古屋市。
岐阜県	竹箒 ［竹］	15,000	従来、揖斐郡本郷村（現・池田町）で生産。販路は菅田および名古屋市。
宮城県	禾箒（256頁参照） ［ホウキモロコシ］	8,000	名取郡長町諏訪部落（現・仙台市太白区）。1902（明治35）年頃創業。東北5県へ移出。
山梨県	箒 ［ホウキモロコシ］	7,400	従来、巨摩郡龍王村および忍村で生産していたが産額僅少。1910（明治43）年より隣村の百田村の有志が研究。上八田箒副業組合を優良組合事例として紹介。
福井県	手掃《ママ》	6,500	古来福井市を中心に製され、主産地は足羽郡、吉田郡。県内需要を満たす程度だったが、奨励の結果、一部は北海道・群馬県へ。
鳥取県	箒	5,000	東伯郡上小鴨村（現・倉吉市）。

表1Ⓒ　各産地における箒の生産概況（1926年）

府県名	箒の種類［素材］	年産額（円）	概　況
鳥取県	藁箒	5,000	岩美郡宇倍野村（現・鳥取市）。
愛知県	棕櫚箒［シュロ］	4,000	葉栗郡宮田町（現・江南市）で1910（明治43）年創業。販路は愛知・三重・岐阜・静岡。
福島県	蜀黍箒［ホウキモロコシ］	3,500	石川郡小塩江村（現・須賀川市）。主に鉄道省へ納入。
茨城県	座敷箒［ホウキモロコシ］		約45年前（1881）、移住者が棕櫚箒や草箒を製造販売していたが、近隣の農家で技を会得し製造販売を開始。現在は橘村（現・小美玉市）と小川村（現・常陸大宮市）で年産6万本。
新潟県	妻有箒［ホウキモロコシ］		産額は多くないものの本県産黍は枝条繊細柔韌にして耐久性に富んでいる。黍柄箒、座敷箒。
滋賀県	竹箒［竹］		
滋賀県	棕櫚箒［シュロ］		主産地は蒲生郡。
滋賀県	スベ箒［藁］		宇賀郡伴谷村（現・甲賀市）。
京都府	竹箒［竹］		紀伊郡伏見町（現・京都市伏見区）が最も盛ん。すこぶる古い歴史。

＊日本産業協会編『全国副業品取引便覧』日本産業協会、1926年、より作成。

藁箒を仕入れ、荒物屋や荒物問屋へ持ち込むのであるが、品不足の折柄、卸先は会社のある小倉から大阪にまで広がったという。だが、「商品が出回り、正規な問屋が昔の秩序を取り戻すと、もはや、私などが入りこむ隙はなくなってきた」「阪神地方に昔通りの黍箒が出回るようになってからはなおさらで、黍箒に対して貧弱な藁箒が太刀打ちできるわけはなかった。（中略）昭和二十三年の春を限りにして、私の商売も終焉を告げた」という(9)。

詳しくは第2節4「藁箒」に譲るが、松本清張の述懐で気になるのは西日本における蜀黍箒の位置づけである。文中の「黍箒」は蜀黍箒を指す可能性があり、昭和戦前期には棕櫚箒一辺倒ではなくなっていたことを示唆しているといえよう。

京都出身の国語学者・寿岳章子は、随筆「掃除好き一家の内藤箒店とのおつきあい」の中で、箒の使い分けの一端を次のように綴っている。

現在はかなり電気掃除機を使うが、それでも昔の名残りで、階段下に作った箒入れにはしゅろ箒三本、東京箒一本、二階には納戸に東京箒一本、階段を掃くための小箒一本がある。（中略）東京箒もたくさん作ってもらった。それでもだんだん先がちびてくると、外周りの箒におろした。もちろん外用には竹箒や熊手が必要であるが、コンクリートの上などを掃くとき、あるいは溝を掃いたりするのに東京箒の古いのはなかなか役に立つ。

この記述を見る限り、二階では主に蜀黍箒（文中では「東京箒」）が用いられていたと考えるのが自然であろう。一九三三（昭和八）年に建てられたという寿岳家の間取りは「はじめから九つの間のうち七間が畳であったが、もう二間はもはや板張りにしてしまっている」そうだが、畳敷きは一階に多く残され、そこで昔ながらの棕櫚箒が使われたのではないだろうか。蜀黍箒は主に板間で使用されたのかもしれない。

さて、ここまで座敷箒の素材について見てきたが、庭箒の市販品は竹箒にほぼ特化された。また、都市住宅から土間が消失していく中、土間箒はいち早く工場生産へ移行して、ヤシの葉柄から取りだした繊維など安く調達できる海外産の材料を使った大量生産品が出回るようになった。呼び名も「万年箒」や「玄関箒」などに変わり、素材の種類に意識が向けられることもなくなったのである。

注と引用文献

（1）長澤武『植物民俗（ものと人間の文化史 101）』法政大学出版局、二〇〇一年、三九―四一頁。
（2）小学館『日本大百科全書（ニッポニカ）』WEB版（コトバンク）では次のように解説している。「火を他の物に移すときに用いる木片。初めは、竹くずや木くずが使われたが、近世にはヒノキ、マツ、スギなどの柾目の薄片の一端または両端に硫黄を塗ったものとなり、江戸、大坂などで盛んに製造され、付木屋、付木売りによって売られた。付木はイオウギともよばれ、「祝う」に通じるところから、魔除け、贈り物の返礼、引っ越しの挨拶などに贈る風習があった。大正時代になると、マッチの普及により使用されなくなった。」
（3）硫黄箒売の解釈については「硫黄草でつくった硫黄箒を売り歩く硫黄箒売り」（遠藤元男『日本の職人』人物往来社、一九六五年、四二頁）、「かたちが箒に似ているので付木の異名を硫黄箒といった」（鈴木棠三編『日本職人辞典』東京堂出版、一九八五年、二七五頁）とする説も見られるが、『近世風俗志（守貞謾稿）（一）』（岩波文庫、一九九六年）の「附木売り」の項には「江戸にてこれをつけぎと云ひ、京坂にていをんといふ。硫黄木の略か、訛りか。けだし『七十一番歌合』にも、ゆわううりあり。帚を兼ね売る」（二九二頁）とある。硫黄箒売が付木と箒の双方を手にしていることは、挿絵からも明らかである。付木はかまどで用いることから箒も荒神箒であろう。
（4）喜田川守貞『近世風俗志（守貞謾稿）（一）（岩波文庫）』岩波書店、一九九六年、二六〇頁。
（5）長友千代治編『調方記資料集成第31巻（商業・地誌1）』臨川書店、二〇〇七年、六四、六五、六七、九二、九三頁。
（6）江戸叢書刊行会 編『江戸叢書 巻の四（増補江戸惣鹿子名所大全）』江戸叢書刊行会、一九一六年、一一七頁。
（7）喜田川守貞『近世風俗志（守貞漫稿）（一）（岩波文庫）』岩波書店、一九九六年、一四一―一四二頁。
（8）山下慎昭「『棕櫚』を知っていますか？――野上谷の棕櫚を訪ねて」『21世紀わかやま』第46号、和歌山社会経済研究所、二〇〇五年。http://www.wsk.or.jp/report/yamashita/01.html（二〇一九年二月二一日閲覧）
（9）松本清張『半生の記（新潮文庫）』新潮社、一九七〇年、一六〇頁。

4 用途による分類

『和漢三才図会』にみる箒の使い分け

江戸中期の類書（一種の百科事典）である『和漢三才図会』(1)は、「帚《ほうき》」の項で「思うに、帚には数種ある」と述べ、羽、竹枝、地膚草《ははきぎ》、棕櫚の皮、棕櫚の葉、莎草《くぐ》、稈心《しべ》、黍《きび》、の八種を挙げている。このうち、四つめまでには挿絵が添えられ、用途についても記されている（図10）。

羽帚はこれで茶具や漆器を掃く。棕櫚《しゅろ》の皮帚は筵席を掃く。（中略）竹枝・黍・地膚子《ほうきぎ》のものはこれで庭砌《みぎり》を掃く。

この記述によれば、箒の語源とされる「羽＋掃き」そのものの「羽箒」は、傷のつきやすい器物などの塵はたきとして使用されており、床や地面を掃く箒とはやや使用法が異なっている。

「棕櫚の皮帚」が掃く「筵席」とは、敷物や座席、転じて宴席の意であるから、この箒が座敷箒として用いられていたことを表している。

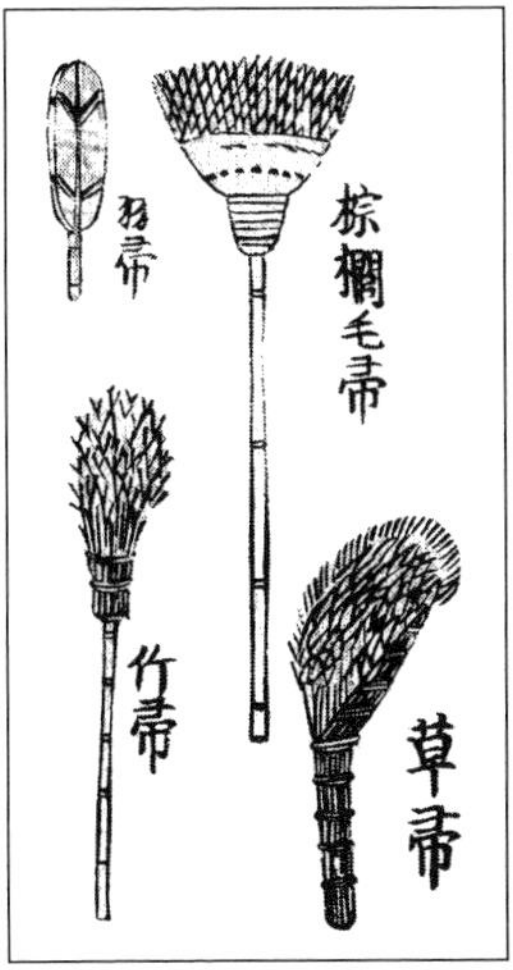

図10 『和漢三才図会』に描かれたさまざまな箒（国立国会図書館蔵）

また、「竹枝・黍・地膚子のもの」が掃く砌《みぎり》(「庭砌」)の原義は「水限」で、「雨滴を受けるために、軒下などに石などを敷いた所」(2)を指し、転じて庭の意としても用いられる。つまり、これらは土間や庭を掃くのに使うと述べているわけである。「地膚(子)」はヒユ科の一年草「ホウキギ」の漢名であり、これを素材に用いた箒を「草箒」という。

なお、「棕櫚の葉、莎草、および稈心の帚」については「下品のものである」とも述べているので、他の四種は上等品とされていたことが分かる。

住まいの各領域別に異なる箒が用いられた最大の理由は、その接触面や掃き集める対象物の材質が場所ごとに異なるため、各々に即した素材や形状が選択されたということだろう。たとえば、畳を傷めずに細かな塵を集めるには、しなやかな繊維を密に束ねた箒がふさわしい。一方、砂や小石を除けつつ落ち葉だけを掃き集める庭掃除では、適度に穂先が硬く目の粗いものが求められるという具合である。

箒の使い分けと地域性

『和漢三才図会』の記述から見えてくるのは、箒の素材ごとに用途が決められていたということである。全国四七都道府県の掃除の技術、道具、俗信などの民俗資料を集めた『掃除の民俗』の共編者である大島建彦は、伝統的民家の住空間を、床張り、土間、外庭という三つの部分としてとらえた上で、「三部の掃除は、それぞれ異質の箒をもって行われる」と指摘する。また、同じ床張りでも板の間と畳敷きとでは異なる箒が用いられる地域が少なくなかったともいう(3)。

一一二～一一五頁の表2Ⓐ～Ⓖは、同書所収の掃除の民俗に関する全国調査から、箒の用途と素材に関する回答部分を抜き出し整理したものである。自由回答方式であるため、言及の度合いや年代にはバラツキがあるものの、用途別に明確な使い分けがなされていることが一目瞭然である。

また、同じ用途であっても地域によりさまざまな素材が用いられていることがわかり、地方色の豊かさを印象づける結果となっている。

ただ、回答中の植物名はしばしば地方名（方言）で記されており、たとえば同じ「ほうきぎ」でも標準和名の何を指すかは地域により異なっている点に注意しなくてはならない。

なお、表2の作成に際しては次の通りとした。
一、都道府県全域ではなく一部の地域にのみ見られるものも含まれる。
一、「名称」には素材名と道具名が、また「既製」には用品と産品が混在しているが、いずれも同書の記述に従った。
一、「素材」とは、掃き集めるものに直接触れる箒本体（穂先）を指し、柄については対象外とする。
一、船や神社といった特殊な場所については除外し、住宅内での使用に限定した。
一、①は道具名、②は素材名、③は自家製か既製か、④はその他について記した。

座敷箒の出現をめぐって

住宅様式の歴史的変化と箒との関係性について注目すると、やはり「座敷」の出現がひとつの画期をなしたといえるだろう。それまで畳は貴人の座る場所にのみ置かれ、一種の座具として用いられていたが、常時敷き詰められたこの部屋は、「書院造」とよばれる武家住宅の主室とされた。家屋の表向きに

素材の名称（北海道〜群馬県）

外　庭	その他
▪①草箒／②ホウキギ／③自家製／④ガラバキともいう ▪②ホウキシバ／③自家製	【葬式】 ▪①草箒 ▪①藁箒 【煤払い】 ▪①ススハキボウ／②ホオキシバ、ホオキ草、笹、藁／③自家製 ▪②ハギ（ホオキ）草／③自家製 ▪②藁 ▪②ハギの木／③自家製 ▪①長ボウキ／③自家製／④竿に草ホウキを結ぶ
	【いろり】 ▪①藁箒／②藁／③自家製／④藁を束ねたもの 【用途不明】 ▪（①枝〈柄ヵ〉の長い箒）／③既製 ▪②藁／③既製／④藁を編んだもの
	【煤払い】 ▪②藁／③自家製／④ニワ箒に棒をさす
	【煤払い】 ▪①ススボウズ／②藁／③自家製
	【葬式】 ▪①藁箒／②藁／④棺の出た「あとはき」 ▪①竹箒／④死者の布団の上に置く 【煤掃き】 ▪①高箒／②藁 ▪②竹
	【煤掃き】 ▪②シノ／③自家製／④大小二本
	【煤払い】 ▪①笹竹箒／③自家製 【嫁入り】 ▪①モロコシ箒
▪①タケボウキ／②モウソウダケ／③自家製	【大掃除】 ▪②シンコダケ（今年竹）／③自家製 【正月三カ日】 ▪①フクボウキ／②松／③自家製

表2Ⓐ　用途別にみた箒およ

都道府県	床張り		土　間
	座　敷	板　間	
北海道			
青森県	▪②キビガラ／③既製／④草箒より上等		
岩手県			
宮城県			▪①藁箒／②藁／③自家製／④藁を束ねたもの
秋田県	▪①座敷箒／③既製		▪①ニワ箒／②藁／③自家製
山形県			▪①ナデ／②藁／③自家製
福島県			
茨城県			
栃木県	▪①鹿沼箒／③既製／④鹿沼市で生産される特産の座敷箒。別称ハマグリボウキ。手箒と長柄箒の二種		
群馬県	▪①ザシキボウキ／②モロコシ／③既製／④長柄はほとんど使わず、短い柄。利根郡川場村で古来、冬場の副業として作り行商。材料のモロコシは各家で栽培		▪①クサボウキ／②ホウキグサ／③自家製 ▪①ソダボウキ／②ツツジ／③自家製／④山村地帯

材の名称（埼玉県～長野県）

外　庭	その他
	▪①アカモロコシ箒／②アカモロコシ／③自家製 ▪②竹／③既製
▪②シノタケ／③自家製	【煤払い】 ▪②シノタケ／③自家製
▪①クサボウキ／②ホウキグサ／③自家製／④細かいゴミを掃き寄せる ▪①タカボウキ／②モウソウダケ／③ハザ（稲架）に使う竹を購入したときに自家製／④荒ごみを掃く	【煤払い】 ▪①ソウジボウズ／②稲藁／③自家製 【粉箒】 ▪①コナボウキ／②ヌイゴ／③自家製
▪①竹箒 ▪①コマザラエ（熊手）／④落ち葉などがたくさんあるとき	【用途不明】 ▪②ハハキグサ（アカザ科〈ママ、193頁注1参照〉）／③自家製 【農機具】 ▪①ミゴ箒／②ミゴ
▪①竹箒／②モウソウダケ／③既製 ▪①ホウキグサ箒／②ホウキグサ／④狭いところ	
▪②ホウキグサ／③自家製	
▪①クサ箒／②箒草	【煤払い】 ▪②竹／④葉のついたままの小枝

表２Ⓑ　用途別にみた箒およ

都道府県	床張り		土　間
	座　敷	板　間	
埼玉県	▪①座敷箒／②ホウキグサ／③既製／④江戸時代から農家の副業として造り、江戸方面へ行商		
東京都			
千葉県			
神奈川県			
新潟県		▪①ヌイゴボウキ／②稲藁の芯／③自家製／④茶の間の藁むしろの上を掃く ▪①ホウキ／②キビガラ／③自家製／④むしろの上や板の間を掃く。キビガラボウキとも	▪①ワラボウキ（ニヤホウキ）／②ワラ／③自家製／④屋内の作業室ニヤを掃く専門の箒
富山県	【座敷・居間】 ▪①座敷箒／③既製 【畳の縁】 ▪①ミゴ箒／②ミゴ（稲藁の籾を落としたもの）	【広間・茶の間・台所（火焚き専用の間）】 ▪①ミゴ箒／②ミゴ	
石川県	▪①座敷箒／③既製／④柄が短く全長約２尺５寸 ▪①長箒／③既製／④全長５尺 ※どちらかというと座敷箒を多用		
福井県	▪①シュロ箒 ▪①高箒 ▪①抜穂箒（ヌイゴ箒）	【台所（ござまたは板の間）】 ▪②抜穂 ▪②キビガラ	【流し（石敷き）】 ▪②ホウキグサ 【土間】 ▪①藁箒 ▪①ホウキグサ箒 ▪①竹箒／④小形
山梨県			▪②ホウキグサ／③自家製
長野県	▪②ホウキキビ		▪①クサ箒／②箒草

材の名称（岐阜県～奈良県）

外　庭	その他
▪①庭箒／②ホウキグサ／③自家製	【用途不明】 ▪②コマユミ（ニシキギ科）／③自家製／④竹箒の代用 【煤払い】 ▪②クマザサ／③自家製 【カマド】 ▪①ミゴボウキ／②ミゴ／④小形
▪②ホウキグサ／③自家製	【便所】 ▪②ホウキグサ／③自家製／④専用の手箒
▪①竹箒／②竹 ▪①コマザラエ（熊手）	【便所】 ▪①藁箒／②藁／④藁を束ねたままで柄は付けない
▪①竹箒 ▪①シュロ箒	【煤払い】 ▪②葉付きの笹／③自家製
	【コトハジメ（煤払い）】 ▪②笹・竹／④天井・柱に積もった煤を掃く ▪②藁・トウキビの毛／④仏壇・神棚用。小形 ▪①葉竹三本／②笹・藁・竹／③自家製
	【ハレの日の神棚・仏壇】 ▪①ネジボウキ／②藁／④藁を縄状にねじったもの。春・夏・秋の亥ノ子祭のとき神棚に供える 【ススハキ／ススハライ】 ▪②藁／③自家製／④ねじってつくる ▪②竹／③自家製／④生竹二本を切り、枝を残し葉の着いた枝にクロモンジュとマユミを添える 【便所】 ▪①ヒネリボウキ／②藁／③自家製／④お産が軽くなる
	【いろり】 ▪①藁箒

表2Ⓒ　用途別にみた箒およ

都道府県	床張り		土　間
	座　敷	板　間	
岐阜県	【畳の間】 ▪①シュロボウキ／②シュロ ▪①ミゴボウキ ※シュロの方が上等品	【ムシロ敷きの間】 ▪①竹ボウキ 【板の間】 ▪①キビボウキ	【ドウジ（玄関）】 ▪②ホウキギ／③自家製
静岡県			
愛知県			【ニワ（入口を入ったところの土間）やカド（母屋の前庭にあたり籾などを干す場所）】 ▪②竹 ▪②ホウキの木
三重県	▪シュロ／③自家製／④丈が長い。シュロの皮を束ねてつくる		
滋賀県	▪①上箒（かみぼうき）／②シュロ	【板敷きの仕事場】 ▪①藁箒／②藁／④土間用の箒とは区別	▪①土間箒／②藁
京都府	▪①ウワ箒／②キビガラ		
大阪府			
兵庫県			
奈良県	▪②シュロの表皮 ▪②ワラ／④手箒		【門前】 ▪①竹箒 【土間】 ▪②シュロの葉 ▪②細い竹枝 ▪②藁

素材の名称（和歌山県〜徳島県）

外　庭	その他
	【正月ハジメ】 ▪②笹竹／④家の内外 ▪②藁／③自家製／④神棚、竈（ヘッツイサン）、囲炉裏用。小形
▪①竹箒	【煤掃き】 ▪①笹箒／②竹／④７月７日にも行う 【むしろ（農作業用）】 ▪②ホウキの木／③自家製
▪①竹箒／③自家製 ▪①熊手／④大きなごみ	【便所】 ▪②シュロ／④小形 【煤払い】 ▪①藁箒 ▪②笹竹／③自家製
【カド】 ①笹箒	【大掃除】 ▪②笹竹
【庭】 ▪①キビ箒	【外まわり】 ▪①竹箒
▪①タカキビ箒／③自家製 ▪①竹箒／②竹の笹	
	【煤払い】 ▪②竹の笹／③自家製

表2Ⓓ　用途別にみた箒およ

都道府県	床張り 座　敷	 板　間	土　間
和歌山県			
鳥取県	【部屋】 ▪①タタミ箒／②シュロ／③既製 ▪①スベ箒／②藁／③自家製		
島根県			【玄関内の庭や台所】 ▪②シュロ ▪②ホウキグサ
岡山県	▪①オエ箒／②タカキビ／④キビにも種類があった ▪①オエ箒／②シュロ ※「オエ」は座敷の意 ※短くて腰を曲げて使うのが一般的で、立ったまま使うのは上流家庭 ※鴨方町では有名な「深田箒」を製造・販売(178頁参照)		▪①ニワ箒／②ホウキギ／③自家製
広島県	▪①シュロ箒		
山口県	▪①タカキビ箒／③自家製 ▪①ワラシビ箒／③自家製 ▪①シュロ箒／③既製 ▪②カヤ ▪①東京箒／②ホウキグサ ※シュロ箒やカヤの箒から、東京箒になった ※第二次大戦前は、家族連れやグループでシュロ箒売りが来ていた		
徳島県			

素材の名称（香川県～長崎県）

外　庭	その他
	【用途不明】 ▪②ホウキグサ ▪②タカキビ ▪②トウキビ 【クド（竈）】 ▪①クド箒
	【戸外】 ▪①竹箒／②モウソウダケ／③自家製／④柄は黒竹や真竹。針金が普及する前はツタカズラを用いて締めた 【戸外・駄屋（牛小屋）・駄屋の肥出し】 ▪①竹箒／②モウソウダケ／③自家製／④三本の竹箒を用意し、外庭－駄屋－駄屋の肥出しの順に下ろしていく 【便所】 ▪②藁束をねじったもの 【煤払い】 ▪①ススハキダケ・キヨメダケ／②笹竹／③自家製／④使用後は人の踏まないところへ置いておき、小正月の火祭り「トンド」に用いる 【煤払い（神棚）】 ▪②カヤ 【煤払い（天井）】 ▪①笹箒 【葬儀】 ▪②藁スベ
▪①竹箒／②竹／③自家製	
【ツボ（敷地内の庭）】 ▪①竹箒 ▪①マツバカキ	【煤払い（天井や軒下など）】 ▪②篠竹 【神棚・いろり・クド（かまど）・荒神棚】 ▪①藁箒
▪①竹箒／③自家製 ▪①松葉箒（熊手）／③既製／④松葉掻きや藁クズ集めに使う	

表2Ⓔ　用途別にみた箒およ

<table>
<tr><th rowspan="2">都道府県</th><th colspan="2">床張り</th><th rowspan="2">土　間</th></tr>
<tr><th>座　敷</th><th>板　間</th></tr>
<tr><td>香川県</td><td></td><td></td><td></td></tr>
<tr><td>愛媛県</td><td colspan="2">【ヨマ（土間に対して一段高くなった各部屋の側）】
▪①スベ箒／②ウルチの藁スベ（稲藁の芯）／③自家製
▪①シュロ箒／②シュロ
【畳】
▪①藁箒／②藁のスベ／③自家製
【板間】
▪①タカキビ箒／②タカキビ</td><td>▪①スベ箒／②ウルチの藁スベ（稲藁の芯）／③自家製／④ヨマに用いて古くなったもの
▪①タカキビ箒／②タカキビ／④ヨマに用いて古くなったもの</td></tr>
<tr><td>高知県</td><td colspan="2">【室内】
▪①藁箒／②藁
▪①シュロ箒／②シュロ
▪①タカキビ箒</td><td>▪①竹箒／②竹／③自家製</td></tr>
<tr><td>福岡県</td><td></td><td></td><td>▪②シュロ
▪②ホウキグサ／③自家製</td></tr>
<tr><td>佐賀県</td><td></td><td></td><td></td></tr>
<tr><td>長崎県</td><td>▪①座敷箒／②キビ穂／③昔は自家製、キビをつくらなくなった後は既製</td><td></td><td>▪①草箒／②ホウキグサ／③自家製
▪①庭箒（ササラ）／②マダケ</td></tr>
</table>

材の名称（熊本県～鹿児島県）

外　庭	その他
【屋外】 ▪①シュロ箒／③既製／④隅のごみを掃いたり、ちりとりにごみを入れたりするのに便利 ▪①竹箒／③既製／④落ち葉や量の多いごみを掃き集めるのに便利 ▪①草箒／③既製／④軽くて使いやすい	【煤払い】 ▪②竹／③自家製
	【煤払い】 ▪②竹や柴 【煤払い】 ▪②竹や椎 【煤払い（床の間・下座敷・座敷・ショタイバ〈台所〉）】 ▪②ナエ竹 【煤払い（神棚・仏壇】 ▪②ホウキグサかキビの穂／③自家製／④ホウキグサの箒は翌年また使うので焼かずに残した ▪①煤竹
▪②シノダケ ▪②モウソウダケ	
▪①テボッ（テボウキ）／②モウソウチク／③自家製 ▪②リュウキュウチク／③自家製／④葉は落とす	【用途不明】 ▪①シュロボウキ／②シュロの皮／③自家製 ▪①座ボウキ／②ダイミンチクの笹／③自家製 ▪②シノメダケ／③自家製 【石臼の粉】 ▪①ササンガラの箒／②ススキの穂／③自家製 【十五夜綱引き】 ①藁箒／④吊す

表2Ⓕ　用途別にみた箒およて

都道府県	床張り		土　間
	座　敷	板　間	
熊本県	【屋内】 ▪①草箒／②キビの穂／③既製		
大分県			
宮崎県	▪②笹／④農村は片手箒。立ったままはわく（掃く）箒は主に町方		
鹿児島県	【室内用】 ▪①ササボッ／②クマザサ／③自家製 ▪①ススキボウキ／②ススキの穂／③自家製 ▪②リュウキュウチク／③自家製／④手箒。葉はつけたまま		▪①テボウキ（土間箒ともいう）／②メドハギ／③自家製 ▪①テボウキ／②サトウキビの穂／④ウスニワ（土間）などを掃く ▪①ドマホウキ／②ホウキグサ／③自家製 ▪①ササボウキ／②ダイミンチクの笹／③自家製／④以前は室内用にも用いた ▪①クバボウキ／②クバ（ビロウ）／③自家製／④使っていても穂先が折れることがない

素材の名称（沖縄県）

外　庭	その他
▪①ヤンメーポーチ／②山竹（ヤンバル竹、チャダギ）／③自家製／④「ヤンメー」は「家の前」すなわち庭の意	【煤払い】 ▪②青竹 【蝿叩き】 ▪①パイクッスポーチ／②クバ（ビロウ）の葉／③自家製

配置され接客に用いられた座敷には、その格式にふさわしい箒が求められたのである。

この住宅様式が広まるのは江戸時代とされるが、面矢《おもや》慎介によれば「農村では明治初期でもまだ畳間のない家が多く、畳間があっても普段は上げておき、接客時のみに敷くことが普通」であったという。(4) 氏のいう「豊かさの指標」としての畳を美しく保つため、特別な道具として作出されたのが棕櫚の座敷箒だったのである。

棕櫚箒については第6項で詳述するが、その出現事情を記した山城国（現在の京都府南部）の地誌『雍州府志』の文面からは、棕櫚に対する物珍しさが感じ取れる。

また、これより約四〇年前の一六四五（正保二）年に刊行された俳書『毛吹草』中、諸国名物を収めた巻第四「山城　畿内」の項にも「棕櫚箒」が見える。他国には見当たらないことから、棕櫚箒は希少な地場産品であったと想像される。

いわば流行の最先端商品であった棕櫚箒は瞬く間に江戸の街を席巻した。詳しくは後述するが、江戸前期に旗本屋

表2Ⓖ　用途別にみた箒およ

都道府県	床張り		土　間
	座　敷	板　間	
沖縄県	【室内】 ▪①ブバナポーツ（ポーツ、ポーキ）＝宮古地方、バランポーチ＝沖縄本島／②オバナ／③自家製／④沖縄本島の中南部や先島地方に多く見られる ▪①パラフタポーチ（ワラシンブーポーチ）／②藁の芯／③自家製／④国頭、大宜見、石垣などの米作地帯に多い ▪①ポッチ／②黒皮（黒ツグ）の繊維／③自家製／④八重山 ▪①竹の葉ポーチ／②山竹（琉球竹）／③自家製 ▪①クバの葉ポーチ／②クバ（ビロウ）の葉／③自家製／④鹿児島県の徳之島によく見られる		▪①スティチポーチ／②ソテツの葉／③自家製／④台所の土間用 ▪①ワラポーチ／②藁／③自家製／④屋根瓦の漆喰工が、漆喰を塗る前に屋根の塵を掃くのにもよく用いた ▪②クバ

＊大島建彦・御巫理花 共編『掃除の民俗』（三弥井書店、1984年）より作成。

敷があった東京・千代田区の外神田四丁目遺跡からは多数の棕櫚箒が発掘され、その大半は座敷箒であると推察される。同遺跡から棕櫚以外の箒は発掘されておらず、またその数の多さから考えれば、棕櫚箒は江戸の武家社会においては既に定着段階に入っていたのではないだろうか。酒や醤油などと同様、上方からの「下り物」であった棕櫚箒の製造が江戸でも始まったことが、その普及を加速させたと考えられよう。

注と引用文献

（1）江戸時代中期の図説百科事典。大坂の医家、寺島良安が中国の『三才図会』にならって編纂。一七一二（正徳二）年成立。
（2）金田一春彦 監修、小久保崇明 編『学研全訳古語辞典』学研教育出版、二〇〇三年（二〇一四年改訂第二版）、一〇一〇頁。
（3）大島建彦・御巫理花 共編『掃除の民俗』三弥井書店、一九八四年、一八―二〇頁。
（4）日本産業技術史学会 編『日本産業技術史事典』思文閣出版、二〇〇七年、四五頁。

2　箒の素材

前節でも触れたように、箒は多種多様な素材によって製作され、その名に即して呼び分けられることも多かった。本節では、歴史的に見て重要なもの、既製品として流通したもの七種（目利箒、竹箒、高野箒、藁箒、草箒、棕櫚箒、蜀黍箒《もろこし》）を選んで各々の特徴を述べ、蜀黍箒については製法も併せて紹介する。

1　目利箒

目利箒という謎

正倉院宝物として実物が伝存する「子日目利箒《ねのひのめとぎのほうき》」（口絵(2)頁参照）は、「始春《はつはる》の初子《はつね》の今日の玉箒《たまばはき》手に執るからにゆらく玉の緒《たまのお》」（大伴家持／巻二十・四四九三）という万葉歌でも知られ、日本で最も有名な箒であることは疑う余地もない。だが、その材質や用途、歌の解釈などをめぐっては諸説が展開され、今なお議論の対象となっている。その概要をつかむため、まずは正倉院のWEBサイトにおける説明を引用しよう。

子日目利箒　第1号
（ねのひのめとぎのほうき）
分類：〈用途〉儀式具〈技法〉木竹工
倉番：南倉 七五
寸法：長六五・〇　把径三・九[1]
材質・技法：コウヤボウキの茎　紫革　金糸　ガラス玉（濃緑）
天平宝字二年（七五八）正月初子の日の儀式で用いた手箒。中国古来の制にならい、蚕室を掃き清めて蚕神を祀った。菊科のコウヤボウキの茎を束ね、枝にガラス玉を挿し込む。作りが僅かに異なる二本が一対で伝わる。

右の文中では、「子日」の由来について説明しながらも「目利」のそれには言及していない。詳しくは後述するが、子日目利箒は一時期、マメ科多年草のメドハギ（蓍萩／筮萩／目処萩）から成ると考えられ、「目利」は「蓍（めど／めどき）」の借字であると説かれていた。だが、一九五三（昭和二八）年から五五（昭和三〇）年にかけて行われた「正倉院御物材質調査」によりキク科落葉小低木のコウヤボウキが用いられていると判定されたことで、この解釈は辻褄が合わなくなってしまったのである。

正倉院文書に見える目利箒

子日目利箒の「目利」が何を意味するかは、いまだ定説を得ていない。だが、目利箒自体は正倉院文書にも見えることから、そちらを先に検討しよう。

正倉院文書とは東大寺正倉院に伝来した文書の総称であり、当該文書は「造金堂所解《ぞうこんどうしょげ》」という。丸山裕美子『正倉院文書の世界――よみがえる天平の時代』によれば、これは天平年間に総国分尼寺として開かれた法華寺の金堂造営に関する収支決算報告書であり、物品類の納入の日付は七五九（天平宝字三）年五月一二日から翌年一二月三〇日までとされている。(2) 目利箒は購入品目の一つとして次のように記されている。

百七文買箒五十八把直

六十三文竹箒卅四把直　廿九把別二文　五把別一文

卌四文買目利箒廿四把直　廿把別二文　四把別一文

つまり、竹箒三四把に六三文、目利箒二四把に四四文、計五八把の代金として一〇七文を支払ったというわけである。「把」という助数詞は律令制下における租稲の単位として知られるが、正倉院文書においては蔬菜類や海藻類などに多用され、本来は片手で握ることを意味するという。(3) つまりはひと握りの量を示すものであり、箒に限れば現代の「本」という助数詞と置き換えられるだろう。その購入代金を現在の価格に換算するなら、天平年間の一文は現在の三〇〇円程度だというから、(4)竹箒は一本五五六円、目利箒は同じく五五〇円になる。

これらが掃除などのための実用具なのか、あるいは儀礼具なのかは判断しがたい。というのは、「造金堂所解」には、日用品に加えて「五色の幣帛」や「時々の鎮祭の五穀」といった祭祀関連の支出も記録されているからである（丸山、前掲書）。箒に関する記述は品名のみであり、用途などは不明であるが、ほぼ同額の二種を同時に購入していることから、何らかの使い分けがなされていたものと推察される。それは取りも直さず、目利箒が竹箒とともに箒の一類型として認知されていたことを意味するといえよう。

だが、管見の限りでは「造金堂所解」と子日目利箒のほかに目利箒についての一次資料は見当たらない。その実像を解明するには、子日目利箒という極めて特殊な箒の検討を進める以外、今のところは方法がないのである。

子日目利箒の特異性

子日目利箒の特異性は、形態と由緒の両面に見出せる。その所以を、実物ならびに関連史料から探ってみよう。

形態面の特徴として真っ先に挙げられるのは、箒としては稀に見る装飾性の高さである。その把部には紫色に染めた鹿革が巻かれ、第一号には金糸、第二号には繧繝《うんげん》に連ねたガラス玉の飾りが重ねられている。さらに、箒の穂先に細かなガラス玉が挿し込まれている点も類を見ない。その色彩は第一号が濃緑、第二号が濃緑・青・透明とわずかに異なっている。「玉を飾り付けた箒」であることから、子日目利箒は「玉箒」とも称された。

子日目利箒という名称の典拠とされているのは、箒の付随品に記された墨書銘である。たとえば緑《みどり》紗几覆《しゃのつくえのおおい》（箒の覆い裂）には「子日目利箒机覆　天平宝字二年正月」という銘があり、これにより「子日目利箒」なる名称が知られるわけである。「天平宝字二年正月」の意味するところは、先に触れた大伴家持の万葉歌の題詞に見える。口語訳を引用しよう。

> 二年春正月三日に、侍従・豎子《じゅし》・王臣たちを召して、内裏《だいり》の東の対《たい》の垣下《かきもと》に並ばせ、そこで玉箒《たまぼうき》を下賜《かし》され宴を催された。その時、内相《ないしょう》藤原朝臣（仲麻呂）が勅を受けて詔旨を伝えられることには、「諸王卿《きょう》らよ、自分の能力に応じて自由題で歌を作り詩を賦《ふ》せよ」とあった。そこで詔旨に従い、各人思いを述べ、歌を作り詩を作った。諸氏の賦詩・作歌は入手できなかった[5]。

「二年春正月三日」すなわち天平宝字二年正月三日の干支は「丙子」であり、その年の「初子」に当たるのである。

ところで、右の「宴」を原文では「肆宴」としており、これは宮中で催される公的な宴会をいう。一方、歌の左注に「右の一首は大伴宿禰家持の作。ただし、大蔵省の勤務の都合で、奏上できなかった[6]」とあり、家持はその場に出席していなかったことがわかる。いずれにしても子日目利箒と下賜された玉箏とは別物であり、後者は伝存しない。

肆宴に先立って執り行われた「正月初子の儀式」についても記録は残されていないが、にもかかわらず「中国古来の制にならい、蚕室を掃き清めて蚕神を祀った」という由緒が伝わるのは、同じ「天平宝字二年正月」の銘をもつ「子日《ねのひの》手《て》辛鋤《からすき》」（二六頁図7参照）の存在による。これも子日目利箏と同様、二口で一対として伝わっている。

子日手辛鋤が牛馬に引かせる「犂（すき／からすき）」なのか、あるいは人力で用いる「鋤《すき》」なのかは見解が分かれ、伝来ルートも中国（唐）説と朝鮮（新羅）説があるというが、明治以来の諸説を整理しつつ動態シミュレーションと実寸値による分析を行った河野通明によれば「形態・大きさから犂ではありえず、中国の耒耜《らいし》系踏鋤がモデルの儀式用具」であるという(7)。

「耒耜」については後述するが、中国では古来、皇帝が自ら農具を手にして「藉田《せきでん》（籍田）」（古代中国で、宗廟に供える祭祀用の穀物を天子みずから耕作した儀式。また、その田(8)）を耕す「親耕儀礼」が孟春（陰暦一月）に行われていた。これは豊穣を神に祈る儀礼であると同時に、農耕の重要性を民衆に説く勧農政策の一環としても位置づけられた。同時に、古代中国では皇后が自ら桑を摘み養蚕を奨励する「親蚕儀礼」が行われ（次頁図12）、二つの儀礼は対をなしていた。つまり、「男耕女織」というジェンダーロールを具現化したものに他ならなかったのである。

この「親耕儀礼」で皇帝が自ら手にしたのが「耒耜」という農具であった。これについても、「耒《らい》」を鋤の柄、「耜《し》」を鋤の刃とする説と、鋤と鍬という別個の道具として見る説に分かれるというが(9)、いずれにしても子日手辛鋤と近縁関係にある農耕具であることに変わりはない。つまり、子日手辛鋤とは古代中国の親耕儀礼に由来するとおぼしき儀式具であり、そのような宝物とともに献納されたのが子日目利箒であったというわけだ。

その一方で、子日目利箒と中国の親蚕儀礼とを直接結びつける史料は存在せず、「中国古来の制にならい、蚕室を掃き清めて蚕神を祀った」という史実は認められないことになる。

誤解①：「中国の親蚕儀礼に由来」説

中国の親蚕儀礼は殷代の卜辞にその淵源が見られ、文献資料としては中国古代の礼書『周礼』に初出するといわれる。[10] 新城理恵の論文「絹と皇后——中国の国家儀礼と養蚕」（二〇〇二年）によれば、皇帝による親耕儀礼とともに前漢文帝期に創設された親桑の儀礼は、養蚕と絹織物の神（先蚕氏）を祭る祭祀を新たに組み込んだ「先蚕儀礼」として後漢時代に整備された。その目的は、天下に養蚕を奨励し、増産を祈願するとともに、「養蚕と絹生産の支配者」としての権威を印象づけることであったという。唐代にほぼ固まったとい

図12　皇后親蚕ノ図（部分）。皇后の下に2人の「蚕母」が見える。右は筐を持ち、左は鉤を捧げている（出典：農林省米穀局編『支那歴代親耕親蚕考』1936年、親本：康熙帝御製耕織図／唐土名勝図会。国立国会図書館蔵）

う先蚕儀礼の儀式次第を、新城は論文「先蚕儀礼と中国の蚕神信仰」(一九九一年)で次のように整理している。

①斎戒(ものいみ)→②陳設(儀礼上の設営)→③車駕出宮(皇后が王宮を出発)→④饋享(酒食をもって先蚕氏を祭る)→⑤親桑(皇后自ら桑を摘む)→⑥車駕出宮(皇后が王宮へ戻る)→⑦労酒(慰労の宴会)

一連の儀式の中心に位置づけられているのは皇后が自ら桑を摘むという行為であり、「皇后が箒を手にして蚕室を掃う、などという過程は登場しない」と新城はいう。また、「儀礼の道具として重要な位置を占めるのは、皇后が桑を摘むために用いる鉤《かま》である」とも指摘する(前掲論文、二〇〇二年)。古代中国の農具を解説した王禎『農書』「農器図譜十七　蚕桑門」においては、「桑鉤は採桑具であって、もし遠く揚がった枝葉を得ようとするならば近くひきよせて摘まねばならぬから鉤木を使う」「昔は后妃、世婦以下親蚕するにあたってみな筐と鉤を用いて採桑したものであって、唐粛宗の上元年代に国宝十三を定められた中に採桑鉤一つがあることから、古の採桑にはみな鉤を用いたことがわかる」と説明されているという。これは布目順郎が論文「戦国画像紋にみられる採桑具について――礼との関連において」で示した大意であるが、日本の親蚕儀礼において筐や鉤が用いられたという記録は見られないとも述べている。

また、中国においては親耕儀礼が孟春(陰暦一月)に、親蚕儀礼が仲春(陰暦二月)に行われていた点も見逃せない。二つの儀礼は一対をなしながらも時季を違えていたのであるが、日本の「正月初子の儀式」では二つの儀礼が同日に行われたと解釈されている。さらに言えば、時の孝謙天皇は女帝かつ独身であったため、皇帝＝親耕儀礼、皇后＝親蚕儀礼という中国式の役割分業がそもそも成立しないのである。この問題についても諸説が見られ、「手辛鋤も目利箒もともに女帝が手にされた」[11]（関根真隆）、「此の儀鋤並に儀箒の各一箇あるは孝謙天皇と光明皇后の御とにぞあらむ、（中略）天皇及皇太后の鋤と箒とを執らせたまふ」[12]（黒川真頼）、「箒Aは孝謙天皇用で、鋤Cは仲麻呂のものであり、箒Bは光明皇太后用のもので、鋤Dは仲麻呂のためのものとして作られたのでは」[13]（井上薫）といった見解が示されているが、いずれも推測の域を出ない。

こうした形式面における数々の不一致から見れば、「正月初子の儀式」で行われたとされる親蚕儀礼が「中国古来の制」にならったものでないことは明白であろう。にもかかわらず、このような誤りが通説と化した経緯は、劉宇超の論文「大伴家持の子日歌について――「玉箒」を中心として」に詳しい。劉によれば、家持歌の「玉箒」を養蚕と初めて結びつけたのは、平安後期の歌学書『俊頼髄脳』（源俊頼著）であるという。当該部分を引用しよう。

玉ばはきといへるは、蓍と申す木して、子の日の小松をひきぐして、ははきにつくりて、田舎の人の家に、睦月の初子の日、蚕かふやを、はくとぞ申すなる。そのやを、子午の年に生まれたる女の、こがひするに物よきを、かひめとつけて、それしてはかせそめさせて、祝言葉にひへる歌なりとぞ、いひ伝へたる。[14]

「俊頼の説は後の時代に多大な影響を与え（中略）江戸時代まで、家持の歌の玉箒は養蚕の道具と認識されている」が、「中国の親耕親蚕思想と関連するものと見なされていない」と劉はいう。その上で、「最初に玉箒を中国の親耕親蚕思想と結びつけたのは『正倉院御物棚別目録』である」との調査結果を明らかにしている。

奈良国立博物館によれば『正倉院御物棚別目録』とは「正倉院御物の諸目録のうち、唯一の公開目録であり、その意味で基本的台帳とみなしうる」ものであるという。[15] 一九二五（大正一四）年に初版、三一（昭和六）年に第二版、三四（昭和九）年に第三版が刊行されており、子日目利箒と子日手辛鋤は初版において次のように説明されている。

（25）子日目利箒　二枚（南第七五号）

古代朝廷に於ける正月初子《はつね》の日の御儀式に用ひられたるものなり、目利は蓍《めどき》の借字なるべし、枝梢の所々に雑玉を貫く、故に玉箒《たまはゝき》とも云ふ、紫皮の把（ママ）、一枚は金糸もて其の上を纏く、一枚は白褸に雑玉を貫きたるをもて之を纏く、今残破せり。

（27）子日手辛鋤　二口（南第七九号）

玉箒と同じく、正月初子の日の御儀式に用ひられたるものなり、刃は漆金銀絵、柄は粉地彩絵、文あり、『東大寺子日献、天平宝字二年正月』。一口の刃は新補品。

按ずるに、支那の周漢の制に、孟春の月に、天子親ら籍田を耕し、王后蚕室を掃ひ、蚕神を祭る儀あり、蓋此の儀に拠らせたまひ、孝謙天皇天平宝字二年正月三日の子の日に用ひたまひたる子日鋤と玉箒となるべし、此の時大伴家持の詠じたる和歌万葉集に見ゆ。

右の解説において、親耕・親蚕儀礼への言及が子日手辛鋤の解説においてなされている点に重要な意味があると劉は主張する。つまり、「『玉箒』だけなら何もわからないが、『辛鋤』とセットとして考えると、中国文化とのつながりが成立する」ことから、「『辛鋤』という存在が提起される時期を究明する必要がある」と指摘する。その意味で注目されるのが、「子日辛鋤」（原文ママ）にも言及した論考「玉箒野生」（『観古雑帖』所収、一八四一・天保一二年）である（図13）。

図13 『観古雑帖』に描かれた「玉箒」（国立国会図書館蔵）

同書を著した穂井田忠友は正倉院文書を最初に整理したことで知られるが、その契機となったのは正倉院を修理するための「天保の開封」（一八三三〜三六）であった。国学者であり考古学者である穂井田は奈良時代の事物考証の第一人者であり、「ならや」の異名をもっていた(16)。そのため、光格天皇の命により正倉院の器物や文書を調査する役を任ぜられ、子日目利箒や子日手辛鋤を直接目にする機会を得たのである。これは実物を見ずに「玉箒」の何たるかを論じてきた古人たちとの決定的な相違といえよう。

「玉箒」と養蚕との関わりについて、穂井田が『観古雑帖』で示した見解は、おおむね次のような内容である。

①玉箒は塵を掃く道具ではなく「一時の儀箒」である。『万葉集』にある天平宝字二年正月三日の初子の玉箒がこれであることは、同じく宝蔵されている儀鋤の柄に天平宝字二年正月という銘があるため、同時に用いられたことを互いに証明している。

②『日本書紀』雄略天皇紀六年三月条には、天皇が后妃に自ら桑を摘ませて養蚕を勧めたという記述が見えるものの、正月子日の儀式については記されていない。

③『俊頼髄脳』に「玉箒とは蓍と云草也正月初子の日蚕飼する屋を掃けばほめて玉はきと云也」とあるのは古伝説とも思われ心もとないが、その説に従うほかない。

④中国の親蚕儀礼はほとんど陰暦二月か三月に行われている。

⑤孝謙天皇は女帝であるため、『礼記』「月令」にある「陰暦一月に天子が親《みずか》ら耒耜《らいし》を載せ躬《みずか》ら帝藉を耕す式」を行うのと一緒に「后妃が蚕神を祭る儀式」を行ったのであろう。

⑥家持が初子の歌を詠み、儀鋤の柄に銘が入れられたことを思えば、正月初子の日を尊ぶことは、それ以前から行われていたのかもしれない。

右の記述からもわかるように、穂井田は中国の親耕・親蚕儀礼について触れながらも、玉箒の由来は日本の古俗に求めるほかないと述べているのである。

にもかかわらず、先に引用した『正倉院御物棚別目録』初版の「子日手辛鋤」の項において、中国には「王后蚕室を掃ひ、蚕神を祭る儀」があるという誤った説明がなされてしまった。その結果、後の研究者が「もともと関連性が見出せない二つの様相を整合し、玉箒は古代中国正月初子の日に親蚕の儀礼に使われる道具という誤った見解に導かれた」（劉、前掲論文）という劉の推論は正鵠を得ていると思われる。

「親蚕儀礼」を中国由来とする見方の誤りを指摘する声は、この劉論文のほか、古代女性史の分野からも挙がっている。八〜九世紀の日本においては女性が主体となった農業経営の事例が数多く見られることから「〝農耕＝男、養蚕＝女〟の社会的性別分業観を基礎に、君主夫妻（天皇・皇后）が儀礼によって生産労働の規範を示すような社会的条件は、およそそこには存在しなかった」と見る義江明子は、家持歌の「ゆらゆらと玉を揺すって心中の『魂・霊』（タマ）を奮い起こす儀礼は、古くから行われてきた在来の呪法[17]」であると主張する。義江は、平安時代の「小松引・供若菜儀」（一四八頁参照）にも触れながら、「そこに顕著にみられるのは、人間の生産活動そのもの（耕作・養蚕）の奨励によってではなく、自然の威力への呪的依存によって豊饒を得んとする志向」であるとも述べている。

誤解②：「素材はメドハギ」説

子日目利箒に関する通説のうち、中国の親蚕儀礼に由来するとの「誤解」が昭和戦前期から定着したのとは対照的に、素材についての見方は二転三転した。最終的に結着したのは一九五三（昭和二八）年から五五（昭和三〇）年にかけて行われた「正倉院御物材質調査」であり、先述したようにキク科落葉小低木のコウヤボウキであることが判明したわけだが、それ以降も「素材はメドハギ」であるという謬説が絶えなかった。長きにわたった材質論争と、メドハギ説が通説化していったプロセスを追ってみよう。

源俊頼が「玉ばはきといへるは、蓍と申す木」（『俊頼髄脳』）と述べた平安末期以降、子日目利箒の素材への言及は主に歌学書においてなされてきた。それらは俊頼と同様、家持歌における「玉箒」の解釈という形をとり、その見解もまた俊頼説を踏襲したものが大半であった。だが、「蓍」はいわば正体不明の植物であり、日本のどの植物と同定されるのかは諸説紛々としていた。そのため、「玉箒」の素材とされた「蓍」の実態も判然としない状況が長らく続いていたのである。

こうした中、江戸時代に入るとこの通釈に別の視点から異議を唱える人物が現れた。実証的研究方法による国学の発展をめざした契沖である。徳川光圀の命で執筆した注釈書『万葉代匠記』（一六九〇・元禄三年精撰本完成）において、「庭草」（ヒユ科一年草ホウキギの古名）が「玉箒」なる別名をもつことに着目した契沖は、これを材料とする箒が「玉箒」であると見た。『俊頼髄脳』以来の「素材は蓍と小松」説を否定したこの第二の説に対し、さらなる新説として登場したのが、先述した穂井田忠友の「素材はコウヤボウキ」説であった。『観古雑帖』所収の「玉箒野生」は、次のような記述から始まっている。

玉箒　俗称ネンド草亦コウヤ箒或云茶セン柴、野生宿根高二三尺靡状長キハ四尺ニ及ヘリ八九月小白花開一萼十二花其状白朮花ニ似テ小様ナルモノ也ここでいう「玉箒」は植物名であるが、穂井田は本文中で家持歌を引用した後、「此時ノ御箒今尚東大寺ニ有テ其材ハ即ネンド草也」と述べている。つまり、「正倉院御物材質調査」より一〇〇年以上も前に、子日目利箒の素材はキク科落葉小低木のコウヤボウキであると断じているのである。

幕末から明治にかけては、この第三の説が支持を広げていたようである。明治政府の一大プロジェクトとして類書『古事類苑』を編纂した黒川真頼も「東大寺所蔵の玉箒もねんど草を用ゐて作りて玉をかざれり」と述べ、「素材はコウヤボウキ」説を採用している。[18]

ところがその後、先述したように「素材はメドハギ」説が登場して定説と化していった。その発端は江戸後期に遡ると見られるが、致命的となる出来事が大正期に起こり、昭和戦後期に定着したものと考えられる。メドハギとはマメ科の多年草であり、コウヤボウキとは姿形が大きく異なるにもかかわらず、このような誤解が生じた第一の理由は、「蓍」という植物の実像が曖昧模糊としていた点にある。

生薬学・薬用植物学などを専門とする木下武司の『和漢古典植物名精解』によれば、「中国では蓍《シ》という植物の茎で筮竹の原料とする」ほか、蓍実《シジツ》と称されるその果実は『神農本草經』の上品に収載される由緒ある薬物」だという。『神農本草經』は一～二世紀頃に成立したといわれる現存最古の中国の本草書であり、上品とは「不老長寿の作用がある」「養命薬（生命を養う目的の薬）」とされている。[19]このように、「神草あるいは霊草[20]」と見なされていた「蓍《シ》」は、キク科多年草のノコギリソウと見るのが現在の定説であるという（木下、前掲書）。

日本に目を移すと、ノコギリソウには「あしくさ（安之久佐）」「女止久佐（めどくさ）」という古名のほか「蓍《めど》」「羽衣草《はごろもそう》」「唐艾《からよもぎ》」「鳳凰草《ほうおうそう》」といった別名がある。[21]つまり、ノコギリソウのさまざまな呼び名の一つとして「蓍《めど》」があったわけだが、たびたび話題に上っている「メドハギ」も同じく「蓍《めど》」（「女《め》止《ど》」）という別名を有していたことが問題を複雑にした。[22] 平安中期の漢和辞書『和名類従抄』が「蓍、女止、以二其茎一為レ筮者也」と述べるのみで植物としての特徴に触れていないことから、木下は占筮《せんぜい》に用いる植物を「蓍」と称した可能性を指摘している（前掲書）。

このように、日本においては「蓍」の字で表される植物が少なくとも二つ存在したわけだが、江戸時代にはメドハギの別名と見る向きが優勢になっていたようである。江戸中期の類書『和漢三才図会』の「蓍」の項では、和名を「女止《めど》」とした上で「めどはぎ」の字訓を付している。また、中国の代表的本草書『本草綱目』に関する小野蘭山の口授を孫と門人が整理した『重修本草綱目啓蒙』（一八四四・天保一五年）では「蓍」の項に「真ノ蓍」の特徴を記し「凡ソ筮占ヲナスモノハ此茎ヲ用ベシ」とした上で、「今ハメドハギヲ代用ス」と書かれている。[23]

これらは「蓍」と「玉箒」との関係に言及していないが、江戸後期の類書『古今要覧稿』（屋代弘賢著、一八二一・文政四〜一八四二・天保一三年成立）には明確な記述が見える。『俊頼髄脳』に触れているくだりで「蓍と小松」とすべきところを「蓍草と小松」とし、「蓍草」に「メドハキ」の字訓を付しているのである。これは、後に子日目利箒の「素材はメドハギ」説が広がっていく際の火種になったとも推察される。

一方、この時期には「素材はコウヤボウキ」説が穂井田忠友によって提示され、黒川真頼らに支持されたことは先に述べた。「素材はメドハギ」説が拡大したのは大正期のようである。おそらく、その火付け役は一九二〇（大正九）年刊行の小野善太郎著『正倉院の栞』（西東書房）と見られる。問題の箇所を引用しよう。

一子日目利箒　一隻

（略）

目《メ》利《ト》箒《ハウキ》に玉箒の称あるは蓍草《メトクサ》を以て製し玉を飾りある謂いなるべし。或は云ふ蓍萩の茎を以て作りたる箒にして蓍萩は原野に叢生し茎の長三尺余に及び秋期に開花し萩花に似たりと。（以下略）

文脈から見れば、初めの「蓍草」は「目利」の由来として提示されている。つまり、『古今要覧稿』が『俊頼髄脳』の「蓍」を「蓍草」（メドハギ）と記したことからさらに進んで、「蓍」を介さずに「目利」と「メドハギ」を直接結びつけているのである。これは一見、大差ないようだが、実は一大事であった。「目利」と「メドハギ」が直結したことにより、後述する「目利は蓍の借字」説を招いたと思われるからである。この第三の「誤解」については後ほど整理しよう。

『正倉院の栞』の著者である小野善太郎の詳しい経歴は不明であるが、官報第二四七三号（一九二〇・大正九年一〇月二八日付）に掲載された同書初版の広告においては「多年正倉院に出仕する小野善太郎氏[24]」、翌一九二一（大正一〇）年刊行の増訂版では「正倉院嘱托[25]」（原文ママ）と記されている。帝室博物館長の職にあった森林太郎（鷗外）の序文、奈良帝室博物館長の久保田鼎による校閲というお墨付きが与えられた同書は、正倉院御物を解説した初のハンドブックとして発売された（図14）。田良島哲の論文「大正期の正倉院拝観資格の拡大と帝室博物館総長森鷗外」によれば、限定的かつ不公平だった正倉院拝観資格がこの頃見直され、「拝観者の増加が予想される中で、手頃な参考書が求められた」ことが刊行を後押ししたという(26)。

同書は好評を博し(27)、正倉院拝観者の必携品とされた。教育者・歌人・社会運動活動家として活躍し「大正三美人」と謳われた九条武子が正倉院前で同行者らとともに撮影した記念写真において、皆が手にしているのも同書だという(28)。茶人の高橋箒庵もまた「如何様宝物の来歴、寸法、名称等に就き従来の記録よりも一層細微にして、同院拝観者には必要欠く可らざる者なるべし」との賛辞を日記に書き残し(29)ているが、「素材はメドハギ」説を流布したという点では禍根を残す結果となった。目利箒に字訓（「めとはうき」）を付したのも、管見の限りでは同書が初めてと見られ、「素材はメドハギ」説とともに注目される。

その上梓から五年後、一九二五（大正一四）年に初版が刊行された『正倉院御物棚別目録』は「子日目利箒」の素材についての言及を避けているものの、「目利は蓍《めどき》の借字なるべし」という見解を初めて打ち出している（一三五頁参照）。その典拠は不明であるが、先述したように、この「借字」説は子日目利箒をめぐる第三の「誤解」として強調すべき点である。先行研究の中には「目利」は植物名ではないとする立場も見られるが、この「仮説」については後ほど紹介したい。

図14　官報に掲載された『正倉院の栞』の広告（国立国会図書館蔵）

一九三一（昭和六）年の同目録第二版では宝物名に「ねのひめときのはゝき」という字訓が新たに追加され、「蓍」の読みは〈めとぎ〉に修正された。一九三四（昭和九）年の第三版に改訂は見られない。一九四〇（昭和一五）年に刊行された『正倉院御物特別展観目録――紀元二千六百年記念』（帝室博物館）では「目利は蓍の借字」説が消えているものの、「めときのははき」という字訓は残った[30]。

新たな展開が見られたのは、二年後の一九四二（昭和一七）年である。帝室博物館が一九二四（大正一三）年から撮影を開始し、一九二八（昭和三）年より刊行を開始した全一八巻の『正倉院御物図録第一四輯[31]』（一九四二年）において、注目すべき説が示されたのである。以下に引用しよう。

子日目利箒

（略）

手辛鋤と合せて歳首「子の日」の御儀に使用奉献のものと伝ふ。

所謂「めときはぎ」と称する灌木の茎を束ね根元を紫革で包み金糸を纏いて把となし、梢末に瑠璃玉を貫いたもので、其の目利箒と称するは、材料の「めときはぎ」に負ふところと云ふ。

「めときはぎ」は正称「かうやばはき」と名づけ、菊科に属する草本的小灌木で山野に自生し秋夏の交に於いて紅白色の小花を開くと云ふ。（以下略）

帝室博物館が公開している目録や図録の類いで「素材はコウヤボウキ」説が示されたのは同書が初めてと見られるが、その別名として「めときはぎ」を挙げる図鑑類は管見の限り見当たらなかった。これは『正倉院御物棚別目録』初版における「目利は著〈めどき／めとぎ〉の借字」説との整合性を意識した記述とも推察される。なお、「子日目利箒」に字訓は付されていない。

一方、昭和戦前期に出版された『万葉集』の注釈書を見てみると、一九二七（昭和二）年刊行の井上通泰著『万葉集新考 巻二〇下』（一九二七年）は穂井田忠友にならって素材は「ネンド草」（コウヤボウキ）であると述べている。一九三五（昭和一〇）年に上梓された鴻巣盛広著『万葉集全釈』も「高野箒に違ひない」とした上で『正倉院の栞』の記述に触れ、「玉箒を蓍草・蓍萩となすのはおそらくは誤である」と指摘している[32]。これは「素材はメドハギ」説が当時広まりつつあったことの表れとも考えられよう。

敗戦から間もない一九四六（昭和二一）年、空襲に備えて奈良帝室博物館に疎開していた正倉院宝物が初めて一般公開され大盛況となったのを機に正倉院展が開催され、以後恒例化した。子日目利箒の初出陳は一九五七（昭和三二）年開催の第一一回であるが、正倉院への関心の高まりに応えるための一般向け解説書や図録などが昭和二〇年代後半から出版され、これらの中で子日目利箒についても解説されるようになった。それらのうち、『正倉院の宝物』（岡田譲著、社会思想研究会出版部、一九五九年）などが「素材はメドハギ」と記しており、この説を浸透させる上で一役買ったものと思われる。

こうした状況のもと、一九五三（昭和二八）年から五五（昭和三〇）年にかけて実施された「正倉院御物材質調査」により素材論争が最終決着を見たことは先述した通りである。これは宮内庁が日本学術会議の勧告を受けて実施した科学的研究調査であり[33]、その結果として示されたのは次のような結論であった。

(747) 子日目利箒（略）

従来目利をメドハギにあてていたようであるが、この材料は明らかにコウヤボウキ（キク科）であつて、古くこの名称が何を指すかは別として少くとも現在植物学上で呼称するメドハギ（マメ科）ではない。

本来は、この事実に沿って誤謬が正されるべきところであるが、不思議なことに「素材はメドハギ」説はその後も復唱され続けた。一九五七（昭和三二）年三月から六五（昭和四〇）年三月まで奈良国立博物館長を務めた石田茂作までもが、在職中に上梓した著書『正倉院と東大寺』（正倉院御物刊行会、一九六二年）において「目利箒とは原野に多く生ずる豆科の多年生草本『めど萩』の茎を束ねたものであることから名づけられた(34)」と述べているのである。

この重大な誤りが一向に訂正されなかった理由の一つは、「目利は蓍の借字」「蓍はメドハギ」といった通説に専門家も鵜呑みにしてしまうほどの説得力が備わっていたからであろう。もう一つは、結局のところ「目利」とは何を意味するのかが明らかになっておらず、軌道修正への推進力が働かなかったためではないかと思われる。

誤解③：「目利は蓍の借字」説

既に見たように、「目利」を「めとぎ」と読ませる現在の公式見解は二転三転した末に定まったものである。正式名称を「子日目利箒」とした上で「目利は蓍の借字」という説を初めて打ち出したのは『正倉院御物棚別目録』（一九二五年）であるが、従来、この宝物は「玉箒」とよびならわされていた。一八七二（明治五）年、明治政府による全国的な文化財調査（いわゆる「壬申《じんしん》検査」）が行われ、正倉院宝物の調査結果は『古器物目録』としてまとめられたが、それにおいても「玉箒」と記されている。(35) 三年後の一八七五（明治八）年、東大寺を会場とし正倉院御物が初出陳された「奈良博覧会」（第一次）でも、「物品目録」への記載はやはり「玉箒」である。(36)

こうした通例に反し、『正倉院御物棚別目録』において宝物名が「子日目利箒」とされた理由は定かでないが、同目録が正倉院御物を網羅的に扱う関係上、「緑紗《みどりしゃの》几《つくえの》覆《おおい》」の「子日目利箒机覆」という銘との整合性が求められた可能性は大いにあり得るだろう。さらに想像をたくましくすれば、このとき初めて「目利」の由来を示す必要に迫られ、やむを得ず「蓍」に着目したようにも思われる。というのも、「蓍」は万葉仮名で「女止」と記すのが一般的だったようで、(37)「目利箒」の用例は先述した「正倉院文書」以外、管見の限り見当たらないのである。

つまり、「目利は蓍の借字」説の典拠が示されていない以上、これが確証に基づくものとは考えにくい。素材の面でも「蓍」と「目利」との間に何ら関連性が認められないことを考え合わせれば、「目利は蓍の借字」説は、「中国の親蚕儀礼に由来」説（誤解①）、「素材はメドハギ」説（誤解②）と並ぶ第三の「誤解」として位置づけられよう。

このように、子日目利箒の由来、素材、字訓をめぐる問題は紆余曲折し、現在も完全に解決したとは言いがたい状況にある。その混迷ぶりは、子日目利箒がいかに謎めいた存在であるかを物語っているようでもある。

仮説①：子の日の習俗

子日目利箒の通説がはらむ三つの誤解に続き、ここからはその実態に迫るための仮説を見ていこう。なかには論証を伴わないものも含まれるが、資料の乏しい現状にあっては、検証の方向性を絞るためのヒントを見出すだけでも十分に価値があると思われる。以下、「子日」編と「目利」編に分けて諸説を紹介する。

まずは「子日」の由来である。中国の親蚕儀礼との関連が認められない以上、考察の軸とすべきは「著と小松」を用いた日本古来の「子の日の習俗」であると考えられる。ところが、後述する「子日《ねのひの》遊《あそび》」でも「小松引き」が行われることから、両者はしばしば混同されてきた。その誤りを指摘すること自体は正しいものの、結果として「子の日の習俗」の検討が疎かにされてきた感は否めない。

「子日遊」とは平安時代にとりわけ盛んになったとされる年中行事であり、『有職故実大辞典』では次のように説明されている。

> 正月初子の日に催された遊宴行事。小松引き・子忌《ねいみ》ともいう。（中略）この日山に登り遠く四方を望めば、邪気をはらい憂悩を除くとする中国の風習に拠るとされるが、その根底にはわが国の春の野遊の習俗が存した。行事の内容は、小松引きと若菜摘みとがあり、この若菜を長上者に贈り、羹《あつもの》にして長寿を祝った。また、この日、宮中では宴会が行われ、子日宴と称した。（中略）宮中に

おいては、子日の行事は、他の節会などと同様、宴会行事として、奈良時代から催されていた。

右の文中にある「野遊《のあそび》」とは「野に出て草を摘むなどして遊ぶこと(38)」を指し、『日本書紀』雄略天皇即位前紀十月朔条にも記述が見える(39)。

確かに、これらの説明を読む限りでは著に小松を添えた箒で蚕室を掃く「子の日の習俗」と「子日遊」との関連性は見出せず、両者は別物であるとの印象を持つ。だが、明治から昭和にかけて活躍し博物学・生物学・民俗学の奇才として知られる南方熊楠は、これらの行事がともに子の日に催されることに着目し、中国や朝鮮で行われていた「鼠除け」の古俗に因むものと指摘する（『十二支考 下』）。

彼の地では、炬《かがり》に火を付け大声で「鼠燻《いぶ》し」といいながら宮中の庭内を曳いて回ったり、田や野を焼いたりして鼠除けをし、その年の豊穣を祈る伝統行事が行われていたという。また、炒り豆などを部屋の隅へ投げ置くなどして鼠をもてなす「鼠の嫁入り」の風習も見られ、これは「家鼠を饗して、汝ら野鼠ごとく焼き殺さるるを好まずば年中音なしくせよ、さすればこの通り饗応しやる」という「恩威」から生まれたものと熊楠は推察する。

こうした背景を踏まえ、「日本でもこの風を移してこの日小松を引いて松明《たいまつ》を作り鼠を燻《ふす》べて年内の鼠害を禁じた」ことが子日遊の起源であり、「後には鼠燻しは抜きとなり、専ら小松を栽《う》えて眺め飲み遊ぶに至った」と熊楠は見る。また、その「遺風」として「平安朝の末頃まで田舎で蚕室の掃き初め式の帚に小松を添えて鼠どもグズグズいわば燻ぶるぞと脅かした」ものが「子の日の習俗」であると、ユーモラスに語るのである。

熊楠も指摘するように「蚕に鼠が付くと何とも手に負えぬもの」であり、養蚕が盛んな地域では鼠除けのためのさまざまな習俗が見られる。「子の日の習俗」もそうした養蚕信仰の一つに数えられるものであろうが、「子の日」と「松」に着目し、中国や朝鮮で行われていた鼠除けの古俗との接点を見出したところが熊楠説の眼目である。

このほか、鴨長明の『無名抄』や順徳天皇の『八雲御抄』といった歌学書は、家持歌の「玉箒」と「子の日の習俗」との関連性を述べるにあたり「子午の年に生まれた女に蚕室の掃き初めをさせる」旨の記述をしている。従来の「子」に加えて「午」が新たに付け加えられている点に注目したい。「馬」と「女」と「蚕」と聞いて思い浮かぶのは中国の「蚕馬伝説」である。これは馬の皮にさらわれた少女が蚕と化し、この世に絹をもたらしたとする養蚕の起源説話であり、日本においてもさまざまな形で伝承されている。養蚕の盛んな地域で初午に蚕神を祀る風習が見られるのもその一つであろう。そうした背景を踏まえると、「子午女」による蚕室の掃き初めは、以前から行われていた鼠除けに蚕神信仰が付加された豊蚕祈願であったとも考えられるのである。

仮説②：「目利」の意味

次に、「目利」についての仮説を見ていこう。子日目利箒がコウヤボウキでつくられていることは確定しているので、まず気になるのはその古名や別名、方言名である。それらを一覧にした表3（古名および別名）、と、一五二〜一五三頁の表4（方言名）を見ると、古名に「めど」の類いはなく、方言名に発音の近い「めんど」が見える。ナ行とマ行はともに鼻音であるから、「ねんど」「ねんどい」「ねんど

表3　コウヤボウキの古名および別名

古名		別名	
玉箒	たまばはき	箒木草	はうきぐさ
玉掃	たまばはき	箒木	はうきのき
多麻婆波伎	たまばはき	梅香羽熊	ばいかうはぐま
玉箒	たまばうき	—	—
玉掃	たまばうき	—	—
山箒	やまははき	—	—

＊木下陽二郎 監修『図説 草木名彙辞典』（柏書房、1991年）より作成。

ー」なども同グループと見て差し支えないだろう。実際、両者の使用地域はおおむね重なっていることが表4から読み取れる。

この結果から、「目利」とはコウヤボウキの知られざる古名であるという仮説を導き出すことも可能であろう。実際、江戸後期に紀州本草学を確立した畔《くろ》田《だ》翠山《すいざん》（源伴在《みなもとともあり》）が著書『古名録』の中でこれに近い主張を展開している。先に述べておくと、当該部分の見出し語は「燃燈草」、「今名」は「メンドウ」となっている。これがコウヤボウキについての記述であることは、穂井田忠友が「玉箒野生」の中で「俗称　ネンド草」と記していること、また「燃燈草」の字がしばしば充てられていると述べていることからも明らかである。

話を戻して、畔田説の要点をまとめると次のようになる。

①燃燈草とは「めど」のことである。
②今は「メンドウ」と俗称しているが、これは「女止《めど》」を延ばした語である。
③「蓍」は本来、「ハコロモ草」（筆者注：キク科多年草のノコギリソウの別名）であり、「燃燈草」ではない。
④上古の時代には「真ノ蓍」を用いていたが、中古の時代に誤って「燃燈草」を「蓍」としてしまった。
⑤ゆえに、『和名類聚抄』でも「蓍」を「女止」とは言っているが、「燃燈

方言名

方言名	地　域
ねんどー	山城、群馬、京都、高知
のばーけ	静岡（京丸）
ひぜんば	高知（幡多）
ひめねんとー	高知（高岡）
へいのあたま	静岡（賀茂・田方・天城山）
ほうきのき	千葉
ほーきぎ	福井、三重、和歌山
ほーきぐさ	茨城、栃木、埼玉、千葉、静岡、愛知、三重、奈良、和歌山、岡山、高知、高知（幡多）
ほーきのき	福井（大飯）
ほーきのくさ	和歌山（田辺・新宮）
ほーけくさ	和歌山（日高）
まゆはき	山城
むらさきぐさ	高知（幡多）
めんど	京都、和歌山（伊都・高野山）、徳島、高知
めめんどり	三重（北牟婁）
もちばなのき	和歌山（東牟婁）
やまぼうき	千葉（富津）
やまわら	静岡（京丸）
よつばりたれ	愛媛（宇摩）
よねのき	和歌山（西牟婁）

シック体は筆者。

草」については触れていない。

つまり、燃燈草（コウヤボウキ）も古くは「めど」とよばれていたため、誤って「蓍」の字を充てられてしまったという見方を示しているのである。明治から昭和にかけて活躍した日本画家、岡不崩《ふほう》も畔田に近い説を展開している。永井荷風に絵を教えたことでも知られる岡は、画壇を退いた晩年、本草学の立場から万葉集研究に没頭した。その著書『万葉集草木考』では次のように述べている。

正倉院御物玉箒を目利箒と称呼せるは何つ頃よりか知り難きも若し其当時かくいへりとせば今いふカウヤバウキの古名をメドといへる

表4　コウヤボウキの方言名

方言名	地　域
あまさけぼうき	千葉（安房）
うさぎかくし	周防、静岡、山口、徳島
うさぎのしりかき	高知（安芸）
うさぎのめはじき	香川（木田）
うさぎのめはり	長州、周防
うさぎもつれ	香川（綾歌・仲多度）、愛媛、高知（幡多）
えんどい	高知（幡多）
おばはき	兵庫（津名）
かくし	徳島
かんこー	三重（一志）
かんこーぼーき	三重（一志）
きじかくし	埼玉（秩父）
きじのす	三重（三重）
きじのすね	宮崎（東臼杵）
きじのすねかき	大分（南海郡）
ごくつぶし	濃州
とりこのつげ	香川（香川）
とりのこつげ	香川（香川）
ねこのみみ	香川（綾歌）
ねんだいぼーき	高知（幡多・高岡）
ねんど	山城、高知、京都、和歌山
ねんどい	高知（幡多）

＊八坂書房 編『日本植物方言集成』（八坂書房、2001年）より作成。

なるべし（中略）然るを後ちに支那古典になづみ霊草蓍の漢名を充てたるなるべし是よりしてカウヤバウキをいふものなきに至れり

霊草の名を充てた理由について、岡はこう推察する。

思ふに古人は、蓍は神草なり、草木の寿なるもの、吉凶を知るべく、以て筮となるとあるに因みてか。玉箒を祝ひて、蚕室を掃くといへるに、重きを置きて、其神秘的なる霊草、蓍に充てたるならんか。

「蓍」とよばれていた霊草の名を託したのは「玉箒」に祝意を込めたためと見るこの岡説に対し、畔田[40]はさらに大胆な主張を展開している。その典拠とされているのは「照田蠶」といわれる中国の古俗である。これは蘇州近郊の農村で年末に行われていた行事で、禿箒（使い古した箒）やおがら（麻の茎）で火炬（かがり火）を燃やし、それを長竿の先に縛って田を照らしつつ、炎のゆらめく方向で農耕や養蚕の豊凶を占うものだという(41)。

この習俗を援用した後に畔田が導いた結論は「玉箒ハ燃燈草《メントウ》ニ限ズ、総テ蚕室ヲ掃フ箒ヲ云者也」というものであった。その論理展開は一見、飛躍があるように思われ、火炬と燃燈の字義が重なることから「燃燈草に限る」とする方が腑に落ちるようにも感じられる。だが、畔田は「箒をもって豊蚕を祈願する」という点に両者の共通項を見出したのであろう。

実は、目利箒とは何かを考える上での重要な手がかりがこの結論には含まれている。つまり、豊蚕を願って蚕室を掃く箒をすべて「玉箒」というのであれば、「目利箒」もまた同じではないのか。前述した木下武司も、畔田や岡と同じく「奈良時代に『めど』と称していたものはコウヤボウキ」であると見た上で、「めど」は「目処」の意であり、「正月初子の儀式」は「その年の養蚕の目標や見通しを立てるあるいは占うため」に催されたと推察している(42)。

畔田・岡・木下の三者は、コウヤボウキが「めど」という知られざる古名を有していたという仮説を設けた上で、それぞれの立場から「目利箒」は単純に植物名を冠したものではないと見ている点で共通している。さらに言えば、前半の仮説は必須条件ではないとも考えられる。例えば、煤払いの日にだけ用いる笹竹の箒を「当座箒」というなど、箒の素材ではなく用途を冠した物名も見られるからである。

いずれにしても、これらの興味深い仮説は目利箒の謎を解き明かすための重要な鍵になると思われ、さらなる資料の発掘と研究の進展が求められている。

注と引用文献

（1）単位はセンチメートル。
（2）丸山裕美子『正倉院文書の世界――よみがえる天平の時代』中公新書、二〇一〇年、一四九―一五九頁。
（3）三保忠夫『木簡と正倉院文書における助数詞の研究』風間書房、二〇〇四年、一八一、五一一―五二一頁。
（4）平城宮跡資料館「二〇一〇秋期特別展　天平びとの声をきく――地下の正倉院・平城宮木簡のすべて　解説シート8（第四室）天平びとの声を探る」平常宮跡資料館、二〇一〇年、二頁。
（5）小島憲之・木下正俊・東野治之　校注『萬葉集④（新編日本古典文学全集　9）』小学館、一九九六年、四五一頁。
（6）同前。
（7）河野通明「『民具からの歴史学』への30年」『商経論叢』第45巻第4号、神奈川大学経済学会、二〇一〇年、一六頁。
（8）日本国語大辞典第二版編集委員会・小学館国語辞典編集部　編『日本国語大辞典　第7巻　第2版』小学館、二〇〇一年、一三一九頁。
（9）『世界大百科事典　第2版』オンライン（コトバンク）
（10）布目順郎「戦国画像紋にみられる採桑具について――礼との関連において」『日本蚕糸学雑誌』42巻4号、（社）日本蚕糸学会、一九七三年、三〇二頁。
（11）関根真隆『万葉流転――寧楽史私考』教育社、一九八二年、二九五頁。
（12）黒川真頼「東大寺正倉院蔵子日鋤及子日考証」『黒川真頼全集　第五』国書刊行会、一九一一年、二三六―二四一頁。
（13）井上薫「子日親耕親蚕儀式と藤原仲麻呂」橿原考古学研究所編『橿原考古学研究所論集　第十』吉川弘文館、一九八八年、二〇〇頁。
（14）橋本不美男・有吉保・藤平春男　校注・訳『歌論集（新編日本古典文学全集87）』小学館、二〇〇二年、一三七頁。
（15）正倉院御物目録のデータベース化の為の基礎的研究」（科学研究費助成事業データベース）、https://kaken.nii.ac.jp/ja/grant/KAKENHI-PROJECT-05710034/（二〇一九年四月二一日閲覧）

（16）『朝日日本歴史人物事典』インターネット版（コトバンク）、https://kotobank.jp/word/%E7%A9%82%E4%BA%95%E7%94%B0%E5%BF%A0%E5%8F%8B-14940

（17）義江明子「『刀自』からみた日本古代社会のジェンダー——村と宮廷における婚姻・経営・政治的地位」『帝京史学』第26号、二〇一一年、一一〇—一一四頁。

（18）黒川真頼「東大寺正倉院蔵子日鋤及子日考証」『黒川真頼全集 第五』国書刊行会、一九一一年、二三六—二四一頁。

（19）「身近な生活にある薬用植物——中国最古の薬物書『神農本草経』」（くすりの博物館ホームページ）、http://www.eisai.co.jp/museum/herb/familiar/honzokyo.html（二〇一九年一〇月二一日閲覧）

（20）木下武司『和漢古典植物名精解』和泉書院、二〇一七年、八六七頁。

（21）木村陽二郎『図説 草木名彙辞典』柏書房、一九九一年、二八一頁。

（22）同前書は、このほか「蓍草〈めどき〉」「蓍木〈めどぎ〉」「蓍草〈めどぐさ〉」「女止久佐〈めどぐさ〉」「山箒〈やまばはき〉」「めんどう」を「蓍萩」の別名として示している（三三八頁）。

（23）小野蘭山『重修本草綱目啓蒙』（梯南洋 校訂、全35巻）国立国会図書館デジタルコレクション、http://dl.ndl.go.jp/info:ndljp/pid/2569362?tocOpened=1（二〇一九年一一月二三日閲覧）

（24）「官報」第二四七三号、一九二〇年一〇月二八日。同二四七五号、同年一〇月三〇日。

（25）「官報」第二七六三号、一九二一年一〇月一五日。

（26）田良島哲「大正期の正倉院拝観資格の拡大と帝室博物館総長森鷗外」『MUSEUM』第666号、東京国立博物館、二〇一七年、四四頁。

（27）『正倉院の栞』が刊行された経緯は田良島哲の論文「大正期の正倉院拝観資格の拡大と帝室博物館総長森鷗外」（『MUSEUM』第666号、東京国立博物館、二〇一七年、二九—四五頁）に詳しい。

（28）佐佐木信綱『麗人九条武子』弘文社、一九三四年、六頁、三三一—三三三頁。

（29）高橋箒庵『万象録——高橋箒庵日記 巻8』思文閣出版、一九九〇年、三七二頁。

(30) 子日手辛鋤の項目中で説明され、宝物名は「目利箒」とされている。

(31) 一九四四（昭和一九）年までに刊行された第1巻から第15巻の出版者は帝室博物館であるが、第16巻（一九五一年）は国立博物館、第17巻（一九五三年）と第18巻（一九五五年）は東京国立博物館である。

(32) 鴻巣盛広『万葉集全釈 第6冊』広文堂書店、一九三五年、二〇七頁。

(33) 成瀬正和「正倉院宝物の機器分析調査」『正倉院紀要』第39号、二〇一七年、二七頁。

(34) 石田茂作『正倉院と東大寺』正倉院御物刊行会、一九六二年、二七九頁。

(35) 「史料公刊・二 壬申検査『古器物目録』——正倉院の部」『MUSEUM』第256号、東京国立博物館、一九七二年、三三頁。

(36) 『第一次奈良博覧会目録』奈良博覧会社、一八七五年。

(37) 古事類苑データベースで和訓を見ると、『新撰字鏡』（八九八〜九〇一年成立）では「女止」、『本草和名』（九一八年頃成立）では「女止久佐」、『和名類従抄』（九三一〜九三八年頃成立）では「女止」の字が用いられている。

(38) 鈴木敬三 編『有職故実大辞典』吉川弘文館、一九九六年、五五二頁。

(39) 小島憲之・木下正俊・東野治之 校注『日本書紀②（新編日本古典文学全集 3）』小学館、一九九四年、一四六—一四七頁。

(40) 原文では次の通り。「按廣群芳譜、除夕呉中風俗記、呉中風俗除夜村落間以禿箒若蕪藍竹枝等燃火炬縛於長竿梢、以照田爛然徧野、以祈絲穀」。

(41) 島森哲男「范成大《臘月村田楽府十首》注釈 附《上元紀呉中節物俳諧體三十二韻》注釈」『宮城教育大学紀要』第52巻、二〇一八年、三八七—三八六頁。《臘月村田楽府十首》中の「照田蠶行」は、『古名録』における『廣群芳譜』からの引用部分と字句がわずかに異なるが、大意に影響するものではないと判断し、同稿の訳文を参照した。

(42) 木下武司『和漢古典植物名精解』和泉書院、二〇一七年、八六六—八七一頁。

2 竹箒

竹枝の葉を落として束ねた箒を竹箒という。柄を別付けした長箒に仕立てるのが一般的であり、庭や道路などを掃くのに用いられる。また、農業の機械化が進む以前は、穀類の脱穀や調製に欠かせない道具でもあった。酪農においては、牛の餌やりなどに今も活躍している。

日本に生育する竹は約六〇〇種とも言われるが、[1]箒の穂に適するものは限られている。現在は大半が孟宗竹であるが、かつては真竹（苦竹などともいう）や淡竹《はちく》（呉竹などともいう）などでも作られていた。雑誌『農業世界』の一九四三（昭和一八）年一月号に掲載された記事「今が絶好の造り時　竹箒の造り方」では、竹箒の要件として、①穂が抜けないこと、②穂に小骨（小枝）が多いこと、③重量の軽いこと、④穂が折れにくいこと、⑤中央に長い枝、周囲に短い枝を用いて、穂が箒のように形作られていること、を挙げている。これらの条件に最適なのが孟宗竹だということになる。三種の竹の特徴が記されている部分を抜き出してみよう。

「孟宗竹」は枝の出方が密で、且つ小骨も丈夫である。使用期間は六ケ月位。就中黄味（一般に赤味といふ）を帯びた葉の着いた枝（赤穂《あかほ》と称せられる）は節間が短く、小骨が丈夫で最も優品を製することが出来る。この赤穂を出す竹は一般に筍の発生が良好で、且つ枝は下方の節までもよく着き、枝の収量が多い。

「孟宗竹」でも、青葉の枝（青穂《あおほ》と称せられる）は節間が長く竹箒製造に好適とは思はれない。

「苦竹」は枝の出方が粗《ざつ》であり、且つ乾燥するにつれてもろくなり、使用せずとも二ケ月位にして小骨の折れ易くなる傾向がある。

「淡竹」は質が一般に軟かく、使用中摩滅することが速かである。為に使用期間短く三ケ月位の使用に堪へれば上々で、「孟宗竹」のそれに比し約半分位しか持久力がない。併し出来上りの体裁は誠によろしい。

孟宗竹は高さが二〇メートル以上にもなる大型種で、筍は食用となる。原産地は中国であり、一七三六（天保元）年に薩摩藩の第四代藩主、島津吉貴が琉球から持ち込んで日本に広まったという説もあるが、はっきりしない。元来は温暖な地域に生育するため、北海道の函館周辺を北限として西日本を中心に分布する。真竹はさらに寒さに弱く、青森が北限ともいわれる。一方、淡竹は耐寒性があり、北海道中部でも栽培可能だという(2)。

こうした植生分布の違いから、入手可能な竹の種類は地域によって異なるものの、いずれも身近な植物である点は共通している。そのため、竹は古くから箒の素材として利用されてきた。正倉院文書の一つに数えられる「造金堂所解《ぞうこんどうしょげ》」には、目利箒（前項参照）とともに竹箒の購入記録が残されている。紙史料においてはこの天平宝字年間が最古となるが、縄文時代の遺跡から竹かごなどが発掘されていることを考えれば、その起源はさらに遡ると見てよいだろう。

鎌倉時代には『親鸞聖人絵伝』などに現在の竹箒とよく似た長箒が描かれ、江戸時代になると、類書とよばれる書物の中に竹箒と明示された図絵が登場した。

江戸前期の儒学者、中村惕斎《なかむらてきさい》が著した日本初の絵入りの類書『訓蒙図彙《きんもうずい》』（一六六六年）には、「帚」の項に「條帚《じょうしゅう》」とともに「掃帚《そうしゅう》」の挿図があり（図15）、「條帚わらばゝき掃帚たけばゝき」と説明されている。

また、江戸中期の『和漢三才図会』にも、棕櫚皮帚、羽帚、草帚とともに竹帚の挿絵が掲載されている（図16）。同書にも竹の種類をめぐる記述は見えないものの、文政・天保年間に編纂された類書『古今要覧稿』では三種の竹箒に言及している。以下に当該箇所を引用しよう。

右：図15　『訓蒙図彙』に見える掃帚（国立国会図書館蔵）
左：図16　『和漢三才図会』に描かれた竹帚（国立国会図書館蔵）

呉竹

（略）今江都にては此竹を以て火に炙り瀝を去て曝し竹となし作簾家の様にそなへ或は若竹を採て釣竿となし其枝は別に縛束して若竹をその柄とし以て掃箒とす其使用多きなり（略）

寒山竹

（略）凡女竹の類はその始皆三枝なるも年をへて新葉を生ずる比はその旧枝の九枝十枝なるもそれと同じ事なるべしその枝はすべて女竹よりも殊に長くし繁し故に掃帚《ママ》となすによろし（略）

しぬ　しの

（略）又一種箱根竹あり矢竹よりまた細長にして枝葉は大略前条と相似てや、細小にして其葉さらに落がたきによりてそのままにて掃箒となすによろし（略）

初めの呉竹は真竹の別名であるが、冒頭で述べているのは、青竹から余分な水分や油分を除去する「油抜き」や、天日干しして色抜きし艶を出す「晒し」の工程についてである。真竹は節間が長く弾力性があることから、柄竹として広く用いられた。

次の寒山竹は、枝葉が稈の上方の節から上向きに出て、箒を逆さに立てたように見えることから「雲《くも》払箒竹《はらいほうきだけ》」ともよばれる。寒山の名は、中国唐代の伝説上の詩僧、寒山拾得に因む。寒山が経巻を開き、拾得が箒を持つ「寒山拾得図」は禅画の画題として知られている（二八頁図3参照）。

最後の箱根竹はアズマネザサの一品種とされる。この竹では葉を落とさずに箒をつくると記されているが、こうした箒は通常、「笹箒」とよんで竹箒と区別する。一部地域の農村では普段の掃除に自製した笹箒が用いられたというが（一一二〜一二五頁第1節表2参照）、より一般的なのは年の瀬の煤払いに欠かせない「煤竹《すすだけ》」であろう。これについては第3節「箒と習俗」で述べる。

江戸時代、竹箒の産地として最もよく知られていたのは京都・伏見であった。「伏見箒」の起源は古

箒の生産地（年額1万5000円以上、1918年の価額順）

正7）年

家用率	単価（円）	原料種類	主ナル産地	仕向地
29.4	0.19	若竹、淡竹、孟宗、布袋竹	北足立郡	東京
4.4	0.12	淡竹、苦竹、江南竹[1]	名東郡	北海道
87.3	0.06	苦竹、孟宗竹	曽於郡、始良郡、薩摩郡	熊本
4.7	0.28	若竹、孟宗竹	橘樹郡宮前村、向丘村[2]	横浜、東京
3.2	0.08	孟宗、苦竹	乙訓郡	大阪及管内
58.9	0.10	苦竹、孟宗竹、淡竹	下都賀郡、那須郡	（未記入）
1.3	0.15	苦竹		地方
21.1				

1）孟宗竹の別名　2）いずれも現在の川崎市

く、豊臣秀吉が桃山城を築城する際に用命されたことで有名になったという。一九三〇（昭和五）年に日本産業協会が発行した『近畿の副業』によれば「竹箒屋仲間嘉右衛門安政八年亥年免許会所ト共ニ上納享和三亥銀減額ヲ為セリ」という記録があり、「竹箒の上納に依つて銀上納を減額されたことが知れる」[(3)]としている。

この頃の竹箒の販売形態については第1節で紹介したので詳述しないが、京坂では荒物店のみで売られていた。一方、江戸では荒物店および番太郎（一〇二、一八九頁参照）での店売に加え、担い売りも行われていたという[(4)]。

明治時代に入ると、急速な近代化に伴う社会・経済環境の変化が農村にも及び、竹箒の製造・販売事情は大きく変化した。貨幣経済の浸透による自給自足経済の崩壊、原料輸入による農村経済の圧迫、地租改正に伴う入会権の私有財産化などにより困窮が著しい農村経済を立て直すために推し進められたのが、農家の副業奨励策であった。まず、明治末から大正初期にかけて農村副業の実態調査が行われ、有望な品目の一つとして竹工品の製造が推奨されたのである。

一九一二（大正元）年に農商務省農務局がまとめた「農家副業ニ関スル調査」を見ると、竹細工の種類として列挙されている品名の

表5　1916～18（大正5～7）年におけ

	1916（大正5）年		1917（大正6）年		19	
	数量（本）	価額（円）	数量（本）	価額（円）	数量（本）	価額（円
①埼玉県	192,930	20,402	202,105	28,514	205,265	38,79
②徳島県	159,080	15,991	274,670	27,467	284,999	34,20
③鹿児島県	532,897	31,486	528,150	32,059	832,913	32,58
④神奈川県	143,850	14,240	137,810	19,774	112,745	31,91
⑤京都府	304,800	20,554	316,800	22,523	312,800	26,42
⑥栃木県	175,429	10,610	182,108	13,202	191,502	18,44
⑦奈良県	104,357	10,315	103,500	13,300	103,620	15,37
全　国		158,170		204,620		276,85

＊農商務省農務局編『副業参考資料 第7（竹製品ニ関スル調査）』農商務省農務局、1922年より作成。

中に竹箒が見える。続いて、農家副業として竹工品が有利な理由として、①製品の種類が多く、内需のみならず海外への輸出も行われていること、②竹は一度植栽すれば毎年新竹が生え、また自然林を利用できる地域も多いこと、の二点が挙げられている。さらに、静岡の輸出向け行李鞄の生産に触れ、「竹製品輸出額」の表まで掲載されているところを見ると、政府の思惑としては輸出品の製造に重点が置かれているようにも推察される。その計画に竹箒は含まれておらず、現況として産地を挙げているのも京都府のみである。

その一〇年後、一九二二（大正一一）年に出された『副業参考資料　第七（竹製品ニ関スル調査）』（農商務省農務局）では産地形成が大きく進展していることが見て取れる（表5）。一九一八（大正七）に年間価額第一位となった埼玉県は蜀黍箒（ホウキモロコシによる座敷箒）の主産地としても知られる。この調査からは、竹箒とともに箒柄やハタキ柄の生産にも取り組んでいることがわかり、一体的な特産品づくりが功を奏していた様子がうかがえる。当時、産地の多くは原料不足に悩まされていたが、埼玉県は竹類を植栽した者への奨励金の交付や、副業品評会への竹製品の出品奨励が「原料ノ増殖ニ製品ノ改善ニ夫々相当ノ効果ヲ収メッツアリト認ム」との自己評価を記している。また、第二位の徳島県は竹が生育しにくい北海道に販路を開拓している点も注目される。

ところが、日中戦争から太平洋戦争へと突き進んだ昭和戦時期、竹箒の製造環境は大きく悪化した。一九四一（昭和一六）年の「臨時農地等管理令」に基づき不急作物の作付統制が行われ、一九四三（昭和一八）年の「農地作付統制規則運用状況調査」では二四府県が竹木を「制限農作物」として回答したという。(5)この作付統制とは「食糧等重要農作物」を増産するための戦時政策であり、制限農作物については、指定面積以上の作付禁止、作付転換の強制などの措置がとられた。一方、戦況の悪化に伴って金属は供出対象となり、さまざまな軍需品や生活用品の素材に竹が代用されるようになった。

こうした戦時統制経済のあおりを受け、竹箒は深刻な品不足に陥った。先に触れた雑誌『農業世界』の記事「今が絶好の造り時　竹箒の造り方」（一九四三年一月号）は「労力不足と資材欠乏とによつて、製造が減少し現在需要家は入手することが仲々困難である」と述べている。ここでいう「資材」とはたんに竹のみを指すのではなく、結束用の針金も含まれる。記事では「箒は造り易いから、農閑期の老幼婦女の家内工作にうつてつけ」であると勧めているが、当時は針金代わりの籐《とう》を入手するのも難しくなっていた。そのため藤蔓《ふじづる》を代用するよう提案しているのだが、これらの自然素材で緩みなく結束するには熟練を要することから、品質や効率の低下は免れなかったものと想像される。

戦後の高度経済成長期を迎えると、多くの生活用具がプラスチック製となり竹工品は姿を消していったが、竹箒は消滅を免れた。庭のない集合住宅や狭小住宅が増加した都市部の家庭では見られなくなったものの、寺社、学校、公共施設などでは今も必需品といってよい。住宅構造の変化とそれに伴う電気掃除機の普及が大きな影響を及ぼした屋内に比べれば、屋外の掃除は道具も方法もほとんど変化がない。ただし、現在は市場に流通している竹箒の大半が安価な輸入品である。放置竹林の拡大という新たな社会問題も浮上し、竹の有効利用に関心が集まる今日、貴重な存在となった国産の竹箒に再び光が当たることを願いたい。

このほか、竹箒はものづくりの道具としても多用された。仕事の道具として用いられる箒の機能はさまざまであり、詳しくは第3節で触れるが、例えば「炒る」という用途では、醬油づくり（麴仕込みの下準備として原料の小麦を釜で炒る）や麦茶づくり（六条大麦をかき混ぜながら炒る）などの道具として竹箒が使われた。

注と引用文献
（1）農林水産省大臣官房総務課広報室 編『Aff：agriculture+forestry+fisheries』農林水産省大臣官房、第44巻第1号、二〇一三年、四―一三頁。
（2）静岡県環境森林部『竹林整備読本』二〇〇四年、三―六頁。
（3）日本産業協会 編『近畿の副業』日本産業協会、一九三〇年、三〇頁。
（4）喜田川守貞『近世風俗志（守貞謾稿）（一）（岩波文庫）』岩波書店、一九九六年、三〇〇頁。
（5）坂根嘉弘「農地作付統制についての基礎的研究（上）」『広島大学経済論叢』第27巻第1号、広島大学経済学会、二〇〇三年、一〇五頁。

3 高野箒

高野山との深い関わり

キク科落葉小低木のコウヤボウキを素材とする箒を「高野箒」という。関西以西の山野に自生するコウヤボウキは樹高六〇センチから一メートルほどで、株元からよく分枝する。冬になり葉を落として木質化したところでこれを刈り取り、束ねて箒を製する。主な用途は土間箒や庭箒である。

コウヤボウキは古名を「玉箒（たまばはき／たまぼうき）」という。(1) 万葉集には「玉箒」を詠んだ歌が二首あるが、「玉箒刈り来鎌麻呂むろの木と棗が本とかき掃かむため」（三八三〇番）の「玉箒」はコウヤボウキを指す。「鎌麻呂」は「玉箒《たまばはき》・鎌《かま》・天木香《むろのき》・棗《なつめ》を詠む歌」という題詞にちなみ「従者などに擬して呼び掛けた趣(2)」などと説明されるが、コウヤボウキが箒の素材として古くから用いられていたことがよくわかる歌である。

「玉」は美称でもあることから、美しい箒を讃して「玉箒」という場合もある。万葉歌の「始春《はつはる》の初《はつ》子《ね》の今日の玉箒《たまばはき》手に執るからにゆらく玉《たま》の緒《お》」（四四九三番）に見える「玉箒」は正倉院宝物の「子日《ねのひの》目《め》利《とぎの》箒《ほうき》」を指し、穂先はガラス玉で飾られていること、その素材がコウヤボウキであることは、1「目利箒」の項で述べた通りである。(3) さらに、「玉箒」はヒユ科一年草ホウキギやキク科多年草タムラソウの古名や別名でもある。(4)

ところで、コウヤボウキという標準和名は、この植物が古来、高野山において箒の材料とされてきたことに由来するといわれる(5)。尊厳護持のための戒律「山上禁忌」において「禁植有利竹木」と「禁竹箒」を掲げた高野山では、竹を植えることも竹箒を使うことも禁じられ、代わりに高野箒が用いられてきたのである。

そのような戒律が生まれた理由は、明治末期に刊行された『紀伊続風土記』に詳しい。「禁植有利竹木」とは竹・梨・柿・李・林檎・胡桃・漆などを植えてはならないという掟であるが、「其利を慕て譏謗《きぼう》を招くなれは曩時《のうじ》より堅制す(6)」、つまり、利益の追求に走って人を悪く言いがちになるためと説く。また、竹箒の禁忌については「大師当山開闢の時竹箒を以て大蛇を馳り退く其の亡魂竹箒に留る故これを用いす(7)」といい、大蛇は柳に姿を変えたとも伝えている。高野山奥之院参道付近に昭和中期まで残っていたというこの柳は「蛇柳」とよばれ、歌舞伎十八番の演目としても知られる(8)(図17)。

こうして竹箒の使用が禁じられた高野山では、外庭ではクスノキ科の落葉低木クロモジの箒、土間や内庭では高野箒が用いられてきたという(9)。二〇一二(平成二四)年ごろまでは「名人」とよばれた近在の作り手が製作し、山内の寺院に奉納し

図17 『紀州名所図会』に描かれた高野山の蛇柳。俳句「我目にも柳と見えて涼しさよ(麦林)」と、狂歌「ともすればたけなる髪をふりみだし 人の気をのむ風の蛇柳」(栗陰亭)が詞書として添えられている(国立国会図書館蔵)

ていた[10]そうである。

高野箒は高野山内での利用にとどまらず、各地でも自製されていた。たとえば上福岡市立歴史民俗資料館（現・ふじみ野市立上福岡歴史民俗資料館）の調査によると、埼玉県の秩父・比企・入間の各郡ではコウヤボウキをキジカクシとよび、それを材料とするキジカクシ箒がつくられた。幹枝一〇本の束二つを針金でひとくくりにした子（小）箒のほか、竹柄付きの箒も見られたという[11]。

未利用資源としてのコウヤボウキ

高野箒は、大正期には一部で市販もされていた。『静岡県農家副芸一斑』（発行：静岡県農会事務所、一九一七年）には「高野箒」の項があり、同県の製造事情が詳しく記載されている。以下は同書からの引用および要約である。

まず、その「沿革」については「本県産トシテ著名ナルハ周智郡森町ノ産ナリ、森町下宿五軒町大工職鈴木竹十ハ大正二三年頃同郡熊切村胡桃平ニテ作業中本植物椎茸栽培地ニ繁茂シ一雑草トシテ当業者ノ難ズル処ナリシ故コ、ニ同氏ハ初メテコレヲ以テ製作シツ、アリ」と記されている。つまり、この高野箒は未利用資源に着目した新商品だったわけだが、換言すれば同地にこの箒を用いる習俗は見られなかったことになる。

「新素材」による箒の製造・販売が企図された背景には、明治期後半における資本主義経済の発達とそれにともなう農村の疲弊があり、また農閑期の副業を奨励することで農家の増収につなげようとした国の政策が存在する。同書もそうした趨勢を踏まえて刊行されたものであり、森町における高野箒の生産は静岡県内で取り組まれていた各種副業の優良事例として紹介されている。

森町産の高野箒は竹柄が付くものと付かないものとの二種があり、後者が多く製作されたという。その「製作法」は埼玉の自製箒とやや異なり、「製作ニ際シテハ一本ニ付原料約百匁ヲ要シコレノ約半量ヲ箒状ニ束ネ三ヶ所針金ニテ縛付更ラニ残余ノ原料ヲ其上部ニ覆ヒ再ビ四ヶ所ヲ針金ニテ縛結」した。

この箒の「特徴」については「本箒草箒ニ比シ使用年限長シ即チ普通草箒ナレバ二寸ヲ消耗セバ使用不可能ナルモ、本箒ハ結目マデモ使用シ得ベシ」とある。「草箒」については本節5で詳述するが、それより丈夫で長持ちする点が人気をよび、製造に従事していたのは一戸のみでありながらも年間八〇〇〇本を生産したという。販路は「静岡、東京、横浜、其他生産地付近」に及んだ。

同書の前年、一九一六（大正五）年九月に発行された雑誌『農業世界』には「かうやばうきの採集及利用法」と題した記事がある。そこには「静岡県周智郡森町の鈴木式高砂箒と唱ふるものは、則ちこの樹を以て製作したるものであつて、一本五銭位で売買されて居る」という記述も見られることから、森町産の高野箒は商品としての認知度をある程度獲得していたものと想像される。

この市販の箒がいつごろまで流通していたのかは不明であるが、一方で高野箒は京都・伏見の酒造りを支える道具として長く使用されていた。(12) 醪桶《もろみおけ》から醪《もろみ》の泡を拭い取る工程で箒が用いられるが、その素材として高野箒が最適なのだという。詳しくは第3節1「仕事と箒」を参照されたい。

注と引用文献

（1） 木村陽二郎 監修『図説 花と樹の事典』（柏書房、二〇〇五年）によれば、「玉箒」のほかにも、バイコウハグマ、メンド、ネンドといった別称や、ヘイノアタマ（静岡）、キジノス（三重）、ホーキクサ（和歌山）などの方言名をもつ。

（2）小島憲之・木下正俊・東野治之 校注『萬葉集④（全四冊。新編日本古典文学全集 9）』小学館、一九九六年、一五頁。
（3）本節1「目利箒」で、その実態を解明する一助としてコウヤボウキの方言名を一覧にした。一五二頁表4を参照。
（4）小学館国語辞典編集部 編『日本国語大辞典（第2版）』（小学館、二〇〇六年）によれば、「玉箒」にはこれら四つの意のほか、さらに二つが挙げられている。一つは植物「はこねしだ（箱根羊歯）」の異名であり、もう一つは（現世の憂いを掃き払うことができることから）酒の異名である。
（5）木村陽二郎 監修『図説 花と樹の事典』柏書房、二〇〇五年、一七四頁。
（6）和歌山県神職取締所『紀伊続風土記 第五輯』帝国地方行政学会出版部、一九一一年、高野山之部、巻之五十八、三二二頁。
（7）同前書、総分方巻之二、一八頁。
（8）金剛峯寺山林部『共利群生のもりをめざして』第7号（二〇一五年）では「禁植有利竹木」について「便利だからといってさまざまな木を植えると里山と呼ばれる低木林となり」「これでは聖地の森厳さを表現することはできません」と説明している。また「禁竹箒」については「竹は神が宿る神聖な植物であるため使用を禁じた」という説もあることを紹介し、真相は明らかでないとしている。
（9）「参道にコウヤボウキ咲く／和歌山県・高野山」『SHIKOKU NEWS（四国新聞社ＷＥＢサイト）』二〇〇三年一〇月一五日（二〇一九年三月一〇日閲覧）。
（10）「高野の花たち（47）花言葉は働き者」『高野山麓 橋本新聞（ＷＥＢサイト）』二〇一五年九月二九日（二〇一九年三月一一日閲覧）。
（11）上福岡市立歴史民俗資料館『第九回特別展 ほうきの文化――序章』上福岡市立歴史民俗資料館、一九九二年、一三頁。
（12）永井かな「コウヤボウキと酒倉」『植物分類、地理』第17巻第1号、一九五七年、三二頁。

[4] 藁　箒

広範囲に及ぶ用途

稲藁でつくった箒を藁箒という。日本において藁が広く利用されるようになったのは、稲の収穫方法が「穂刈」から「根刈」に変化した七〜八世紀頃と推定されている[1]。日本における実物最古級の藁箒として平城宮の遺物が知られているが[2]、これは藁の利用が始まって間もない時期から箒の素材に選ばれていた事実を示すものである。

柔軟で加工しやすく、保温性や保湿性に富んでいる藁はさまざまな道具の素材として重宝され、さらには、肥料や飼料、燃料としても用いられた。副産物までも余すところなく利用する知恵と工夫が日本の米づくりを支えてきたといっても過言ではなく、藁箒はこうしたエコロジカルな稲作文化の所産として位置づけられる。

また、藁箒の大きな特徴として、神棚、便所、囲炉裏や竈など、神が宿るとされた場所の掃除に多用された点が挙げられる。それは、「魔を払い、幸運を呼ぶ呪力」[3]が藁に秘められていると信じられていたからであり、葬式の後に藁箒で部屋を掃いたり、妊婦が安産を願い藁箒で便所掃除をしたりする風習がみられるのも同じ理由による。地域によっては、座敷や土間の掃除にも藁箒が用いられた（一一二〜一二五頁、第1節表2参照）。

材料を大量かつ容易に調達することが可能な藁箒は、さまざまな生業の道具としても欠かせないものであった。井原西鶴の『日本永代蔵』にみえる筒《つつ》落《お》箒もその一つである。江戸時代に行われた「刺《さし》米《まい》」という品質検査の折、貧窮者が掃除の名目でこぼれ落ちた米を掃き集めることは黙認されていたといい、そのために使われたのが藁のミゴ（稈《かん》とよばれる稲の茎の芯）でつくられた筒落箒であった。この箒は貧乏を招くとして世間では嫌われたというが、西鶴は積もり積もった筒落米で財をなした母と息子を描き出す。一家は筒落箒を家宝とし、これを乾（西北の方角を指し、天や君主などの象徴）の隅に置いていた。『摂津名所図会』（一七九六〜一七九八年）の「米仲衆・中衆・仲仕」には、大坂・中ノ島の蔵屋敷前で筒落米を掃き集める女たちの姿が描かれている（図18）。

後に、筒落箒はミゴ箒全般の代名詞ともなったようである。江戸後期の風俗習慣や歌舞音曲などについて書かれた随筆『嬉遊笑覧』（喜多村信節、一八三〇年）には「今のにご箒をつつお箒といへり(4)」という記述が見える。「にご」はミゴと同義である。

図18　『摂津名所図会』（部分）に見える筒落箒。蔵屋敷へ船が着き、仲衆らが積み上げた米俵の前に、筒落箒を使う女が３人見える（提供：国文学研究資料館）

生産現場では、筒落箒のほかにもさまざまなミゴ箒が用いられた。繭から生糸を引き出すための「索《さく》緒《ちょ》箒」、漉いた紙を干し板に貼り付けるための「紙つけ箒」（「紙張り箒」などともいう）など、枚挙に暇がない。これらについては第3節①「仕事の箒」を参照されたい。

掃除道具として、また仕事道具や習俗の道具として広く利用された藁箒であるが、その材料となる藁は、はかま（葉）を落としただけの「すぐり藁」と、ミゴ（稈心／実梗／実子、稭《しべ》・苆《すべ》・抜穂《ぬきほ》などともいう）に大別される。宮崎清著『藁Ⅰ』によれば、すぐり藁はある程度の固さが要求される品目に用いられ、細いながらも強くて光沢があるミゴは外観の美しさや堅牢性を必要とする藁工品の材料とされた。

同書が取り上げている滋賀県朽木《くつき》地方の事例から、箒におけるそれらの使い分けを見ると、すぐり藁を束ねただけの「クビククリ箒」は下箒ともいわれ、戸内の土間や板間を掃くのに用いられた。一方、ミゴを素材とした「スベ箒」は上箒ともよばれ、畳間、板間、神棚などの上掃き用とされた。また、囲炉裏周りの掃除に欠かせなかったスベ箒は「囲炉裏箒」ともよばれたという。これは竈《かまど》を清めるのに用いられた荒神箒の一種であろう。荒神とは竈を守り火を防ぐ神で、竈神ともいわれて火を使うところに祀られた。竈周りの掃除には主にミゴでつくった専用の小箒が用いられ、荒神箒とよばれて他の場所を掃くものとは区別された。

「神田箒」と「祇園箒」

ミゴ箒の多くは滋賀県朽木地方の「スベ箒」と同様、「スボ箒」「ニゴ箒」など、それぞれの地方名でもよばれた。稲作地帯ではどこでも当たり前に自製されていたミゴ箒であるが、江戸時代には「神田箒」などの特産品も現れた。
江戸中期の儒学者であり易学者としても名高い新井白蛾は、随筆『牛馬問』（一七五六・宝暦五年）において、「神田箒」を次のように説明している。

江戸にては筵《わらしべ》を以て拵へたる銀杏の葉の形《なり》に似たる帚《はうき》有是を売を聞《きく》にカンダバウキと呼なり江戸に神田《かんだ》といふ所あれは皆人神田より作り出すものとおもへり編《あん》た帚の訛なり

「神田箒」については『牛馬問』の五年前に刊行された『再訂江戸総鹿子新増大全』（奥村玉華子、一七五一年）にも以下の記述がみえる。同書は、江戸の名所・名物・名店のガイドブックとして大人気を博した『江戸鹿子』（藤田理兵衛、一六八七・貞享四年）の全面改定版である。

いにしへは神田にて作りしゆへ此名ある由今〇《寛延》は今戸端芝辺にて作るといへども猶神田ぼうきと云(5)

右の二つの文献から「神田箒」の特徴を整理すると、次のようになる。

①「銀杏の葉の形」をしたミゴ箒である。
②製造工程に、「編む」という技法が取り入れられている。
③出現時期は、寛延年間（一七四八〜一七五一）よりもだいぶ前であるらしい。

④寛延年間には、今戸（現・台東区）や芝（現・港区）の周辺でつくられている。
⑤名前の由来は、（ア）＝「神田」で発祥したからとする説と、（イ）＝技法の「編んだ」が訛ったとみる説の二つがある。

管見の限りでは「神田箒」を描いた絵画資料が見当たらず、その具体的な形状は詳らかでないが、「銀杏の葉の形」のように穂先が大きく広がったミゴ箒は各地に実物が遺されている（図19）。ただ、これらのミゴ箒には「編む」という工程が見られない。一方、昭和初期に福岡県で刊行された『長沼翁藁細工・接木の研究』（夜須村青年会本部、一九二七年）には、最後にミゴを「編んで」始末した「銀杏の葉の形」の箒の製法が解説されている。こちらも箒の穂先そのものを編んでいるわけではなく、果たして「編んだ箒」といえるのかは疑問であるが、「神田箒」の実態を解明する上での手がかりにはなるかもしれない。

ご当地名物のミゴ箒をもうひとつ紹介すると、「祇園《ぎおん》箒」は「江戸時代、京都の名物であった」という。[6] 井原西鶴の浮世草子『好色二代男』（『初艶大鑑』）に「祇園箒の跡までも、心の奇麗なる事ばかりあらはし」[7] とあるほか、俳諧論書『毛吹草』（松江重頼、一六四五年）の「山城　畿内」に

図19　銀杏形のミゴ箒。新潟県佐渡郡小木町（武蔵野美術大学美術館・図書館 民俗資料室蔵）

も「藁箒《シベハ、キ》」が見える。同書には諸国の産物が多数収められており、藁箒は風車や茶屋豆腐、甘餅《アンモチ》とともに祇園名物に数えられている。

ミゴ箒の形態

ミゴ箒の多くは、柄のない小箒か、あるいは穂と柄が同素材のトモエ（共柄／巴）箒として製された。その典型的な形状は、江戸前期の類書『訓蒙図彙』（中村惕斎著、一六六六年刊）に描かれたものである（図20）。穂を少しずつ継ぎ足しつつ束ねていくことで柄が斜行するように工夫されたこの形は、一四世紀の中国元代に刊行された王禎『農書』の「農器図譜」や明代の『三才図会』（図21）と同形である。

この基本形のほかにも、用途に応じた形状のミゴ箒が各地でつくられた。たとえば、一八七二（明治五）年に滋賀県勧業課がまとめた甲賀郡小佐治村・隠岐村・神保村（現・甲賀市）の「抜穂細工取調書」（『近江国六郡物産図説』所収）を見ると、長箒・茶箒・莨《たばこ》平箒・莨砂払箒・莨水箒という五種類のミゴ箒がつくられている（口絵⑼～⑾頁図版Ⓐ～Ⓙ参照）。ここでいう「長箒」はトモエ箒を指し、他は小箒であるが、特産のたばこ製造用だけでも三種類をつくり分けているのである。

さらには、竹などの柄が別付けされたミゴ箒もつくられた。よく知られているのは、室町時代に描か

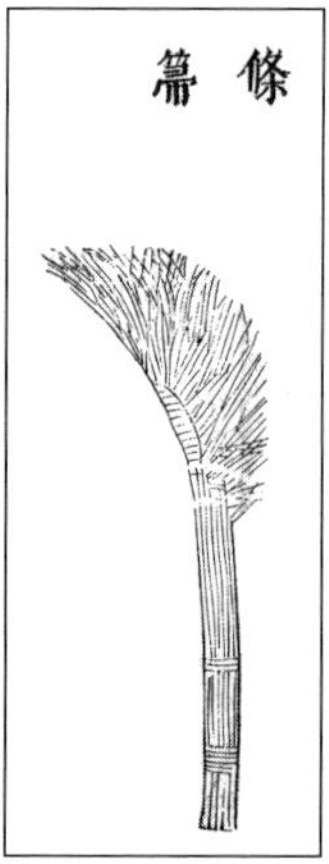

右：図20　『訓蒙図彙』に見える條帚（藁箒）。本文に「條帚わらばゝき」とある（国立国会図書館蔵）
左／図21　『三才図会』に見える條箒（藁箒）。（国立国会図書館蔵）

れた『三十二番職人歌合』(一四九四年)で、十一番「庭掃」が手にしている長柄箒である(図22)。この箒の素材が藁のミゴであると特定しうる根拠は、「述懐」の題で詠まれた歌にある。

すてやらむ世をばいかにかすべはゞき　はらふも庭のちりの身ながら

「いかにかすべき」と「すべ箒」を掛けている第三句から、これがミゴ箒と特定できるわけである。こうした長柄のミゴ箒は昭和初期においても一部地域で自製されており、先の『長沼翁藁細工・接木の研究』にはその製法も記されている。

幻の藁箒

明治末から大正時代において、疲弊した農村経済の立て直しに向けてさまざまな副業が奨励されたことは先述した通りである。なかでも藁工品は主力商品として位置づけられており、一九二〇(大正九)年に農商務省農務局が行った「藁工品ニ関スル調査」では①縄、②履物、③筵《むしろ》、④俵、⑤叺《かます》(一九一七年産額順)が「主要藁工品」とされている。藁箒はその範疇外であり、総生産額や

図22 『三十二番職人歌合』に描かれた「庭掃」が持つ「すべ箒」(国立国会図書館蔵)

表6　1917（大正6）年における藁箒の生産状況

順位（価額）	県名	名称	用途	価額（円）	数量	単位	備考
1	岡山	箒	掃除用	31,521	1,049,700	本	
2	石川	実子箒	掃除用	11,879	384,778	本	
3	佐賀	莚箒	掃除用	10,552	674,767	本	一部機械化
4	愛知	箒	掃除用、製糸用	10,461	435,650	本	製糸用ハ求緒箒ト云フ
5	滋賀	抜穂箒	掃除用、洗用、製茶用、製糸用	9,400	135,589	本	
6	栃木	稈蕊箒	台所用、臼場用、製茶用、糊付用	8,713	509,000	本	
7	奈良	稭箒	掃除用	4,900	560,000	箇	
8	福井	手箒	掃除用	3,240	98,300	本	
9	沖縄	箒	掃除用	2,305	23,534	本	
10	群馬	箒	掃除用	1,942	60,494	本	
11	高知	箒	掃除用	405	12,500	箇	
12	神奈川	莚箒	掃除用	45	1,500	枚	
（参考）	富山	箒	室内掃除用	不明	不明		

＊農商務省農務局編『藁工品ニ関スル調査（副業参考資料（四））』（国産時報社、1920年）の「後編 地方別藁工品ノ状況」より作成。

総生産量は不明であるものの、同調査の「地方別藁工品ノ状況」から各地の生産状況がうかがえる。藁箒についての記述が見られる一三県の価額及び数量は表6の通りである。

第一位の岡山県の年産額が突出しているのは、同県南西部に位置する鴨方町（現・浅口市）の「深田箒」（「備中箒」「鴨方箒」などともいう）とよばれる特産品が「藁箒」に繰り込まれているからであろう。これは「シベとモロコシを原料とした草箒」で、「畳を掃くのに使用された」という[8]。この「シベ」とは藁ミゴであり、「モロコシ」は「タカキビ」や「コーリャン」の別名をもつイネ科一年草を指す[9]。通常、箒の穂先は単一素材でつくられ、このような混合型は珍しい。

『鴨方町史 民俗編』（一九八五年）によれば、深田箒は用途・材料・製法により七種類に分けられ、座敷箒のほかに庭箒も存在したという。庭用には「シベ」ではなく「殻のついたわら」が用いられた。同書にはこれらの価格も記されているので、販売用としてつくられていたことがわかる。大正から昭和二〇年代頃までは、座敷用の「チャボ」、庭用の「天切」という型がよく生産され、製造面では後者の方が「より高度な技術と体力が求められた」[10]とのことである。

一九二六（大正一五）年に刊行された『全国副業品取引便覧』（日本産業協会）は、深田箒を「備中箒」の名で次のように説明している。

備中箒　年産額　五万円

備中浅口郡鴨方村大字深田に産し、明治初年一老人の製作販売に端を発し、深田箒、鴨方箒と称し、逐次発展して今日は備中の箒名称を得るに至つた。阪神より関門に至る都市にて之が使用を見ざる所はない。福山市に於ける工場生産の棕櫚模造製手箒の為め競争あれども、克く困難に打勝ちて名声を博するに至つた。

生産者　浅口郡鴨方町大字深田　備中物産信用購買販売利用組合

深田箒の起源について、『鴨方町史 本編』は右と異なる見方を示している。同書が説く説は二つあり、ひとつは江戸末期に吉川六三郎・坂十郎親子が江戸から製法を伝えたというものである。そのため、深田箒は父子の名をとり「六坂箒」「ろくさか」とよばれていたという。もうひとつは、天保年間に六部（六十六部の略称。法華経を六六回書写し、諸国六六カ所の霊場に一部ずつ納めて歩いた巡礼者）により伝えられたとする説である。

これらの真偽は不明であるが、深田箒の製造本数は明治一〇年代にはすでに年間二万数千本に及び、一九一二（大正元）年には一六五万本にまで到達した。一九二六（大正一五）年時の年産額五万円という数字は、箒全体でも第一〇位に位置する（一〇四〜一〇六頁、第1節表1参照）。

しかし、深田箒が盛んに製造されたのは昭和二〇年代までで、高度経済成長期以前に早くも途絶えてしまったようである。おそらく、昭和戦後期の急速な雑穀離れによりモロコシが調達できなくなったことが衰退を招いたと考えられるが、詳しい理由はわからない。「阪神より関門に至る都市にて之が使用を見ざる所はない」とまで謳われた深田箒をめぐる記録は乏しく、また人びとの記憶からも消え去って、いわば「幻の箒」となってしまったのである。

松本清張が売った藁箒

ミゴ箒は藁箒の中でも上質であり、囲炉裏や神棚、座敷といった神聖な場所の掃除に用いられたことは先述した通りである。だが、シュロやホウキモロコシを素材とする長柄箒が普及するにつれて、座敷箒としての地位は次第に低下していった。

ところが、太平洋戦争中、シュロの軍需利用やホウキモロコシの作付統制が行われたことにより、敗戦直後は藁ミゴを素材とした座敷箒が重用された。その仲買を副業にして一家七人の生活を支えたのが作家の松本清張である。清張は戦中、福岡県小倉市（現・北九州市）にあった朝日新聞西部本社広告部に入社し版下製作を担当していたが、出征先の朝鮮から復員した後もしばらくは仕事がなかった。そんな折、妻子が疎開していた佐賀県神埼町《かんざき》（現・神埼市）を訪れると、どの農家も藁箒づくりに励んでいたという。当時を克明に回想している著書『半生の記』には「竹柄の長い箒よりも手箒が多く、それが座敷の中に堆《うずたか》く積まれていた」(11)と記されている。

箒の出回っていない小倉でこれを売ろうと思い立った清張は、二本買い求めて荒物屋へ持ち込んだ。以後、門司や八幡、さらには新聞社の「買い出し休暇」を使って、広島、大阪、京都、大津まで足を延ばすようになる。以下、清張が広島の雑貨問屋を訪れた際の店主との会話を引用しよう。

私がリュックの中から箒を取り出して見せると、彼は竹の柄を握って、二、三度表と裏とを打ち返して眺め、「こねえなものでも無いよりはましよのう」（中略）

「なんよのう、戦争前は岡山のほうから黍の箒が入って来よったが、それがまた出るまでは、まあ、こねえなもんでも辛抱せにゃいけんかのう」

彼は値切りもせずに、何梱でもいいから送ってくれと言った。

店主のいう「黍の箒」がホウキモロコシ製の蜀黍箒を指すのか、あるいは先述した藁シベ（ミゴ）とモロコシによる深田箒を指すのかは判然としない。詳しくは蜀黍箒の項で述べるが、西日本ではホウキモロコシを「ホウキキビ」という地方が多く、その箒は「黍箒」と称される。一方、深田箒の材料は藁シベよりもモロコシの分量が上回り、またモロコシを「キビ」ということから、これを「黍の箒」とよんでもおかしくはない。実際、日本産業協会編『中国の副業』（日本産業協会、一九二八年）の「岡山県の巻」では深田箒のみを取り上げている。いずれにしてもこの時期、座敷箒は圧倒的に不足しており、仲買業は清張の狙い通りに繁盛した。産地の神埼でも、副業の域を超えて箒づくりに勤しむ農家が現れるほどであったという。当時の様子を、再び『半生の記』から引用しよう。

箒の材料は、藁を木槌で叩いて中の芯を抜き、水に晒して天日に乾かす。この地方ではそれをスボと言った。広島地方では藁シベという。スボを集めるために、箒造りの家では一家が全部出て近隣の農家を回る。箒が売れるにつれてスボが不足し、生産値段が騰《あが》った。各地で箒が売れると分って、新しい仲買いもふえてきた。私の扱う品も次第に利幅が狭くなってきた。

この頃、藁シベ以上に不足していたのは針金と柄竹であった。とりわけ針金は払底しており、清張は小倉製鋼（現・日本製鉄）に出入りしている男から不合格品を譲り受けるなど調達に奔走する。一方の竹は、汽車で片道約三時間の大分県豊後高田市から仕入れてきた。

副業としてはかなりの本格展開であったが、清張は一九四八（昭和二三）年の春を限りに箒の仲買を廃業した。問屋の支払いが戦前通りに小切手や手形になって不渡りも出るようになったこと、また昔と同じ「黍箒」が阪神地方に出回り、貧弱な藁箒は太刀打ちできなくなったこと、さらには逼迫していた食糧事情がやや落ち着いて「買い出し休暇」が認められなくなったことがその理由であった。

本業一本の生活に戻った清張はその三年後、懸賞小説に応募してデビューのチャンスをつかむわけだが、遅咲きの作家として世に出るまでを回顧した同書は、戦後間もなくの箒事情を記した貴重な資料でもある。

注と引用文献

(1) 宮崎清『藁I(ものと人間の文化史55-I)』法政大学出版局、一九八五年、四頁。
(2) 奈良国立文化財研究所『平城宮発掘調査報告 Ⅶ(奈良国立文化財研究所学報 第二十六冊)』奈良国立文化財研究所、一九七六年、一三二頁。同報告書によれば、この藁箒は箒先のみが残存し、基を紐で固定した形跡があるという。保存が悪く、柄の有無など詳細は不明である。
(3) 佐藤健一郎・田村善治郎『藁の力——民具の心と形』淡交社、一九九六年、一三—一四頁。
(4) 喜多村筠庭『嬉遊笑覧(三)(岩波文庫)』岩波書店、二〇〇四年、四六三頁。
(5) 翻刻は国文学研究資料館「古事類苑データベース」(器用部十二「家什具」七二二頁)を参照した。http://shinku.nichibun.ac.jp/kojiruien/html/kiyo_1/kiyo_1_0657.html(二〇一九年六月一日閲覧)
(6) 日本国語大辞典第二版編集委員会、小学館国語辞典編集部 編『日本国語大辞典 第二版 第3巻』小学館、二〇〇一年、一四六二頁。
(7) 井原西鶴 著、藤村作 校『西鶴全集 前篇(帝国文庫 第二十篇)』博文館、一九三〇年、一一五頁。
(8) 鴨方町史編纂委員会 編『鴨方町史 本編』鴨方町、一九九〇年、七八〇頁。
(9) 鴨方町史編纂委員会 編『鴨方町史 民俗編』鴨方町、一九八五年、二三九頁。
(10) 同前、二四一頁。
(11) 松本清張『半生の記(新潮文庫)』新潮社、一九七〇年、一三三頁。

5 草箒

「草箒」とは実に曖昧で厄介な言葉である。狭義ではヒユ科一年草のホウキギ(1)でつくられた箒を指し、広義では「ホウキグサ・ササ・アカモロコシ・カヤ・ソテツ葉、稲藁や柴木などを束ねた箒(2)」の総称とされる。そのため、説明がない限りは何の「草」なのかが特定できないのである。

さらに、素材の代表格とされる「ホウキグサ（箒草）」なるものの存在が、「草箒」のわかりにくさに拍車をかけている。なぜなら、植物分類学上「ホウキグサ」という標準和名は存在せず、いくつもの植物の別名ないしは地方名として用いられているからである。ヒユ科一年草のホウキギを「ホウキグサ」という例が比較的多く見られるが、イネ科一年草のホウキモロコシやキク科落葉小低木のコウヤボウキを「ホウキグサ」とよんでいる地域も少なくない(3)。よって、それが標準和名の何に当たるかは個別の判断とならざるを得ないわけだが、検討する手がかりが見当たらないことも多いのである。

以下はこうした前提を踏まえて素材の種類にも目配りしつつ、「草箒」の諸相を明らかにしようとするものである。

平城宮の草箒

平城宮跡の内裏北外郭にある土坑から二本の「草箒」が出土したのは一九六三（昭和三八）年のことである（『平城宮発掘調査報告 VII』。以下『報告 VII』。図23）。同時に藁箒一本も発掘されたが、いずれも穂先は滅失しているという。
発掘場所は、開口部が約四メートル四方、深さ約二・三メートル、底面は約三メートル四方という大きな土坑である。土器や瓦、曲物、檜扇、木簡、植物の種なども一緒に見つかっており、これらはみなゴミとして七四七（天平一九）年頃に捨てられたことが判明している。その出土状況から、これらの箒は祭祀具ではなく掃除道具として用いられたものと考えられている。[4] 平城宮跡では、さらに二〇〇八（平成二〇）年にも東部に位置する官庁街（東方官衙《かんが》地区）から「草箒」一本が出土している。[5]

『報告Ⅶ』は「草箒」の素材を単に「ホウキグサ」であるとしか述べていないため、標準和名は不明である。「草箒」としては国内最古級でありながら本質に迫れないのは何とも歯がゆい限りだが、その実測図には製法を推察する上での重要なヒントが隠されており、大いに興味をそそられる。見どころは柄の形状である。

三本の「草箒」のうち、柄をもつものは、内裏北外郭から出土した全長約三六センチの一本のみである（図23左）。その柄は割材からつくられた直径一・八センチの丸柄だが、図を見ると、穂先を装着する柄元の先が鋭く尖っている。『報告Ⅶ』の本文では「一端を尖らしホウキグサの箒先をまといつけ、蔓でしばって固定する」と説明さ

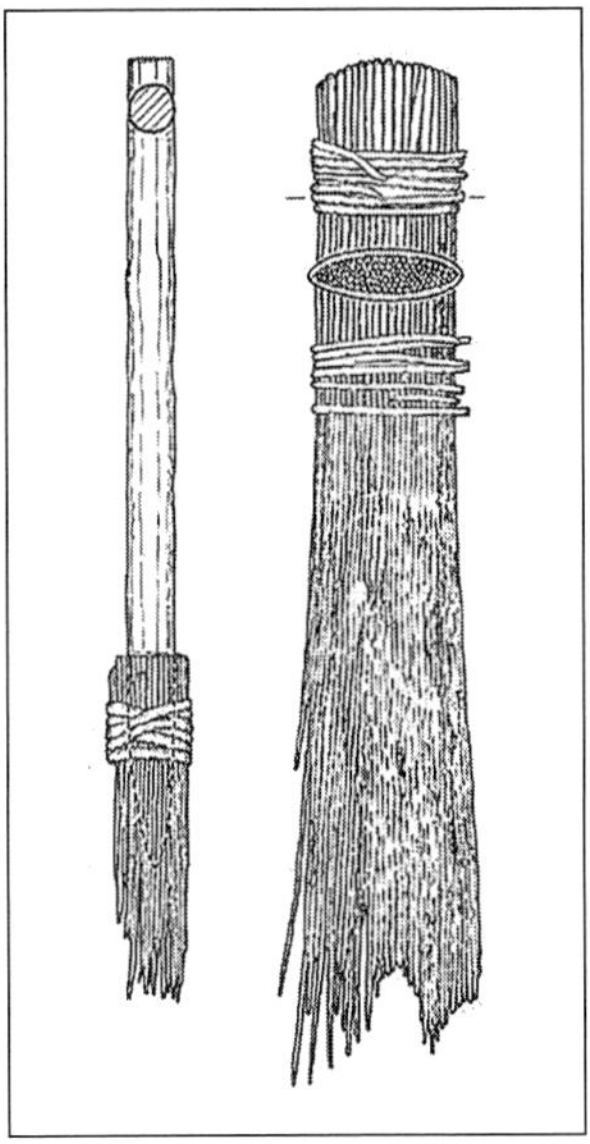

図23　平城宮跡から1963（昭和38）年に出土した2本の草箒（出典：『平城宮発掘調査報告Ⅶ』、提供：奈良文化財研究所）

れており、①柄の一端を尖らせる→②その周囲に穂先をまとわせる→③穂先を蔓で縛って固定する、の順で製したものと解釈されている。だが、この製法では先に柄を尖らせる合理的理由が見当たらない。

そこで思い浮かぶのが、広義の「草箒」に含まれる「蜀黍《もろこし》箒」の製法である。イネ科一年草のホウキモロコシを素材とするこの箒の製造工程については本節7で詳しく触れるが、大まかな手順としては、まず穂先を束ねて編み上げた後に、先を尖らせた柄竹を差し込んで完成させる。柄を後から差し込む工法は穂先との密着度を高めるため、緩みが生じにくい。柄の一端を削るのは、束ねた穂先のわずかな隙間から徐々に差し込んでいくための工夫である。ちなみに、穂先を柄に巻き付けていく竹箒などでは、柄元を尖らせることはなく、『報告Ⅶ』がいう②→③の工程はいずれにしても不自然である。

このように柄を後から差し込む製法は、遅くとも室町時代には確立していたと考えられる。第1節で述べた通り、一六〇三（慶長八）年から翌年にかけて長崎で刊行された『日葡辞書』に、「柄差箒〈エサシバウキ〉」という語が見られるためである。平城宮の「草箒」の柄は、それが奈良時代まで遡る可能性を示しているのである。

また、この柄付きの「草箒」と、東方官衙地区の柄のない「草箒」には、いずれも穂先の基端を最後に切り揃えた跡がある。(6) 新堂遺跡（奈良県橿原市）から発掘された日本最古の「帚」にこうした整形作業が行われた痕跡はなく、約三〇〇年の間に道具としての完成度が高まっている点でも興味深い。

ホウキギによる草箒

次に、ヒユ科一年草のホウキギを素材とした狭義の「草箒」について見ていこう。

ユーラシア大陸原産のホウキギは、古く中国を経て渡来した栽培植物である。こぼれ種からもよく発芽するため、自生していることも珍しくない。草丈は一メートルほどでよく分枝することから、乾かして葉を落とせばそのまま箒として使用できる。また、若い枝先は食用とされ、煎じた果実は強壮・利尿薬となる。秋田県大館地方では、果実を加熱加工した特産品「とんぶり」の原料ともされている。このように多用途の有用植物であることから、かつては庭先や畑の隅にホウキギを植えている家が多かった。「庭草」という古名をもつ所以である。

ホウキギが「ホウキグサ」の名でしばしばよばれることは先述した通りであるが、漢籍などでは漢名の「地膚〈ちふ／じふ〉（その実は地膚子《じふし》）」が用いられる。江戸時代の本草書などでは「地膚」の箒への利用についてしばしば言及されているが、この場合は素材がホウキギであることが明らかなので、「草箒」を検討する上では大きな助けとなる。

種々の本草書に見られるのは、ホウキギの一品種である「南蛮箒」は箒に適さないという指摘である。貝原益軒が編纂した『大和本草』（一七〇九年）の「地膚（ハ、キギ）」の項によると、この品種は幹がなく、枝が根本から多く叢生し美しいが、「帚ヨハクシテ久ニ不レ堪、常ノ帚ニヲトレリ、食スルニヨシ」と述べている。江戸中期に出版された日本最古の農書『農業全書』（宮崎安貞著、一六七九・元禄一〇年）でも、「茎枝細くしげきは、しなやかにしてよけれども、茎よはくして、荒筵などをはくにはあしゝ」といい、この「南蛮箒」と在来種の両方を植えて共に用いるのがよいとしている。

このホウキギを草箒にするときは、根ごと引き抜いて干し、乾いたところで葉や実を落とす。最も単純な製法は、枝がすぼまるように一株あるいは数株を束ねるだけというもので、幹はそのまま柄となる。

大森貝塚の発見で知られるE・S・モースが日本滞在中の一八八二（明治一五）年に収集した「草箒」はまさにこの形状で、中央の一カ所を紐状のもので束ねている。全長五〇センチ、幅八センチの大きさであり、品名は「庭箒」となっている[7]。

図24 『和漢三才図会』に描かれた「草帚」（国立国会図書館蔵）

江戸中期に編纂された『和漢三才図会』（一七一二年成立）にみる草箒は、もう少し手の込んだつくりとなっている（図24）。穂は先の方から少しずつ継ぎ足され、結束部分は約一〇カ所にも及ぶ。これは前項④でも述べたように柄を自然と傾かせて掃きやすくするための工夫である。この製法による箒はさまざまな素材で見られ、鶏冠に似た形状から「トサカ」とも称される。

この草箒がホウキギによるものであるとわかるのは、「竹枝黍地膚草可以掃庭砌[8]」（竹枝・黍・地膚草《ほうきぎ》のものはこれで庭砌を掃く）と書かれているからで、「庭砌」が庭を指すことは第1節でも述べた通りである。

草箒の特産地・東京

江戸後期における三都の風俗を比較考証した『守貞謾稿』には「草帚売り」の項があり、次のように書かれている。

> は丶きと云ふ草をもつて造る。江戸にてこれを売ること、竹帚と同じく荒物店以下これを並べ売る。

京坂は荒物にもこれを売らず。いはんや担ひ売り専らにこれなし。かの地これを用ふは醸酒戸・醸醤戸等のみ。けだし酒醤ともこれを製す家、各巨戸故に、多くは累地にはゝきを植ゑてこれを用ふ。故に売物にこれなし。

また、挿絵（図25）には「竹帚、草帚ト兼ネ売ス　今各片箕ヲ図スハ略ノミ」とも付記されている。本文では「草帚」の素材について「はゝきと云ふ草」と表現しており、例によって具体性を欠くのであるが、造り酒屋はホウキギで自家製の醪《もろみ》箒をつくることが知られている(9)。また、挿絵を見てもホウキギである可能性は少なくないと考えるが、推測の域を出ない。

ここで注目したいのは「草箒」の販売方法である。文中に「竹帚と同じく」とあるので同書の「竹帚売り」の項を参照すると、「江戸は荒物店および番太郎にもこれを売る」と書かれている。前述したように、「番太郎」とは「番太郎小屋」の略で「番小屋」ともいい、町内の警備や雑務にあたる「番太（郎）」が住んでいた。この小屋は町々に設けられていた木戸口にあり、そこでは小商いも行われていたという。売り物は草履・草鞋・鼻紙・蠟燭・駄菓子・箒などであり、具体的には竹箒や「草箒」が並んでいたというわけである。

番太郎小屋の商品構成を見てもわかるように、「草箒」は一種の消耗品として扱われていた。挿絵の但し書きによれば、番太郎小屋や荒物屋での店売りに加えて担い売りもされていたことになり、江戸市中では相

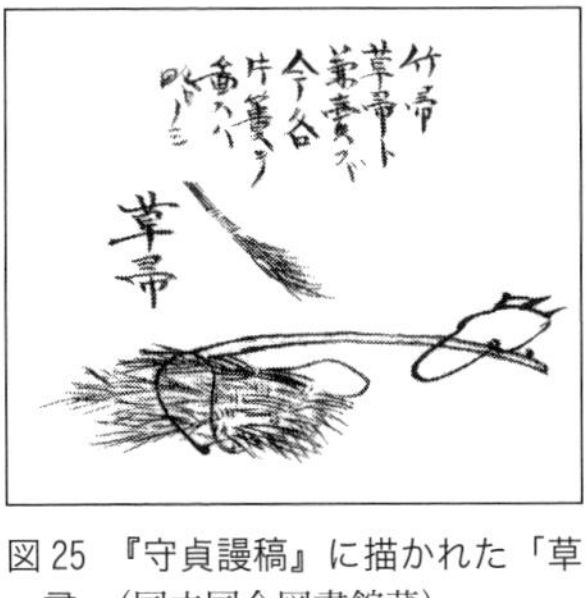

図25『守貞謾稿』に描かれた「草帚」（国立国会図書館蔵）

当量が流通していたといえよう。

その生産にあたっていたのは近郊の農村である。東京都練馬区の『練馬区史』によると、江戸中期頃から貨幣経済が近郊農村にも広がりを見せる中、「草箒」は「江戸北西部の農村の副業として重要なものであった」という。[10]一八三六（天保七）年には、「草箒」の直売が禁じられたことをめぐり、武州豊嶋郡・多摩郡四十八カ村が御用商人の請負人を相手取り訴訟を起こす事態にまで発展している。

「草箒」は明治以降も東京北西部の重要な産品であり続けた。一八七二（明治五）年から七四（明治七）年にかけて編纂された『東京府志料』では各町村の「物産」が調査項目の一つとなっており、上沼袋村（現・中野区）に「草箒　二〇荷　二五円」の記録が見える。[11]これは一八七二（明治五）年の生産高および生産額を示したもので、二五円という金額は同村の産品全二八品目のうち第九位に相当する。

天保期に練馬地方で起こった「草箒一件」の史料や『東京府志料』における上沼袋村の記録は、ご多分に漏れず「草箒」の素材には言及していないが、『明治十年内国勧業博覧会出品目録』はそれを明記した貴重な資料である。同博覧会は、日本が国家として初めて公式に参加した一八七三（明治六）年のウィーン万国博覧会を参考に殖産興業政策の一環として開催されたものだが、日本各地の物産調査を兼ねていた。

この博覧会に東京府から「草箒」を出品した者は二名おり、品名に続く材料名はいずれも「地膚草」と記載されている。つまり、ホウキギであることが明らかにされているのである。また、出品人の居住地および産地は、それぞれ「成宗村」（現・杉並区）と「柏木鳴子町」（現・新宿区の北新宿から西新宿にかけての一帯）と記されており、いずれも東京府の北西部に位置している。これらを勘案すれば、東京近辺で江戸時代から製造・販売されていた「草箒」とは、ホウキギを素材とするものを指す可能性が高い。

ただし、『関東の副業』（日本産業協会編、一九二八年）所収の「東京府の巻」のように、「草箒」に関する記述が途中からホウキモロコシ製の蜀黍箒に変わっているような例もある。豊多摩郡高井戸町（現・杉並区）や北多摩郡武蔵野村（現・武蔵野市）に関するくだりはホウキギの草箒と思われるのだが、北豊島郡上練馬村（現・練馬区）の話では、同地で蜀黍箒製造業を興した増田家について述べている（本節7「蜀黍箒」参照）。練馬ではホウキギの草箒も製造していたため取り違えたものと思われるが、こうした「草箒」をめぐる混乱は同書に限ったものではなく、注意が必要である。

それはさておき、東京における「草箒」の生産は大正期に入っても盛んに行われていたようである。郊外論の先駆的研究書として知られる『帝都と近郊』（小田内通敏著、一九一八年）には「武蔵野・三鷹・高井戸・井荻諸村に産する草箒の製作は、農家が秋より冬にかけ農閑を利用して従事し、秋より春にかけて市内に販出するを常とす」という記述が見える。(12)「武蔵野」「三鷹」は現・武蔵野市と現・三鷹市、「高井戸」「井荻」はともに現・杉並区であり、産地は西郊へと移りつつあったようである。同書には「草箒」を積んだ荷車が東京市内へ向かう写真も掲載されている（次頁図26）。

一九二六（大正一五）年に刊行された『全国副業品取引便覧』（日本産業協会編・発行）も東京府のページに特産品として「草箒」を挙げ、次のように記述している。

享保年間豊多摩郡井荻村に於て初めて栽培製造せられ、爾来普及して同郡高井戸村、野方村、北豊島郡石神井村、北多摩郡三鷹、武蔵野、清瀬、久留米、保谷、小平其他の町村に発達し今日に至つたのである。主なる販路は東京市、横浜市を初め近畿地方より北海道である。

右の「野方村」は現・中野区、「石神井村」は現・練馬区の一部であり、「久留米」は現・東久留米市、「保谷」は現・西東京市、「小平」は現・小平市を指す。これら東京府における「草箒」の年産額は「一二万円」とも記されているが、この金額は同書における全道府県・全種類の箒の中の第六位に相当する（一〇四頁、第1節表1Ⓐ参照）。「草箒」は廉価品であることから、都市住民の生活を支える消耗品として大量に出回っていたものと考えられるが、昭和初期には割の合わない仕事になりつつあったようである。『練馬区史』によると、「草箒は大泉・石神井（赤塚）・練馬・上練馬の町村で生産された」ものの、「いかに作業が

図26　草箒の出荷風景（『帝都と近郊』1918年より。国立国会図書館蔵）

簡単でも草箒の価格は非常に低額なものであるから、一般の農家の副業としては余り喜ばれなかったようで、これらの町村を合せても（昭和五年現在）二〇戸位が従事していただけであった」という[13]。

一方、この時期にはパーム（ヤシの実の繊維）やシダなどを素材とした機械製造による土間箒が出現しており、徐々に需要の陰りが見え始めていたのかもしれない。一九五一（昭和二六）年には「反当八万円の確実な収益　箒草の栽培と加工法」と題した記事が雑誌『農業世界』に掲載されたりもしているが、それは戦後の一時期に限られた話だったようである。

やがて時代とともに忘れ去られた「草箒」であるが、ホウキギ自体は意外な形で近年再び日の目を見ることとなった。卵形の草姿や秋の紅葉を楽しむための園芸植物として、一部の品種が市場に流通しているのである。ただ、それは「コキア」という新たな名でよばれており、元来はホウキギであったことを知らない向きも少なくない。箒はもちろん、食用・薬用として余すところなく利用されたこの有用植物は、観賞用という今日的役割を得て、今なお人々に親しまれている。

注と引用文献

(1) ホウキギはかつてアカザ科に分類されていたが、DNA解析によるAPG分類体系が一九九〇年代に発表され、ヒユ科に変更された。
(2) 岩井宏實 監修、工藤員功 編、中林啓治 作画『絵引 民具の事典』河出書房新社、二〇〇八年、二〇八頁。
(3)『日本植物方言集成』（八坂書房編、二〇〇一年）によれば、福島・和歌山・島根・広島・熊本・大分・鹿児島の各県の一部と岡山県ではヒユ科一年草のホウキギを「ほーきくさ」といい、茨城・栃木・埼玉・千葉・静岡・愛知・三重・奈良・和歌山・岡山・高知ではキク科落葉小低木のコウヤボウキを「ほーきぐさ」とよぶ。また、ホウキモロコシについても「箒草とはイネ科の一年草木であるホウキモロコシのことで」（鹿沼市史編さん委員会 編『鹿沼市史 通史編 近現代』、鹿沼市、二〇〇六年、二九一頁）といった記述が多数確認できる。
（4）独立行政法人国立文化財機構奈良文化財研究所『平成二七年度 平城宮跡資料館 夏のこども展示 平城京〝ごみ〟ずかん――ごみは宝』独立行政法人国立文化財機構奈良文化財研究所、二〇一五年、七頁。
（5）芝康次郎「平城宮東方官衙地区SK19189出土の木製品 第440次」『奈良文化財研究所紀要 二〇一四』奈良文化財研究所、二〇一四年、二〇三頁。
（6）柄のある草箒については、『報告Ⅶ』に「柄に箒先上端があたる部分に木理に直交する刃痕がのこり、箒先の着装後上端を切り揃えたことがわかる」（一三二頁）と記されている。東方官衙地区の柄のない草箒については、『奈良文化財研究所紀要 二〇一四』に「柄の基端は束ねたあとに角を取るように整形される」（二〇三頁）とある。
（7）小西四郎・田辺悟 構成『モース・コレクション／民具編 モースの見た日本』小学館、一九八八年（普及版初版第1刷、二〇〇五年）。
（8）島田勇雄・竹島淳夫・樋口元巳 訳注『和漢三才図会 5（東洋文庫 462）』平凡社、一九八六年（初版第2刷、一九八八年）、二八六頁。
（9）永井かな「コウヤボウキと酒倉」『植物分類、地理』第17巻1号、一九五七年、三二頁。
（10）東京都練馬区 編『練馬区史』東京都練馬区、一九五七年、四四二頁。
（11）東京都歴史文化財団東京都江戸東京博物館 編『「東京府志料」にみる明治初期の物産一覧』東京都歴史文化財団東京都江戸東京博物館、一九九九年、八七頁。
（12）小田内通敏『帝都と近郊』大倉研究所、一九一八年、一九八―一九九頁。
（13）東京都練馬区 編『練馬区史』東京都練馬区、一九五七年、六四四頁。

6 棕櫚箒

棕櫚皮箒と棕櫚葉箒

ヤシ科常緑高木のシュロを材料とする箒を棕櫚箒という。和棕櫚《わじゅろ》ともいわれるシュロの原産地は南九州または中国とされるが、ヤシ科の中では耐寒性が強く、東北地方まで植栽が可能であるといわれている。近縁種に、樹高も葉のサイズもやや小ぶりな唐棕櫚《とうじゅろ》がある。

棕櫚箒は、葉の基部に発達する網状の「棕櫚皮」（正しくは葉鞘）を穂先にするものと、葉を用いるものの二種類に大別される。貝原益軒が編纂した本草書『大和本草』（一七〇九年刊）の「棕櫚」の項には「皮毛ヲ帚トシ葉ヲモ帚トス」と記され[1]、また同時期の類書として知られる『和漢三才図会』ではその用途に言及している。以下に現代語訳を示そう。

棕櫚《しゅろ》の皮帚は筵席を掃く。棕櫚の葉、莎草《くぐ》、および稈心《しべ》の帚は下品のものである。

第1節4「用途による分類」でも述べたように、「筵席」とは、敷物や座席、転じて宴席の意であるから、棕櫚皮の箒は座敷箒として用いられていたことを示す。また、棕櫚葉の箒も同じ用途であるが、莎草[2]（ハマスゲの漢名）や藁シベの箒とともに安物と見られていたことがわかる。その後、座敷箒が普及する過程で棕櫚皮の箒への集約化が進み、棕櫚葉の箒は衰退を余儀なくされた。棕櫚葉の箒は茶席の飾り箒として今なお用いられているが、それについては第3節②「芸道の箒」で紹介する。今日、たんに棕櫚箒という場合は棕櫚皮の箒を指すことから、本稿でもこれを「棕櫚箒」と記し、その形態や歴史について見ていくこととしよう。

棕櫚箒の製法と構造

棕櫚箒には荒神箒ともよばれる柄のない小箒も見られるが、ここでは主たる用途の座敷箒を取り上げる。その製法は、棕櫚皮の扱い方により大きく二つに分けられる。一つは、丸めた棕櫚皮を連ねた後、穂先とする部分だけをほぐした箒で、「皮箒」とよばれる。もう一つは棕櫚皮をほぐして繊維状の「棕櫚毛」にした後に結う「毛箒」で、なかでも最上質の「鬼毛」のみを用いたものを「鬼毛箒」という（第1節「箒の名称と種類」図2参照）。片手用の手箒は「皮箒」が多く、両手で持つ長柄箒にはどちらのタイプも見られる。

棕櫚皮を構成する棕櫚毛は位置によって長さや強靭さが異なり、手作業での選り分けには大変な手間がかかる。和歌山県の棕櫚箒職人、西尾香織氏によれば、一枚の棕櫚皮から数本しか取れない「鬼毛」のみでつくった「総本鬼毛箒」がかつては存在したというが、大量の棕櫚皮と選別の人手を要することから今日では製作されないという。現代の最高級品は、鬼毛とそれに準じる品質の棕櫚毛（「タチケ」などという）を用いた「本鬼毛箒」である。近年は、それに次ぐ未選別の良質繊維（「タイシ〈太子／太市〉」などという）でつくった箒を「鬼毛箒」と称することも多いそうである。[3]

続いて、棕櫚箒の構造を見ていこう。まず「毛箒」であるが、その穂先は「玉」とよばれる構成単位を連結することで成り立っている。「玉」とは棕櫚毛を小分けにして束ねたもので、その数が多いほど横幅が増す。「玉」同士の連結には「笄《こうがい》」などとよぶ竹串を用い、根元付近を串刺しにして固定する。

「玉」の上部をきつく巻いた部分は「足巻き」と称される。西尾氏によれば「足巻きは箒の構造上『要《かなめ》』といえる部分」であり、「棕櫚箒の持ち手（柄）と玉（束）をがっちり固定し、箒を丈夫で長持ちさせる」役割があるという。足巻きを施すことで柔らかい棕櫚毛が棒のような固さをもち、ズレや緩みが生じにくくなるので、箒の強度と耐久性が高まるとも説明する。(4)

一方の「皮箒」においては、棕櫚皮を巻いたものを「玉」とよぶ。長柄箒は「鬼毛箒」と同様、「笄」を刺して連結する。手箒については「笄」を用いることもあれば、針金のみで留めていく製法もある。「足巻き」を施す場合もあるが、まったくないものも少なくない。さらには、柄が斜めに傾くように「玉」を継ぎ足していく「トサカ」とよばれる型も見られる。一般的に、「皮箒」は「毛箒」よりも簡素なつくりであり、棕櫚箒の原形ともいわれている。

棕櫚箒の起源

棕櫚皮は耐水性に富み丈夫であることから、縄、網、簑、笠などの材料として重宝されてきた。平安中期の漢和辞書『倭名類聚抄』では、西暦一〇〇年頃に成立した中国最古の字書『説文解字』を引用しながら「説文ニ云フ、棕櫚ハ以テ索ヲ為スベシ」と説いている。「索」とは太縄の意であるが、日本では古来、縄の材料には蕨や麻が用いられ、棕櫚縄が出現したのはだいぶ時代が下ってからのようである。現存最古の棕櫚縄は、東京都新宿区の南元町遺跡から出土した一八世紀の遺物とされている。(5)

箒への利用はそれより早く、遅くとも一七世紀初めには棕櫚箒が商品として流通していたようである。肥後国で人吉藩主を務めた相良家には、一六〇六（慶長一一）年に「志ゆろはゝき二本」を購入したことを示す文書が伝わっている[6]（相良家文書「慶長拾一年丙午　江戸御屋形作日記」）。また、一六四五（正保二）年に刊行された俳諧論書『毛吹草』（松江重頼著）にも「山城　畿内」の数ある名物の一つとして「棕櫚箒」が挙げられており、一七世紀前半には広く世に知られていたと考えられよう。

棕櫚箒の起源については、一六八四（貞享元）年に成立した山城国の地誌『雍州府志』（黒川道祐著）に詳しい。原文は漢文であるが、その書き下し文を『訓読　雍州府志』より引用しよう。

五条大仏辺の人、これを製す。また、八幡山南、樟葉村の内、中の芝の土人、これを巧手とす。京師に来り売る。これを造るの法、秋に至りて棕櫚の毛皮を剝ぎ取り、これを束ね、円竹をもつて柄とす。これを棕櫚箒といふ。近世、棕櫚の葉、細かに割き、これを束ねて箒を作る。しかれども、毛皮に及ばず[7]。

「五条大仏」とは一五九五（文禄四）年から一七九八（寛政一〇）年まで方広寺（京都市東山区）にあった大仏で、豊臣秀吉により造立された。「八幡山」は現在の京都府八幡市、「樟葉村」は大阪府枚方市に当たり、いずれも京都市の南に位置する。棕櫚箒が五条大仏界隈でつくられていたという記述は、江戸中期の地誌『国花万葉記』（菊本賀保著、一六九七年刊）にも見える。

これらの史料により、日本の棕櫚箒は慶長年間に山城国で発祥したものと考えられている。また、日本最古の農書として知られる『農業全書』（宮崎安貞他著、一六九七年）の「棕櫚」の項には「箒に作る事は唐の書には見えず(8)」と書かれており、棕櫚箒が日本固有の箒として受け止められていたことがうかがえる。

出土資料にみる棕櫚箒

棕櫚箒は各地の近世遺跡から発掘されているが、形状は今とは大きく異なっている。まずはこれらの実物資料を見てみよう。

東京都千代田区にある外神田四丁目遺跡は、江戸前期に大名・旗本屋敷が置かれていた地域にあたる。その発掘調査により出土した二〇点近くの箒は、すべて棕櫚箒であった（図27・次頁図28）。

遺物のサイズは大小さまざまである。穂先の幅が約三センチ、一一センチ、一二センチと狭いものは、柄のない小箒であろう。そのほかは約二〇センチ前後が多く、最大で二八・五センチである。これら遺物の基部が結束されていないのは、後述するように古い棕櫚箒をリサイクルする仕組みがあったからで、当時は柄と穂先が分解しやすいようにつくられていた。ともに出土した棕櫚紐は、穂先を柄にくくりつけるためのものである。

穂先の構造については、写真ではわかりづらいので図28

図27　外神田四丁目遺跡から発掘された棕櫚箒（出典：「東京都埋蔵文化センター調査報告第147集」、2004年。東京都教育委員会所蔵）

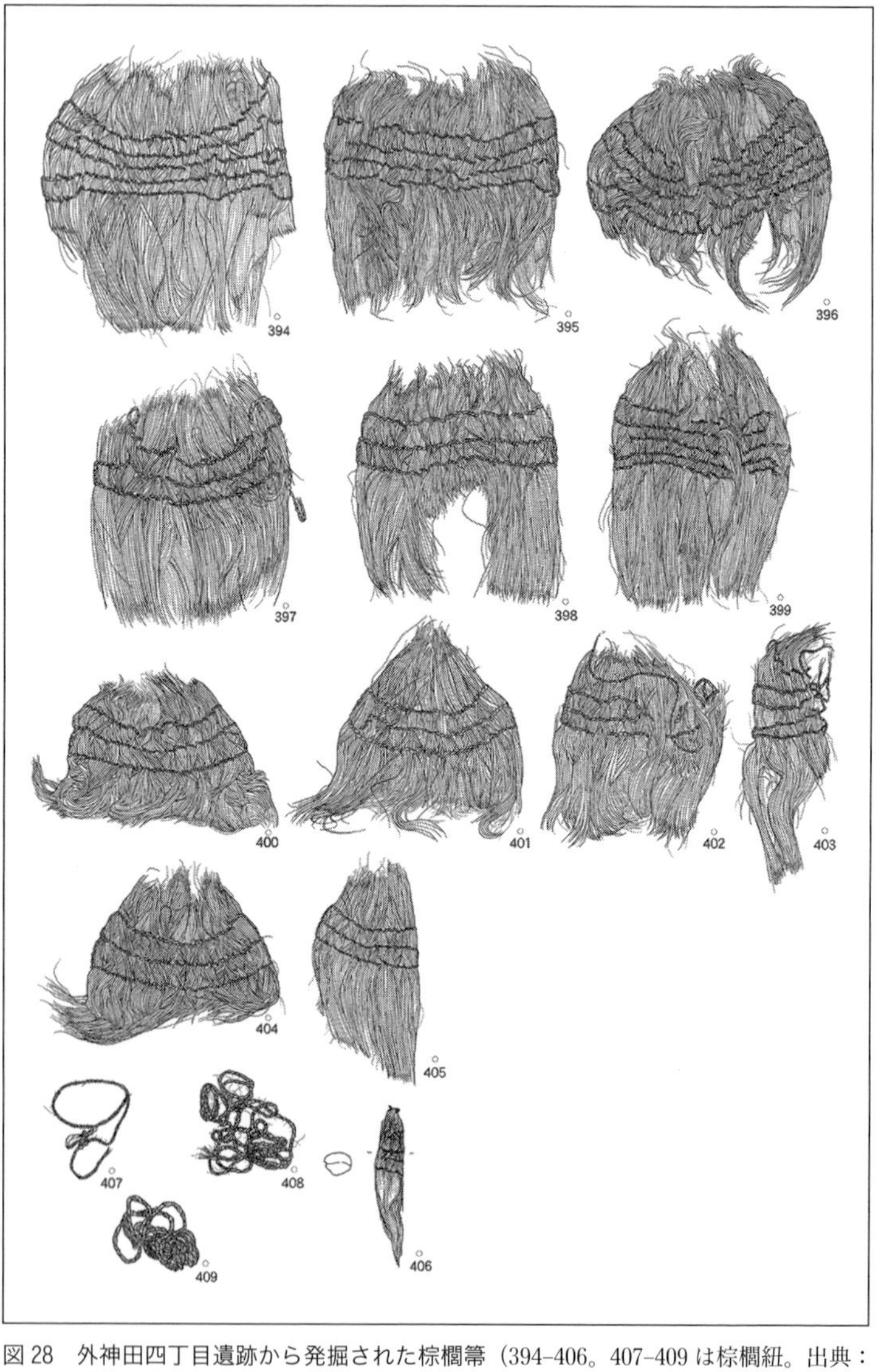

図 28　外神田四丁目遺跡から発掘された棕櫚箒（394–406。407–409 は棕櫚紐。出典：「東京都埋蔵文化センター調査報告第 147 集」、2004 年。東京都教育委員会所蔵）

を見てみよう。棕櫚皮の網目構造は認められないことから、これは「皮箒」ではなく「毛箒」かもしれない。棕櫚毛は糸で縫い綴じられており、その段数はまちまちである。段間に糸の渡りが見えるので、全体を一本で縫い上げたのであろう。棕櫚毛を小分けにして束ねた「玉」や、それを補強する「足巻き」は見られない。

これらの箒はすべてゴミ穴から発掘されているため、古箒であると考えられるが、それにしても綴じ目が歪み、劣化が著しい。幅広の穂先を糸だけで綴じ、柄を取り外し式にするという構造は、いささか耐久性に難があったのではないだろうか。外神田四丁目遺跡の遺物には五段綴じも見られるが、負荷を軽減するために段数を増やした結果のように思われる。

松本城三の丸跡（長野県松本市）から出土した棕櫚箒は一六世紀後半から一七世紀前半のものとされ、神田四丁目遺跡の棕櫚箒とほぼ同時期と考えられる（図29ⒶⒷ）。基本的な構造は同じであるが、穂幅が二〇センチ足らずであるにもかかわらず、実に七段も綴じてある。一七世紀から一九世紀にかけて徳島藩士の屋敷が置かれた徳島城下町跡の遺物も構造に変わりはない。

宮崎市の佐土原《さどわら》城跡から発掘された棕櫚箒は柄

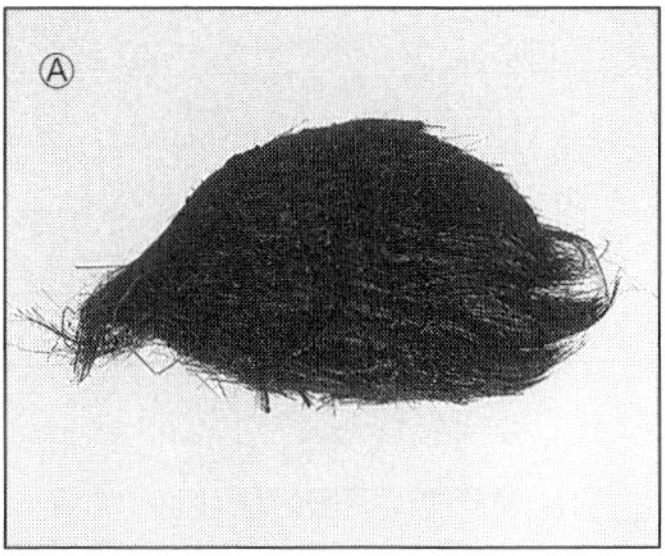

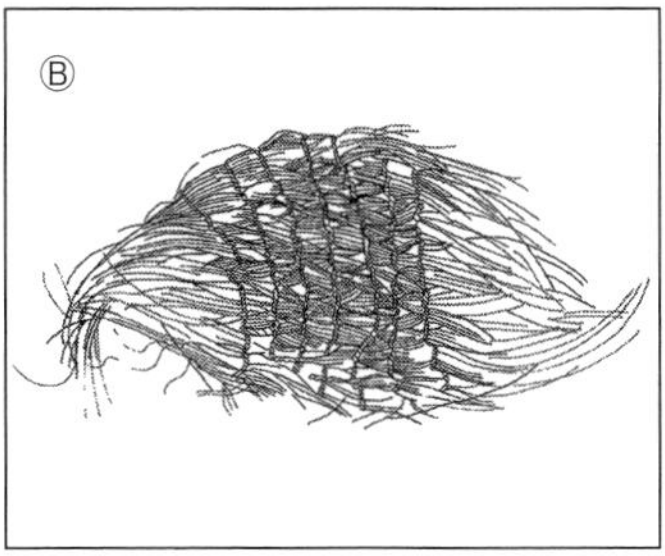

図 29　松本城三の丸跡の棕櫚箒（松本市教育委員会『松本市文化財調査報告 169：松本城三の丸跡土居尻第1次遺物編 2（土器編）』、2002 年）

の一部が残存しており、紐を何重にも巻いて穂先をくりつけた状態になっている（図30）。縦方向に見える綴じ糸の渡りが二列に及んでいるのは、糸を固定するための工夫であろう。穂先の形崩れを防ごうと苦心していた様子がうかがえる。

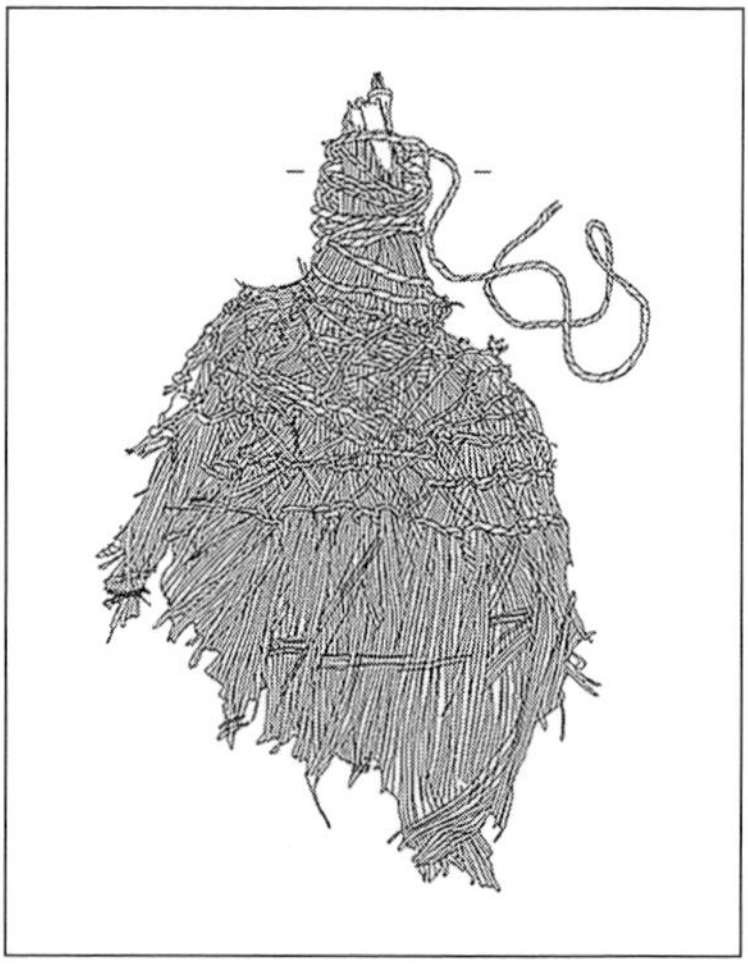

図30　砂土原城跡の出土箒（宮崎市教育委員会『宮崎市文化財調査報告書第109集：砂土原城跡第6次調査』、2016年）

絵画資料にみる棕櫚箒

ここまで見てきた棕櫚箒の遺物には、「玉」や「足巻き」が見られない。江戸から明治にかけての絵画資料を調べてみても、これらのない箒が大半である。つまり、「玉」や「足巻き」のない形態こそが「棕櫚箒の古形」であると考えられよう。

とはいえ、絵画資料の棕櫚箒においては「毛箒」と「皮箒」の描き分けや「玉」とおぼしきものが散見され、実物資料に比べてバリエーションがある。ここからは、類書の挿絵、職人尽、浮世絵という三つのジャンルにおいて、棕櫚箒がどう描かれてきたのかを見ていこう。

［類書］体系的に項目を立てて事物を分類した類書は、いわば中国式の百科事典である。その中には説明のための挿絵が入ったものも見られる。

棕櫚箒の絵が掲載された初期の類書としては、一六九〇（元禄三）年刊行の『人倫訓蒙図彙《じんりんきんもうずい》』が知られている。五〇〇以上に及ぶ職業を絵入りで解説した同書には「箒師」の項があり、三本の長柄箒と二本の小箒が見える（九九頁図8）。これらの穂先はすべて平行する直線で表されていることから「毛箒」のようにも見え、中央よりやや上部には綴じ糸が描かれている。「玉」や「足巻き」は見られないことから、これは出土資料と同じく「棕櫚箒の古形」であろう。

その約二〇年後に出版された『和漢三才図会』は、木版刷の初版（一七一二年、杏林堂）と明治期の活版刷（一八八八年、中近堂）とで挿絵が大きく異なっている（図31Ⓐ Ⓑ）。初版の杏林堂版では穂先が斜め格子で描かれ、棕櫚皮の網目が表現されている。つまり、「皮箒」を図示したものと考えてよいだろう。箒の上部は二段綴じのようだが、白く抜かれていて細部はわからない。

その約一七〇年後、明治半ばに刊行された中近堂版の棕櫚箒もまた二段綴じだが、棕櫚毛は基部から穂先まで一直線に描かれている。つまり、毛箒である可能性が高い。穂先全体の造形も異なっており、中近堂版ではなで肩で尻すぼみであるのに対し、杏林堂版は『人倫訓蒙図彙』と同様、丸肩で末広がりに仕立てられている。

『守貞謾稿』（一八五三年成立）で「箒売」の項に描かれている二段綴じの棕櫚箒も「棕櫚箒の古形」であろう（次頁図32）。箒立てに収められた長柄箒の一部は穂先の上部が描かれていない。前

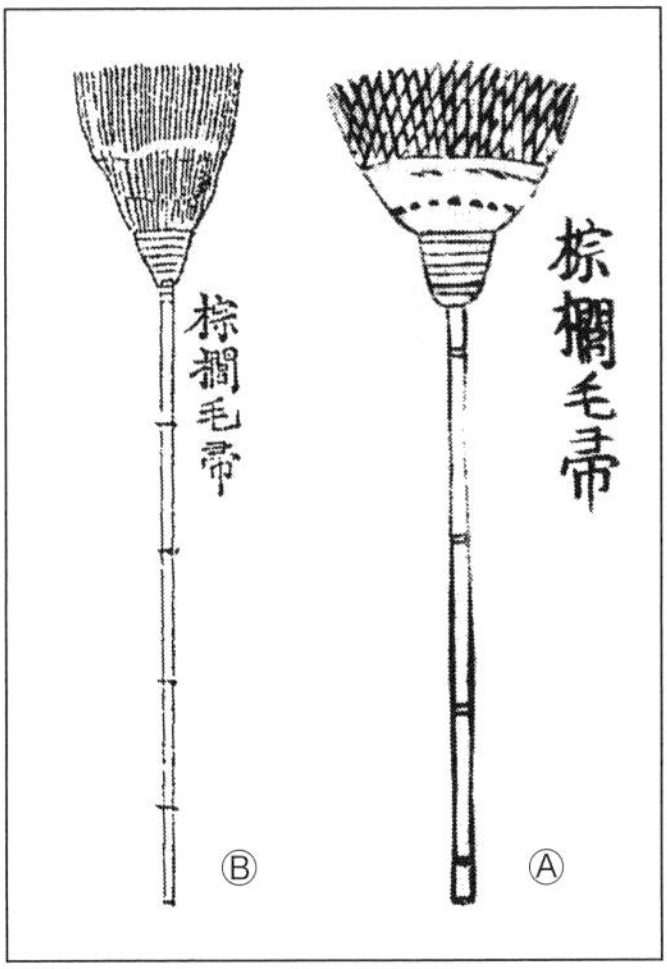

図31 『和漢三才図会』に見える棕櫚箒。Ⓐ杏林堂版と、Ⓑ中近堂版（国立国会図書館蔵）

述した『和漢三才図会』でも同様であることから、これは意味のある省略だと考えられるが、理由は詳らかでない。

［職人尽］諸職の名を列挙して歌や絵の題材とした「職人尽《しょくにんづくし》」は、風俗考証の貴重な史料とされている。江戸後期の俳諧集『職人尽発句合《しょくにんづくしほっくあわせ》』（五升庵瓦全編、一七九七年刊）と、一八〇八（文化五）年序刊の『江戸職人歌合』には、網目が描かれた棕櫚箒の絵が見える。いずれも「皮箒」と考えられよう。

前者の「箒ゆひ」の絵の特徴は、棕櫚皮の網目に加え、くるりと巻いた棕櫚皮の「玉」が際立っている点である（図33）。ただ、製作途上を描いているため、完成形はわからない。

後者の『江戸職人歌合』に描かれているのは、『守貞謾稿』と同じく「箒売」の姿である（図34Ⓐ）。箒立てに収められた四本のうちの三本と、

図32『守貞謾稿』に見える棕櫚箒（国立国会図書館蔵）

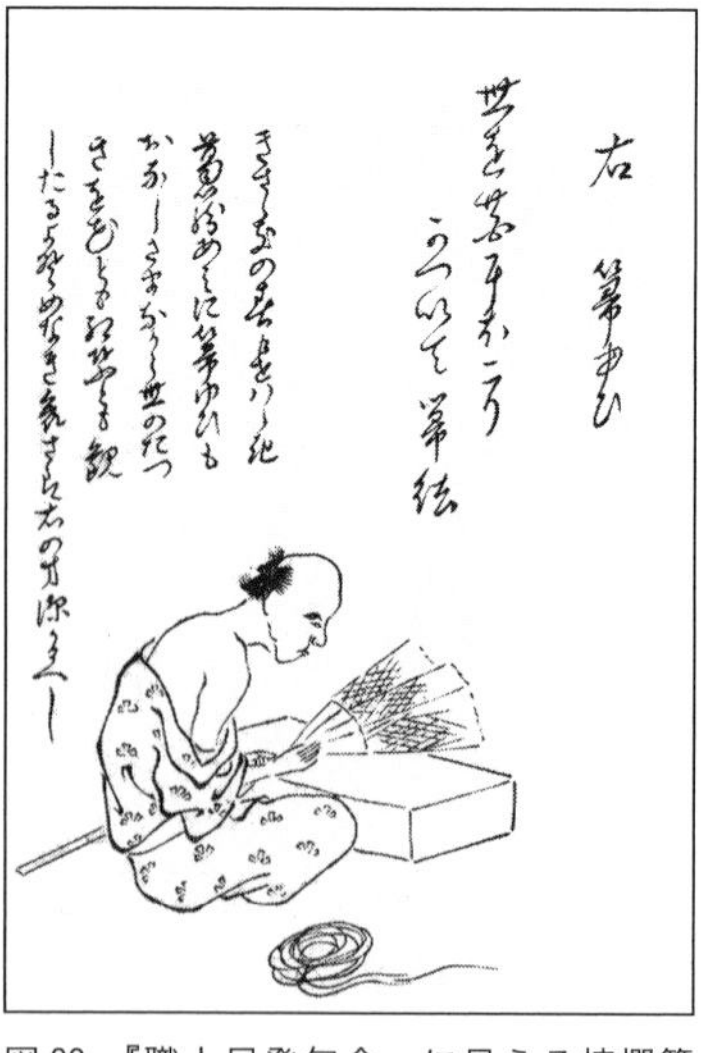

図33『職人尽発句合』に見える棕櫚箒（国文学研究資料館蔵）

箒売が手に持つ一本には、基部に大きな格子模様が描き込まれている。一方、残りの一本には描かれておらず、図版を拡大してみると、穂先の四カ所で棕櫚毛が結束されているのが確認される（図34Ⓑ）。これは「玉」構造のようにも見えるが、江戸末期に刊行されていることから蜀黍箒である可能性も否定できない。とはいえ、初期の蜀黍箒は棕櫚箒を手本につくられたようで（二四二頁参照）、棕櫚箒の製法が先に変化したと見るのが自然であろう。

［浮世絵］風俗画の一様式である浮世絵には、棕櫚箒を描いた作品が多数存在する。その大半は糸で全体を縫い綴じた「棕櫚箒の古形」であるが、「玉」構造とも見られるものも少数ながら確認できる。その一つ、歌川国貞の「喜平治女房 瀬川路考」は、歌舞伎「厳島雪官幣《いつくしまゆきのみてぐら》」の役者絵である。描かれているのは、八丁礫《はっちょうつぶての》喜平治《きへいじ》（沢村

図34　Ⓐ『江戸職人歌合』に見える棕櫚箒（右）と、Ⓑ「玉」構造（楕円内）の拡大図（国立国会図書館蔵）

宗十郎）とその女房（瀬川路考）が行灯や長持を担ぎ歩く場面であるが、天秤棒代わりにしている棕櫚箒に「玉」構造らしきものが見いだせる（図35）。この演目は一八一一（文化八）年に江戸・市村座で上演されていることから、先述した『江戸職人歌合』とほぼ同時期の作であることがわかる。

ただ、この約三〇年後に歌川国芳が描いた「源氏雲浮世画合 柏木」[9]（図36）は「玉」のない「棕櫚箒の古形」で、『和漢三才図会』の中近堂版（一八八八年）も同様であることを考えると、しばらくの間は新旧の製法が併存していたものと思われる。一方、「足巻き」については確実にそれと判別できる絵画史料は確認できなかった。

「十字」構造の導入

ここまで見てきたように、「玉」構造は壊れやすかった棕櫚箒の構造を安定させるために導入された部位である。これに加えて考案されたのが、

図35 「喜平治女房 瀬川路考」に見える棕櫚箒（小泉作画）

図36 「源氏雲浮世画合 柏木」に見える棕櫚箒（国立国会図書館蔵）

竹柄と直交する構造材により穂先を固定する方法であった。現在まで棕櫚箒をつくり続けている和歌山県や福岡県の産地では、竹串状の部材で「玉」を串刺しにしている。「笄《こうがい》」などとよばれるこの構造材は外から見えにくく、いつ頃から使われるようになったのかはわからない。だが、一八九七（明治三〇）年発行の雑誌『農事調査』（農事調査会）第三号「農家の余業」を見ると、遅くともこの時期には導入されていたようである。以下に引用しよう。

　○椶箒《しゅろほうき》
　椶衣《しゅろ》を大凡二三日間水《みづ》に浸《ひた》し能く乾燥《かはか》し刀にて截《き》り晒《さら》したる淡竹《またけ》を三尺六寸に鋸《のこぎり（ママ）》切り其端《はし》に孔《あな》を穿《うが》ち六寸許の竹串《たけくし》を横《よこ》に挿《さ》し椶毛《しゅろけ》を並列《ならべ》し竹串《たけくし》を中点として左右《さゆう》より挟《はさ》み椶索《しゅろなは》にて毛根《もうこん》を柄竹《えたけ》に巻《ま》き堅《かた》く結《むす》び竹串の下端より染たる麻絲《あさいと》にて四段《たん》に編むへし櫛《くし》にて梳《くしけず》り毛抹を揃《そろ》へ截断《さいだん》して製するものとす

この「六寸許の竹串」が柄竹と直交して「十字」構造を形成しているわけだが、気になるのは「椶毛を並列し」という記述である。これは「玉」構造を想起させる書き方ではない。一方、「椶索にて毛根を柄竹に巻き」「竹串の下端より染たる麻絲にて四段に編むへし」といった記述はまさに「棕櫚箒の古形」そのものである。

その約二〇年後に発行された『静岡県農家副芸一斑』（静岡県農会事務所、一九一七年）にも棕櫚箒の製法が詳述されているが、こちらは「十字」構造と「玉」構造がともに導入されていることを示している。同県においては、県西部の旧小笠郡で採取した棕櫚皮を原料に、次のような手順で棕櫚箒が製されていたという。

大小ニヨリ製法ヲ異ニス、大形箒ハ一本ニ付キ棕櫚皮二十乃至三十枚、銅針金、五匁、竹柄三尺五寸ヨリナリ、先ヅ箒作ニ際シテハ棕櫚皮ヲ水ニ浸シ紡ギ竹柄ノ下端ニ六寸ノ竹片ヲ十文状ノ位置（柄ニ対シテ直角ニ）ニ装置シコレニ長九寸ノ比ニ棕櫚毛ヲ七束ヲ以テ結着セシメ六寸竹ノ両端及ビ箒部ト柄トノ境ノ三ケ所ヲ木釘ニテ打止メ他ノ要所ハ針金ニテ編ミ結ビ付ケタルモノナリコレガ製作工程ハ一人一日二本トス一本価格二十五銭乃至四十銭、小形箒ハ棕櫚皮十枚鉄製針金二十五号、四匁竹柄長一尺五寸ヨリナリ箒部ハ稍三角形ニ類シ、柄ノ先端五束ノ棕櫚毛ヲ結着セシメ長辺長サ一尺三寸柄結着部ハ針金及木釘二ケ所ニテ結ビ付ケタルモノ一日一人ノ製作工程ハ五本ナリ一本ノ価格十二銭

右の記述によれば、柄と直交する「六寸竹」は「大形箒」にのみ装着されている。また、「六寸竹」で棕櫚毛の「玉」を串刺しにするのではなく、結い付けている点も目を惹く。

同書が刊行された一九一七（大正六）年当時、静岡県においては「農家副業トシテ棕櫚箒ノ製作ハ甚ダ振ハズ」という状況であり、生産戸数はわずか四戸と記載されている。だが、そのうちの一戸は「維新前江戸ニ住シ本業ヲ修メ行商」していたことが「沿革」に記されており、これは幕末当時の江戸での製法を受け継いでいる可能性がある。そう考えれば、「十字」構造が導入されたのは案外早い時期なの

かもしれない。

江戸時代の製造・販売システム

江戸時代における棕櫚箒の構造と製法をひと通り見たところで、当時の製造・販売システムに目を移そう。棕櫚箒の起源を説いた『雍州府志』によれば、発祥当時の製造・販売の形態は二通りに分けられた。一つは棕櫚皮の産地の村人が作り手となって自ら行商するスタイルであり、もう一つは京の町なかを製造拠点にする形である。現代の製造業になぞらえれば、前者は生産立地型、後者は消費立地型であるが、両地は近接していた。

ほどなく江戸に幕府が開かれると、そのお膝元でも棕櫚箒がつくられるようになった。第1節③「素材による分類」でも触れたように、元禄年間に刊行された買物ガイドブック『万買物調方記』[10]では江戸の分のみ、棕櫚箒をつくる「箒師」の名を挙げている。そのひとり、通塩町（現在の中央区日本橋横山町から日本橋馬喰町の一帯）の島田七郎兵衛は、幕府の御用箒師として名声を博していた。江戸時代の商標などを集めた貼り込み帖『江戸時代名物集』[11]には七郎兵衛の「御用御箒所」も見え、次のような解説が付されている（図37）。

> 嘉永年発行の江戸歳盛記に名物一品鏡の中にも掲けられ古く著名のものなり旧幕府の御用箒及歳末煤払用の箒皆この店より納めたりといふ

図37 『江戸時代名物集』に見る箒師「島田七郎兵衛」の商標（国立国会図書館蔵）

棕櫚箒の作り手である箒師は「居職」とよばれる職人であり、自宅に構えた作業場で注文仕事をこなしつつ販売にも応じた。『万買物調方記』には、七郎兵衛のほかに「よこ山町二丁目　いせや理兵衛」と「同　五兵衛」の名も見える。この三人が居を構えていた通塩町や横山町は目抜き通りの本町通りに面しており、一六九〇（元禄三）年に刊行された『江戸惣鹿子名所大全』には本町通りの「此町筋諸職売物」の項に「しろほうき」とある。[12]「しゅ」が「し」に転訛するのは江戸言葉の特徴であるから、江戸の町ではそうよばれていたのだろう。

本町通りのそのほかの「諸職売物」には、呉服、真綿、薬種、紙、浄瑠璃本、出刃包丁、蠟燭、髢《かもじ》（女性が日本髪を結うとき頭髪に補い添える髪）などが見える。これらは当時の最先端を行く生活財であるが、棕櫚箒もまた豊かさの象徴である畳の普及がもたらした産物であった。

人口が集中し武家屋敷も多い江戸での棕櫚箒製造は、京坂を上回る旺盛な需要に支えられていた。反面、シュロが本来は暖地の植物であることを考えると、材料の調達面で江戸は不利であったと考えられる。詳しいことがわからないため想像の域を出ないものの、とりわけ初期において棕櫚皮は京坂からの下り物が主だったのではないだろうか。その後、棕櫚の有用性への認識が高まるにつれて諸藩が植林を奨励したため、次第に江戸近郊産の棕櫚皮が用いられるようになった可能性はあるだろう。実際、一八七七（明治一〇）年に殖産興業の一環として行われた「第一回内国勧業博覧会」では、相模国鎌倉郡和泉村（現・横浜市泉区）から棕櫚皮が出品されている。[13]

続いて販売面に目を移そう。当時は行商人による振売と店売の二種類があったことは既に述べたが、やがて多品種少量販売の荒物屋にも棕櫚箒が並ぶようになり、それに応じた流通機構も整っていった。一八二四（文政七）年に刊行された『江戸買物独案内』には「御徳用棕櫚箒問屋」が掲載されている（図38）。

ところで、江戸後期の類書『守貞謾稿』では、棕櫚箒の売買に関する慣習を次のように説明している。

箒売り　棕櫚箒売りなり。三都ともに古箒と新箒と易ふる。古き方より銭をそゆる。古箒は解きて棕櫚縄およびたわし等に制し売る。（以下略）

同書の挿絵では「江戸箒うり」が担いでいる枠の角に小箒らしきものが吊るされているが、底にも似たようなものが置かれている（図39）。これはおそらく新箒と交換した古箒であろう。

棕櫚箒から棕櫚縄や棕櫚たわしへのリサイクルは、貴重な棕櫚毛をとことん使い切るための工夫である。日本最古の農書『農業全書』の「棕櫚」の項では、棕櫚縄を「水に入りて千歳くさらぬ物」「棺をから

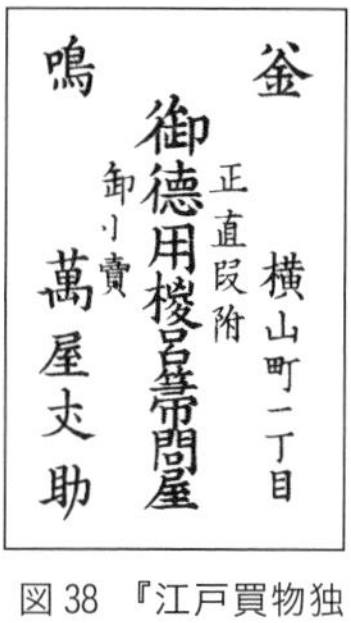

図38 『江戸買物独案内』に見る「御徳用棕櫚箒問屋」の広告（国立国会図書館蔵）

図39 『守貞謾考』に見る棕櫚箒のリサイクル。売り物である新箒の下に、回収した古箒らしきものが見える（国立国会図書館蔵）

げたるが、縄ばかりは朽ちずして却つて根を生じたる」と述べ、その耐久性をいささか誇張しつつ賞賛しているが[14]、有用な資源を循環させる仕組みが確立していたことに感心させられる。

そうした実態を知ると、先に見た外神田四丁目遺跡の棕櫚箒がゴミ穴から数多く見つかったことが不思議に思われるが、同地は「明暦の大火」(一六五七年)で被災したという[15]。遺物の一部には焦げ跡も認められることから、これらは火事の後片づけで捨てられたものかもしれない。

明治以降の「京ほうき」

座敷箒の代名詞であった棕櫚箒は、幕末から明治にかけて大きな転換期を迎えた。イネ科一年草のホウキモロコシを用いた蜀黍箒が出現し、江戸を席巻したのである。軽量で扱いやすい蜀黍箒の人気は一過性のものに終わらず、座敷箒の新旧交代劇をもたらした。それは取りも直さず、蜀黍箒の需要に応えるための製造環境が整備されたことを意味するが、詳しい事情は次項[7]「蜀黍箒」で述べよう。いずれにせよ、江戸において棕櫚箒は影を潜めてしまったのである。

一方、蜀黍箒は維新後の京阪で「東京箒」として販売されたが、棕櫚箒の地位を脅かすには至らなかった。京都では引き続き棕櫚箒が製造され、各種の型がつくり分けられていたようである。先にも触れた「明治十年内国勧業博覧会出品目録」には、安土町(現・京都市下京区御幸町通五条上る安土町)にある箒商の名とともに「大丸形/小丸形/苧巻丸形/四方形/櫛形」の品名が見える(図40)。同様の記述は一八八三(明治一六)年に刊行された京都の商工案内書『工商技術　都の魁』にもあり、こちらは烏丸通五条下ル町(現・京都市下京区烏丸通五条下る大坂町)の箒商が「丸形/四法形/六法形/八法形」の四種を取扱品目として掲げている。

これらを勘案すると、当時の京都における棕櫚箒は大まかに見て「丸形」「方（法）形」「櫛形」という三つの系統に分かれていたと考えられよう。先に検討した江戸時代の絵画資料から類推すれば、「丸形」とは「玉」も「足巻き」もなく糸で綴じただけの古形であろう。外神田四丁目遺跡などの遺物や歌川国芳の錦絵「源氏雲浮世画合 柏木」などを見ても、このタイプは穂先の肩が丸みを帯びている。

「櫛形」は蜀黍箒にも見られるが、これは横並びの「玉」を串刺しにする製法を指す。つまり、先に検討した「十字」構造の箒にあたるが、詳しくは後述する。

「方（法）形」の実態は不明であるが、建築分野においては「方形造《ほうぎょうづくり》」とよばれる屋根形式が存在する。これは寺院建築などに多く見られるもので、「隅棟《すみむね》」（屋根の稜線）は中央の一点に集まり、頂部に宝珠などを戴く。これを棕櫚箒に置き換えてみると、「玉」の上部をきつく巻いた「足巻き」が「隅棟」にあたるだろう。穂先の結束部からそれぞれの「玉」へ向かって伸びている「足巻き」は、放射状の線を描いている。柄の中心点には飾りの丸鋲が打たれているものも多く、それはあたかも宝珠を戴いているかのようである。

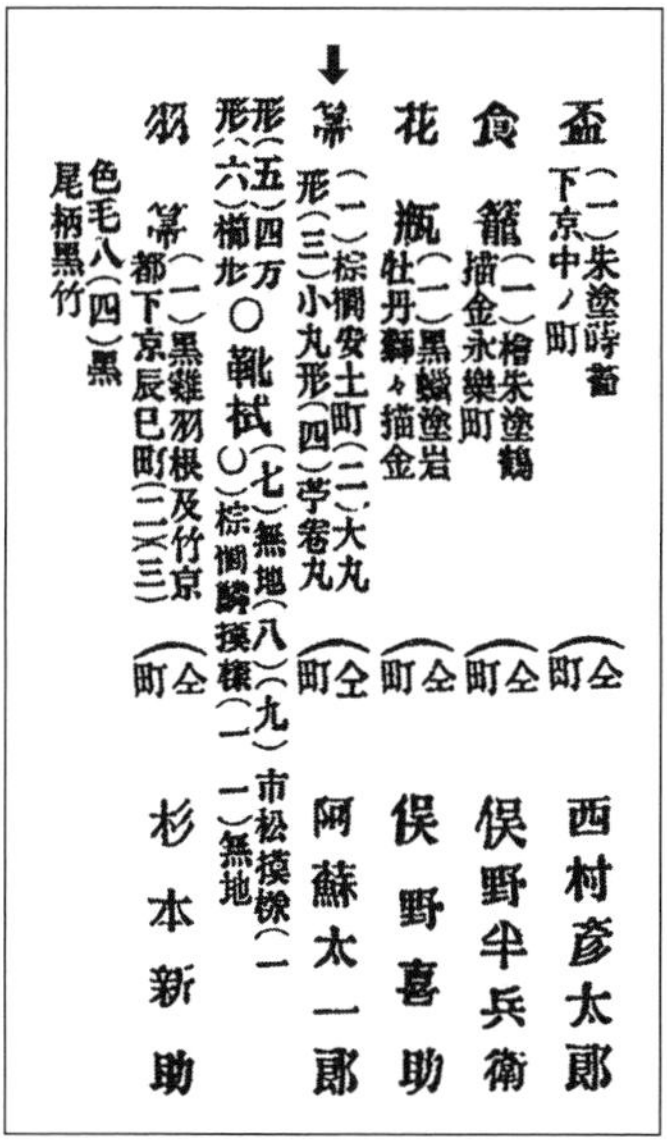
盃（一）朱塗蒔畫 下京中ノ町 （仝町） 西村彦太郎
食籠（一）檜朱塗鶴 描金永樂町 （仝町） 俣野半兵衛
花瓶（一）黒蠟塗岩 牡丹蘚々描金 （仝町） 俣野喜助
↓
箒（一）棕櫚安土町（二）大丸形（三）小丸形（四）苧巻丸形（五）四方形（六）櫛形 ○ 靴拭（七）無地（八）（九）市松模様（一〇）棕櫚鱗模様（一一）無地 （仝町） 阿蘇太一郎
羽箒（一）黒雉羽根及竹京都下京辰巳町（二）（三）色毛八（四）黒尾柄黒竹 （仝町） 杉本新助

図40 『明治十年内国勧業博覧会出品目録』に見る明治初期の棕櫚箒の型（矢印部分。国立国会図書館蔵）

以上はあくまでも仮説に過ぎないが、それが正しければ「四方（法）形」とは足巻きの数が四本であることを意味し、柄の先に取り付ける中心の「玉」（「親玉」などという）を加えて五玉の箒ということになるだろう。同様に、「六方（法）形」は七玉、「八方（法）形」は九玉という計算になる。ちなみに、現代の棕櫚箒の規格は玉の数で表すのが一般的で、「方形」は目にしない。

この時代から約八〇年後、一九六五（昭和四〇）年に刊行された『京都・伝統の手仕事』（朝日新聞社編・発行）では、棕櫚箒の作り手として一八一八（文政元）年創業の内藤商店の主、内藤利喜松氏を取材している。記事では『雍州府志』を引用しながら「つくり方は約二百七十年たった今もまったく変わらない」と述べている。明治時代の製法と基本的には変わらないものと考えられるので、やや長くなるが、製法の取材部分を引用しよう。

内藤さんの仕事は、まず棕櫚の選別から始まる。材料の棕櫚はほとんどが和歌山産。昔は京都でも丹波の山に良質の棕櫚が群生していたが、今はほとんど絶滅に近いという。棕櫚の〝毛皮〟のなかから柔らかくて腰の強いものが選び出される。（略）選んだ毛皮を一枚一枚、指の先ですきながら、網の目になった棕櫚の繊維をほぐしていく。（略）
毛皮の切口をそろえてから五―九つの小束にわけると竹づけである。紀州生まれの太い棕櫚の束をまず一本、京育ちの竹の柄に針金でとりつける。これを軸にして左右に棕櫚の束をふやしていく。軸のつぎの束を内藤さんは「次の子」と呼ぶ。その次が「またの子」、そして一番外側の束が「ミミの子」である。（略）形がくずれないように笄《こうがい》と呼ぶ竹ぐしを横にさし、麻ひもでとじるのがほうきづくりのヤマ場だ。
麻ひもの両端に縫い針をつけ、手先でたぐりながら棕櫚をしめつけてゆく。編んだようにも見える棕櫚のしめつけは、実はたった一本の麻ひもでおこなわれる。（略）形のできあがったほうきの棕櫚を金ぐしですきあげればほうきの誕生である。

右の文中にある「束」は「玉」を指す。また「筓と呼ぶ竹ぐし」が用いられている点でも、「棕櫚箒の古形」から製法が進化していることをうかがわせる。「毛皮の切口をそろえ」とあることから「皮箒」のようにも思われるが、「五―九つの小束にわける」とも書かれているので「毛箒」かもしれず、確かなことはわからない。

いずれにしても、現在の製法では先に「筓」（竹串）を柄に取り付け、そこに「玉」を刺し連ねていくのが一般的だが、この「京ほうき」の製法では後から串刺しにしているようである。一本の麻紐で編むように締めつけていく工程は「棕櫚

図41　明治期の博覧会に出品された内藤商店の棕櫚箒。Ⓐ全体と、Ⓑ部分（渡辺撮影）

箒の古形」と同じであろう。

同書によれば、一九六五（昭和四〇）年当時でも「京ほうき」は京都市内で「十軒たらずの業者が細々とつくるだけ」であり、すでに後継者が途絶えつつあった。内藤商店の店頭に並ぶ棕櫚箒もやがて和歌山産に変わったが、創業二〇〇年を超える老舗は今なお多くの人に愛されている。七代目店主の内藤幸子氏によれば、二〇一一（平成二三）年の東日本大震災以降は暮らしのあり方を見直す人が増え、棕櫚箒の機能美とも相まって、その人気が再び高まっているという。同店には、殖産興業などを目的として明治期に開催された博覧会への出品作（前頁図41Ⓐ Ⓑ、図42）や褒状なども遺されており、棕櫚箒の貴重な歴史を今に伝えている。

農村副業としての棕櫚箒

明治末から大正時代にかけて、棕櫚箒を取り巻く環境はふたたび大きく変化した。これまで見てきた

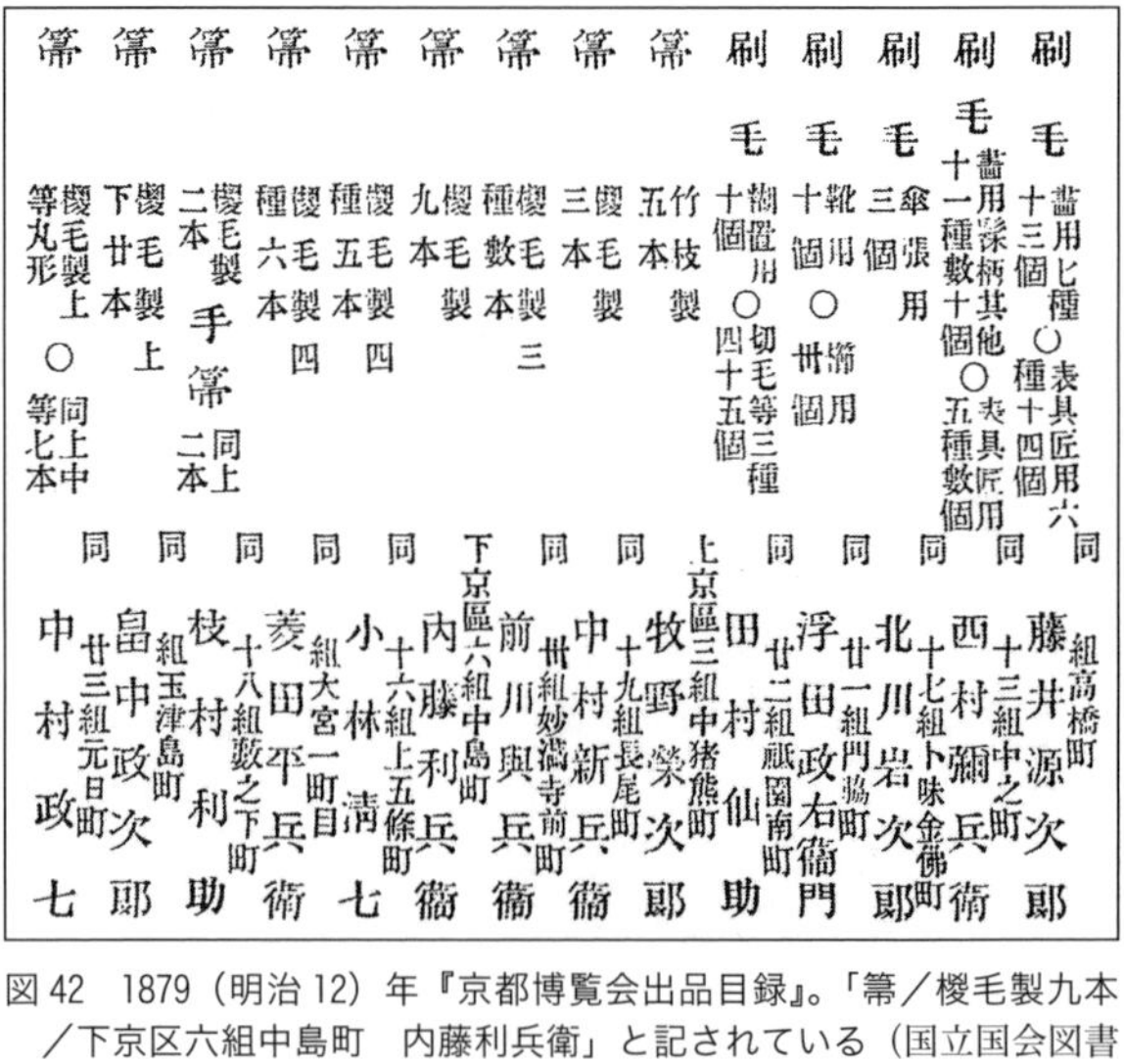

刷毛	畫用七種十三個○表具匠用六種十四個	同	組高橋町	藤井源次郎
刷毛	畫用際柄其他十一種數十個○表具匠用五種數個	同	十三組中之町	西村彌兵衛
刷毛	傘張用三個	同	十七組卜味金佛町	北川岩次郎
刷毛	靴用十個○幟用卅個	同	廿一組門脇町	浮田政右衛門
刷毛	糊置用十個○切毛等三種四十五個	同	廿二組祇園南町	田村仙助
箒	竹枝製五本	上	京區三組中猪熊町	牧野榮次郎
箒	椶毛製三本	同	十九組長尾町	中村新兵衛
箒	椶毛製三種數本	同	卅組妙満寺前町	前川與兵衛
箒	椶毛製九本	下	京區六組中島町	内藤利兵衛
箒	椶毛製四種五本	同	十六組上五條町	小林清七
箒	椶毛製四種六本	同	組大宮一町目	菱田平兵衛
箒	椶毛製二本 手箒 同上二本	同	十八組藪之下町	枝村利助
箒	椶毛製上下廿本	同	組玉津島町	畠中政次郎
箒	椶毛製上等丸形○同上中等七本	同	廿三組元日町	中村政七

図42　1879（明治12）年『京都博覧会出品目録』。「箒／椶毛製九本／下京区六組中島町　内藤利兵衛」と記されている（国立国会図書館蔵）

他の箒と同様、農村副業としての棕櫚箒づくりが奨励されたことにより、棕櫚皮の産地やその周辺の地方都市も製造に乗り出したのである。ただし、日清・日露戦争以降に拡大した棕櫚縄などの軍需に応えた産地もあり、等しく棕櫚箒製造に取り組んだわけではない。

次頁の表7「全国棕櫚皮産額一覧表」は、一九三九（昭和一四）年刊行の『棕梠の栽培と利用（農山村副業叢書 第一一輯）』（日下部兼道著、大日本山林会発行、一九三九年）所収の「全国棕梠産額一覧表」を若干改変したものである。一九二〇（大正九）年に棕櫚皮の産額が全国第二位、一九三五（昭和一〇）年に同第一位となった和歌山県は[16]、農商務省農務局が一九一八（大正七）年時点での調査結果をまとめた『加工的副業生産品一覧』（一九二三年）では棕櫚箒の「主ナル生産地方」に含まれていない。伝統的産地の京都府も見られないのが気になるが、所管上の問題からか「本調査中特ニ大都市ニ於ケルモノハ調査至難ナル関係上計上洩レ少カラザルヲ認ム」との注記があるため、産地としてすでに衰退していたのか、調査漏れによるものなのかはわからない。代わりに挙げられているのは、岐阜、福岡、鹿児島の三県である[17]。

続いて一九二六（大正一五）年刊行の『全国副業品取引便覧』（日本産業協会編・発行）を見ると、棕櫚箒の年産額は、第一位が和歌山県（二万五〇〇〇円）、第二位が岐阜県（一万六〇〇〇円）、第三位が愛知県（四〇〇〇円）となっており、また年産額は不明であるが滋賀県も名を連ねている（一〇四〜一〇六頁表1参照）。

これら二つの産地調査で名の挙がった五つの府県のうち、和歌山・鹿児島以外の三県（岐阜・福岡・愛知）は棕櫚皮の大規模産地ではなく、産額上位の府県を抽出した表7にもその名は見えない。こうし

表7　全国棕櫚皮産額一覧表

府県名	1920（大正9）年		1935（昭和10）年		摘　要
	順位	金額（円）	順位	金額（円）	
愛媛	1	215,000	3	13,365	畦畔、空地に栽培せらるるのみで合理的施業する者なく皮の外少量の新葉を生産するのみである。
和歌山	2	200,793	1	151,149	新葉及棕梠皮の一大生産加工地にして更に原料は他府県及び海外より移、輸入する集団栽培地多し。
熊本	3	138,870	8	5,294	古くより栽培せられ、県内に於て皮の加工が行はれる外皮及び新葉を他府県へも移出する。
鹿児島	4	39,088	2	20,497	集団的栽培は稀であるが古くより宅地、畦畔を利用して栽培せらる。皮は簑、縄に利用せられる外他府県へ移出する。
徳島	5	35,569	11	3,558	集団的栽培地がないけれども県内各地に広く栽培せられ新葉及び皮は主として和歌山県に移出する。県に於て増産を奨励してゐる。
山口	6	31,000	9	4,609	一般に畦畔、宅地に多く皮は綱・縄・箒の原料として葉は利用するものが少ない。最近多少和歌山県に移出するものあり。
沖縄	7	27,533	6	7,030	明治初年頃既に栽培せられ現在相当の面積を有し（散植）皮は県内の需要に充てる。従来県に於て奨励した。
奈良	8	22,123	17	1,585	最近造林に志す者多く新葉及び皮の利用が進歩してゐる。農会其他に於て増殖を図つてゐる。
高知	9	18,084	7	5,753	県下山間部に広く栽培せられ皮は縄其他の製造に供し新葉は晒葉として県外に移出する。
島根	10	14,775	14	2,134	県内各地空地利用として栽培せられるけれども皮及び新葉の利用加工せられるもの少なし。
佐賀	14	8,292	10	4,071	畦畔宅地其他閑地に栽培せられ皮を自家用とする外利用の見るべきものがない。
長崎	—	—	4	8,552	目下増殖奨励中である。
宮崎	—	—	5	7,760	—
台湾（参考）		18,181		23,383	栽培の沿革は古いが一時病害のため全滅の惨を呈し集団的栽培地は僅少となり皮を利用する外未だ新葉は利用せられぬ。

＊日下部兼道『棕梠の栽培と利用（農山村副業叢書 第11輯）』大日本山林会、1939年、11-13頁より、1920（大正9）年および1935（昭和10）年の上位10府県と台湾のデータを抽出。

た非大規模産地で棕櫚箒生産が盛んになった理由については、『全国副業品取引便覧』の岐阜県に関する記述がヒントになりそうである。同県における棕櫚箒の産地とされているのは県南部の養老郡高田町（現・養老町）であり、販路も県内および名古屋市となっている。これに福岡と愛知を加えてみると、いずれも地方中核都市を抱えており、消費立地型に近い産地像が浮かび上がってくる。棕櫚箒の需要が高まる一方、交通・流通基盤が未発達であったこの当時、中京や九州を仕向地としたエリア内の産地が求められたということだろう。

こうした中、後に全国随一の産地へと成長したのが和歌山県であった。同地は原料調達面での圧倒的な強みがあった上、関西の大規模商圏を擁するという地の利にも恵まれた。また、棕櫚箒の先進地である京都に近いことは、技術力の向上にもつながったと考えられよう。

産地の発展と棕櫚箒の衰退

和歌山県における棕櫚箒製造はすでに江戸時代末期から始まっていたようだが、本格化したのは大正年間ともいわれる。主産地は県北部の「野上谷《のかみだに》」と総称される地域で、現在の海南市東部（北野上、中野上、南野上）と紀美野町（旧・野上町および旧・美里町）の一部に相当する。

この一帯で棕櫚皮の利用を目的としたシュロ栽培が盛んになったのは弘和年間（一三八一〜八四）と伝えられている。[18]『紀伊続風土記』（一八三九・天保一〇年完成）には「其皮のまゝ又縄となしたるを、諸国へ多く出す、其利甚大なり」[19]とも記されているが、『和歌山県繊維産業史』（吉田昇三他著、和歌山県繊維工業振興対策協議会、一九七七年）では「明治維新前は、地元では加工はおこなわれず、もっぱら江戸地方に売られていたよう[20]」だと推察している。

同書によると、農家副業としての棕櫚縄の生産が野上谷で始まったのは一八七七（明治一〇）年頃で、日清・日露戦争で弾薬箱の手縄として利用されたことなどから需要が急増し、一九〇七（明治四〇）年頃には製縄機が導入されるようになった。後年、同地の重要な特産品となる棕櫚マットの製造も同時期より開始され、また草履表などに用いる棕櫚晒葉《さらしば》はすでに一八八七（明治二〇）頃から生産が本格化していたようである。

野上谷一帯で棕櫚産業の産地形成が進みつつあったこの時期、棕櫚箒の製造実態がどうであったかはよくわからない。『和歌山県繊維産業史』においても「明治年間の棕櫚加工品としてはブラッシ、箒などが少量ながら生産されていたようである」という記述にとどまっている。ただ、一九三〇（昭和五）年に刊行された『近畿の副業』（日本産業協会）の「和歌山県の巻」には「マット、箒等も相当生産があるが、此等は何れも本業で副業の域を脱して居る[21]」と記されており、大正年間に生産が拡大して専業化への道を歩み始めたものと思われる。

昭和戦前期における棕櫚箒の製造事情は、前掲の『棕梠の栽培と利用』（一九三九年）に詳述されている。同書は和歌山県の動向のみを扱ったものではないが、著者の日下部兼道は刊行当時、農林技手として和歌山県経済部林務課に勤務していた模様である[22]。同書も県内の棕櫚産業関係者の協力を得て執筆した旨が記されていることから、以下の記述は同地の実情をベースにしたものと考えて差し支えないだろう。

まず、「沿革」の項で、棕櫚毛箒は「黍箒に比して軟かく畳を痛めず、且耐久力が強い」点が長所であると説いているが、「現在各府県に於て製造販売せられ和歌山県に於る産額は最近一箇年僅か五万円に過ぎず、特記するに足らない」とも書いている。この数字を取るに足らないと一蹴するのは棕櫚製品の一大産地ならではの見方であり、全国の箒の産地と比較した場合はかなりの金額である。ただ、産額の多寡はさておき、棕櫚箒の産地が分散化する傾向を示していたという指摘には留意すべきであろう。

続く「種別及製造方法」の項では、以下の五種類の棕櫚箒が取り上げられている。添えられている写真を見ると、長柄箒には「足巻き」が施されていることがわかる。

長箒（座敷箒） 柄は煤竹、黒竹等を用ひその長さ約三尺の長箒で先端に棕梠毛を取り付けたものである。原料は未梳の棕櫚皮を用ひる。

手箒 之は鶏冠《トサカ》箒とも謂はれ銀杏形の短い竹柄の箒である。

荒神箒 極めて小形の箒で各家庭の竈、棚の小掃除用に使はれる。

左官箒 左官が壁面を均らす為に用ひる鬼毛製の箒である。

其他 和歌山県八幡村地方で同地特産の保田紙張付用の「紙張箒」を案出し地方的に販売せられてゐる。この外夫々の地方に於て種々の型の箒がある。

これらの原料は「主として内地産棕梠皮」であるが、上等のものは中国産の「抜毛」及び内地産の「鬼毛」であるとされている。原料の調達事情については後述するが、農家副業として製造される場合の原料所要量や価格などについては次頁の表8のように記されている。

表８　棕櫚箒の原料所要量及び製造実態

種　目		長柄箒	手　箒	荒神箒	紙張箒
１日の製造本数		２本	10本	30本	８本
１個に要する	原料皮	21枚	18枚	３枚	21枚
	針金其他	３銭	２銭	１銭	１銭
１日分原料代		30銭	70銭	40銭	50銭
１日分製品価格		１円80銭	１円60銭	１円80銭	２円
１日の稼高		１円50銭	90銭	１円40銭	１円50銭
１個の価格	上	１円	17銭	７銭	25銭
	下	80銭	15銭	５銭	－

＊日下部兼道『棕梠の栽培と利用（農山村副業叢書 第11輯）』（大日本山林会、1939年、181頁）を一部改変。

異なる時代の貨幣価値を単純に換算することはできないものの、表8の数字を現代の金銭感覚でとらえるための目安として、仮に計算してみよう。米一〇キログラムの標準小売価格で比較すると、一九三九（昭和一四）年の一円は二〇一八（平成三〇）年の約一二四九円に相当する。[23]この比率に基づけば、半日かけて結った長柄箒の価格は一本一二四九円（「上」の場合）、作り手の稼ぎは一日一八七四円に過ぎない。[24]昭和四〇年代以降、電気掃除機の普及に伴って箒が衰退したのは間違いないが、こうした低価格・低賃金の産業構造がそれを後押ししたのもまた事実であろう。

産地が直面したさらなる問題としては原料の調達難が挙げられる。棕櫚製品の需要拡大により棕櫚皮不足が深刻化し、和歌山県では早い時期からその手当てに悩まされていた。シュロは植樹してから棕櫚皮が採取できるようになるまで一〇年ほどかかるといわれ、急な増産には対応できない。[25]そのため、明治末より中国四川省付近で産する「棕櫚抜毛」（棕櫚の長い繊維を抜いたもの）を輸入するようになり、大正初めからは南洋諸島産のパーム（ヤシの実の繊維）にも頼らざるを得なくなった。[26]箒の場合、パームは主として庭箒の材料とされたが、『棕梠の栽培と利用』によれば、中国産の棕櫚抜毛は荒神箒の素材としても用いられたようである。

昭和戦時期において棕櫚皮は統制経済下に置かれ、棕櫚縄などの軍需利用が最優先された。このため、野上谷地域では箒をはじめとする雑貨類の生産がほぼ不可能になると同時に、棕櫚皮の過剰採取が行われたという。(27) 統制が解除された戦後も、すぐに現金収入が得られる棕櫚皮は乱獲され、品質低下へとつながった。一方、都市化や工業化の進展により就業構造が変化したことで皮を剥ぐ「山師」が減少し、また労賃の上昇に伴いシュロ栽培が不採算化すると廃木後の植林が行われなくなってしまった。

さらには、パームの輸入再開、化学素材製品の台頭という逆風にもさらされ、棕櫚皮生産は衰退の一途をたどっていった。昭和四〇年代の生産量は、一九四八（昭和二三）年から一九五〇（昭和二五）年の三カ年平均の約三分の一にまで落ち込んだという。(28) かつてのシュロ林には杉やヒノキが植林され、残されたものも職人による手入れがなされないままなので上質な棕櫚皮が採取できなくなってしまった。

化学繊維の登場や家電製品の普及などの逆風を受けた野上谷地域では、箒の素材を多様化する道を選択せざるを得なくなった。昭和三〇年代後半から四〇年代を通しての動きを『海南地方家庭用品産業史』（海南地方家庭用品産業史編さん委員会編、海南特産家庭用品協同組合発行、一九八九年）から引用しよう。


箒は、座敷箒と庭箒に大別され、座敷箒はキビでできたキビ箒が主体で、棕梠製はごくわずかなものである。庭箒はシダ、パーム、棕梠などの植物繊維を使ったものが大半を占め、当産地はこの庭箒が主力である。

庭箒にも、三〇年代末ごろから、ナイロンやサラン、それにポリプロピレンを特殊加工したパルコンなどの合成繊維を材料としたものが開発されているが、量的には、植物繊維製が圧倒的に多く、九五パーセント程度を占めている。

文中の「キビ箒」とはイネ科一年草のホウキモロコシが原料の「蜀黍箒」を指すが、同地ではすでに昭和一桁の時代から製造が始まっていたという（『海南地方家庭用品産業史』）。

材料調達の安定性を欠き、蜀黍箒より一足先に衰退の憂き目を見た棕櫚箒であったが、その命脈は今も受け継がれている。材料の棕櫚皮は中国などの海外産に代わって久しいが、和歌山の鬼毛箒は「一生に三本あれば足りる」といわれるほど耐久性が高く、愛用者が絶えない。このほか、福岡県南東部に位置し明治時代より製造が続いているうきは市なども棕櫚箒の産地として知られている。

注と引用文献

（1）貝原益軒『大和本草（巻11）』一七〇九年（国立国会図書館デジタルコレクション）、http://dl.ndl.go.jp/info:ndljp/pid/2557473（二〇一九年一一月三日閲覧）

（2）『日本国語大辞典』によれば、カヤツリグサの漢名にあてる場合もある。

（3）棕櫚箒製作舎ホームページ、https://shurohouki.jp/?mode=f7（二〇一九年八月一七日閲覧）

（4）同前。

（5）鈴木三男「縄文人はな、な、な?・」WEBサイト「縄文ファン」連載企画「おどろ木、びっ栗、森のくらし」第八回（二〇一八年一月一二日）、青森県企画政策部 世界文化遺産登録推進室、http://aomori-jomon.jp/essay/?p=10027（二〇一九年六月二四日閲覧）

（6）慶應義塾大学メディアセンターデジタルコレクション、相良家文書、慶長拾一季丙午 江戸御屋形作日記、http://dcollections.lib.keio.ac.jp/sites/all/libraries/uv/uv.php?archive=SGM&id=001-111&page=7#?c=0&m=0&s=0&cv=20&r=0&z=-605.1798%2C0%2C6202.3596%2C3328（二〇一九年六月二四日閲覧）
（7）立川美彦 編『訓読 雍州府志』臨川書店、一九九七年、二七二―二七三頁。
（8）宮崎安貞 編録、貝原楽軒 刪補、土屋喬雄 校訂『農業全書（岩波文庫）』岩波書店、一九三六年（第7刷、一九七七年）、二九八頁。
（9）東京都立図書館のWEBサイト「TOKYOアーカイブ」によれば、出版年は一八四六（弘化三）年。
（10）『万買物調方記』一六九二年（国立国会図書館デジタルコレクション）、http://dl.ndl.go.jp/info:ndljp/pid/2532535（二〇一九年八月一七日閲覧）
（11）国立国会図書館デジタルコレクションの解題によれば「記述者は近代の人物で本帖の編者と思われるが未詳」とされている。
（12）江戸叢書刊行会 編『江戸叢書 巻の四（全12巻）』江戸叢書刊行会、一九一六年、四八―四九頁。
（13）内国勧業博覧会事務局『明治十年内国勧業博覧会出品目録 四』内国勧業博覧会事務局、出版年不明（国立国会図書館デジタルコレクション）、http://dl.ndl.go.jp/info:ndljp/pid/801851（二〇一九年七月二二日閲覧）
（14）宮崎安貞 編録、貝原楽軒 刪補、土屋喬雄 校訂『農業全書（岩波文庫）』岩波書店、一九三六年（第7刷 一九七七年）、二九七―二九八頁。
（15）（財）東京都生涯学習文化財団『千代田区外神田四丁目遺跡――秋葉原駅付近土地区画整理事業に伴う埋蔵文化財調査（東京都埋蔵文化財発掘調査報告 第147集 第1分冊）』東京都埋蔵文化財センター、二〇〇四年、三頁。
（16）日本産業協会 編『全国副業品取引便覧』日本産業協会、一九二六年、三八一頁。
（17）農商務省農務局 編『加工的副業生産品一覧（副業参考資料 15）』日本産業協会、一九二三年、四〇頁。
（18）和歌山県内務部「和歌山県農事調査書 下」一八九三年、五三頁。

(19) 仁井田好古 等編『続紀伊風土記 第3輯』帝国地方行政会出版部、一九一〇年、三七五頁。

(20) 吉田昇三・安藤精一・殿井一郎『和歌山県繊維産業史』(和歌山県繊維工業振興対策協議会、一九七七年、五七〇頁。

(21) 日本産業協会 編『近畿の副業』日本産業協会、一九三〇年、一四三頁。

(22) 和歌山県経済部林務課が一九三六(昭和一一)年にまとめた「林業試験報告 第1号」に日下部が栗原吉雄と共同執筆した「特殊樹種試験予報」が掲載されており、日下部の肩書きは「技手兼農林技手」となっている。

(23) 一九三九(昭和一四)年の東京における標準価格米一〇キログラム当たり(白米)の小売価格は三円二五銭(週刊朝日編『値段の明治大正昭和風俗史 上』朝日新聞社、一五九頁)。二〇一八(平成三〇)年の「コメの平均小売価格」(五キログラム当たり)は二〇二九円(農林水産省「食料・農業・農村対策審議会食糧部会(平成三〇年一一月二八日開催)参考資料 3「米をめぐる関係資料」二〇頁。一〇キログラム換算：四〇五八円)。よって、四〇五八円を三・二五円で割ると、約一二四九倍となる。

(24) 『棕梠の栽培と利用』一八二頁には「一般の相場」として「長柄箒上」は「七五銭—一円五〇銭」とされており、より高価な製品も販売されていたようである。参考までに、棕櫚・パーム・マニラ麻などの原料や製品を扱っていた紀州特産物問屋の清水與次兵衛商店(和歌山県日方町=現・海南市)が一九二六(大正一五)年一月に発行した「习商報」の「相場表」を見ると、棕櫚の「柄長箒」の一等品は一円五〇銭、二等品は一円、三等品は八〇銭である。これらが卸売価格であると考えれば、小売価格はそれを上回ると推察される。なお、物価の変動について、注23と同じ考え方をするなら、一九二六(大正一五)年の標準価格米一〇キログラム当たり(白米)の小売価格は三円二〇銭であり、一九三九(昭和一四)年とほぼ同レベルと見てよさそうである。

(25) 吉田昇三・安藤精一・殿井一郎『和歌山県繊維産業史』(和歌山県繊維工業振興対策協議会、一九七七年、五七一頁。

(26) 和歌山県那賀郡 編『和歌山県那賀郡誌 上巻』那賀郡、一九二二年、九七二—九七三頁。

(27) 藤田和史『海南市の家庭用品産業集積における開発・販路拡大活動の企業空間とネットワーク(地域研究シリーズ 42)』和歌山大学経済研究所、二〇一三年、八頁。
(28) 海南地方家庭用品産業史編さん委員会 編『海南地方家庭用品産業史』海南特産家庭用品協同組合、一九八九年、八〇—八二頁。

7 蜀黍箒

蜀黍箒の複雑さ

「蜀黍《もろこし》箒」を定義するのは、かなりの難題である。イネ科一年草のモロコシ属に分類される約三〇品種のうち、日本へ渡来し、かつ箒の材料として多用されたのは主に「モロコシ」(図43)と「ホウキモロコシ」(図44)の二種類だが、単に「蜀黍箒」という場合、どちらを材料としているのかはにわかに判断できない。これが第一の理由である。

図43 モロコシ

図44 ホウキモロコシ(渡辺撮影)

モロコシもホウキモロコシも栽培作物であるが、その用途には大きな違いが見られる。モロコシは穀実を食用するために栽培され、実は粉にして餅や団子にする。箒の材料となるのは、脱穀した後の黍殻《きびがら》（黍稈）である。一方、ホウキモロコシは箒をつくるためだけに栽培され、実を食べることはない。モロコシに比べ、節から分枝した「枝梗《しこう》」の部分が長く、かつ、その先端がそろっていることが特徴である。

各々を素材とする箒は、その性格も著しく異なっている。モロコシでつくった蜀黍箒の多くは土間や庭を掃くための自製箒である。対して、ホウキモロコシ製の蜀黍箒は座敷箒であり、専門の作り手が製造する。商品として市場に流通するため、仲買人や問屋も関与している。こうした周辺情報を伴わない限り、「蜀黍箒」の材料がモロコシなのかホウキモロコシなのかは容易に決められない。

「蜀黍箒」の具体像がわかりにくい理由の二つ目は、モロコシやホウキモロコシを材料としていても、「蜀黍」とは別の語を冠する箒が多々存在するからである。モロコシには「タカキビ」や「コーリャン（高粱）」という別名があり、また「アカモロコシ」「トウキビ」などの方言名も多数存在するほか、単に「キビ」などとよぶ地方も少なくない。こうしたさまざまな名を付した箒もモロコシによる蜀黍箒として検討する必要がある。

一方、ホウキモロコシには「ホウキキビ」「ホウキトウキビ」などの地方名（方言）があり、これらの地域では「黍箒」と称することが多い。「ホウキキビ箒」とは言いにくいからであろうが、それによりモロコシの「黍箒」と混同する恐れがあることを念頭に置かねばならない。また、ホウキモロコシによる箒には素材と関わりのない名も付けられている。素材の伝来ルートを表すともいわれる「朝鮮箒」、箒の主産地を示した「東京箒」、用途を表す「座敷箒」がその代表例である。さらに、ホウキモロコシは「草」「和草《わそう》」「箒穂」などの職人言葉でもよばれ、「草箒」や「穂箒」がホウキモロコシによる箒を指す場合もある。

はっきりとした呼び名がないため、たとえば一九一八（大正七）年に刊行された『帝都と近郊』（小田内通敏著）には「上練馬村より下練馬村にかけ、或部落には黍稈にて作る箒を出す所あり」[(1)] と書かれている。これは東京都練馬区が蜀黍箒の産地であったことを知っていれば「黍稈」がホウキモロコシを指すとわかるが、そうでなければ見当もつかないだろう。

さらに、わかりにくさの第三の理由を指摘すると、イネ科一年草のキビ属のキビは地方によって「モロコシ」とよばれる。[(2)] つまり、蜀黍箒と称しながらも、モロコシやホウキモロコシを使っていない可能性すらあり得るのである。

ややこしいことこの上ないが、ここからはホウキモロコシの箒に絞って話を進めよう。既に何度か述べているように、この箒は江戸末期に出現して以降、東日本を中心として急速に普及したが、名称の統一を見ないまま衰退期を迎えてしまった。そうした中でも、最も多く目にするのは「蜀黍箒」であるため、本稿でもそれに準じる。以下、特に断りのない限り、蜀黍箒とはホウキモロコシの箒を指す。

蜀黍箒の特徴と型

蜀黍箒の美点として真っ先に挙げられるのは、軽くて扱いやすいという点である。それはしばしば棕櫚箒と比較する形で言及され、たとえば女子商業学校（後の嘉悦学園）の創設者である嘉悦孝子は一九一

図45Ⓐ〜Ⓙ　蜀黍箒の型。名称は地域により異なる場合もある
（いずれも、製作：永倉一男氏、提供：ふじみ野市立大井郷土資料館）

九（大正八）年に出版した『家庭生活の改造』において「よくお座敷には、棕櫚箒を使ひますが、あれは、使い難い上に、隅々まで掃けませんから、矢張《やはり》、朝鮮箒が宜しいでせう」[3]と述べている[4]。

造形的には、長くしなやかな穂先を生かし、糸を使った編み付けが施されている点が大きな特徴である。編み方には多くの型があり、色糸が用いられるなど装飾性も際立っている（図45Ⓐ〜Ⓙ）。これは後発の座敷箒として、その元祖たる棕櫚箒との差別化を図った結果かもしれない。

蜀黍箒を構造的に分類すると、初期の一群は「胴物」（「胴箒」ともいう）と称される。穂先の上部に「胴」とよばれる部分を大きくとって編み付けたこのタイプは、蜀黍箒が出現した江戸末期から見られ、「五つ型」「七つ型」「九つ型」「富士型」「瓢箪型」「都型」という六つの型が産み出された。これらは大正中頃まで流通したという。

「五つ型」「七つ型」「九つ型」は胴編みの下部が名前の数に分かれており、「富士型」と「瓢箪型」はそれぞれの名を模した形の胴を持つ。「都型」はホウキモロコシを編み付けた竹柄が胴を二分するつくりとなっており、竹柄と胴の間にできる空洞をさらに大きくした「新型」は「メガネ型」とも称される。

これらの伝統的な製法のうち、胴物は既に衰退して久しいが、一

Ⓐ長柄箒　胴物　五つ型

Ⓔ長柄箒　胴物　都型

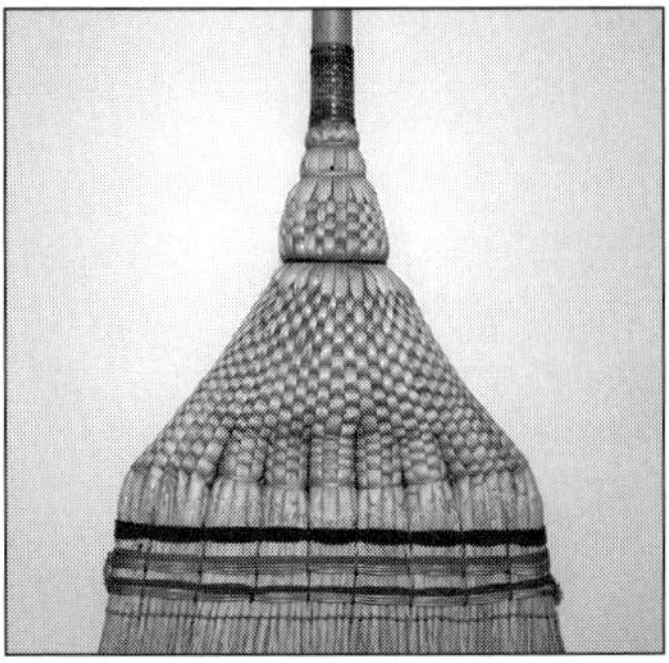

Ⓑ長柄箒　胴物　七つ型

Ⓕ長柄箒　櫛（串）型　11 玉

Ⓒ長柄箒　胴物　富士型

Ⓖ長柄箒　丸型　11 玉

Ⓓ長柄箒　胴物　瓢箪型

Ⓗ長柄箒　東型

Ⓘ長柄箒　難波（浪花）型

Ⓙ長柄箒　新型（メガネ型）

八七七（明治一〇）年に発行された雑誌『農事調査』の「農家の余業」特集号を読むと、その手順がおぼろげに見えてくる。

○蜀黍《もろこし》箒《ほうき》

蜀黍箒は先つ蜀黍を柄竹《からたけ》（ママ）に結び束《たば》ねること五六本而して尚ほ左右に加ふれば畧箒《ほぼほうき》の躰を造《つく》り竹《たけ》串《くし》の下端より麻糸《あさいと》にて編み中部を緊《きび》く結び瓢形《へうかた》となすべく又更に細糸《ほそいと》にて編むこと凡て二十一段稽末を整ひ截断《さいだん》して其形を作るものなり。

この工程では穂を「左右に加ふる」方法が記されていないのが残念だが、「竹串」を用いている点が目を惹く。そこからの類推も交えつつ、右に記されている製法を整理してみよう。

①中心となる穂先を数本、柄竹に結い付ける。
②それと直交する形で、竹串を装着する。
③左右の竹串に、穂先を結い付ける。
④糸で穂先を編む。
⑤いったん糸できつく縛る（＝「胴締め」）。
⑥胴締めした後もさらに編んで計二一段とし、最後は穂先を切りそろえる。

やや乱暴に整理すれば、これは既に述べた棕櫚箒が進化する途中の製法を踏襲したものと考えられる。すなわち、①柄竹と竹串の「十字」構造、②穂先を小分けにして束ねた「玉」構造、③「玉」の上部をきつく巻いて柄竹と接合する「足巻き」という三大発明のうち、①のみが導入された段階に相当するといえよう。中心部の穂先をまず柄竹に結い付ける点も、棕櫚箒の製法と同じである。既に述べた通り、蜀黍箒が発祥した江戸末期には江戸でも棕櫚箒がつくられていたことから、その技術が移入されたと見るのが自然であろう。

上福岡市立歴史民俗資料館（現・ふじみ野市立上福岡歴史民俗資料館）の『ほうきの文化――序章（第九回特別展図録）』によれば、明治期以降、胴物に続いて登場したのが「櫛（串）型」「東型《あずまがた》」「難波（浪花）型」である。これらもみな胴編みがなされているが、「玉」構造をもつ点が胴物と異なっている。

「櫛（串）型」は、玉の数により「九つ玉」「十一玉」などの型があり、また胴の形がやや異なるものを「丸型」などという。「東型」と「難波（浪花）型」は造形が似通っているため、しばしば混同されている。「玉」構造を持つこれらの箒は「玉箒」と総称されることもある。(5)

以上はすべて、座敷箒の中でも高級な長柄箒の型である。片手用の手箒は型が細かく分かれておらず、編み付けを行う箒の構造はほぼ共通している。このほか、編み付けを行わない手箒もあり、「針金巻き」などと称された（上福岡市立歴史民俗資料館、前掲書）。さらに、ホウキモロコシの稈（内部がスポンジ状になっている茎）を穂先から切り離さず、束ねて柄にしたトモエ箒（共柄箒／巴箒）や、柄のない小箒も製造されている。

ここまで見てきた箒は江戸・東京を発祥とするものだが、別の系統として、穂先の付け根がぷっくりと膨らんだ「蛤《はまぐり》箒」が知られている。この箒は栃木県鹿沼市周辺で生まれたことから、「鹿沼箒」ともよばれる。古くは長柄箒も作られていたが、後に手箒のみとなった。また、同県の栃木市周辺では、蛤箒のほか、「東京型」と称して江戸・東京系統の箒もつくられている。

ホウキモロコシの伝播

蜀黍箒の起源を探る前に、まずホウキモロコシという素材の出現について触れておこう。

モロコシは一四世紀頃までに渡来した外来種であることから、ホウキモロコシもそれ以降に渡来したものと考えられているが、明確な時期はわからない。「江戸時代に朝鮮通信使が持ち込んだ」という巷説も聞かれるものの、残念ながら史料的な裏づけを欠くようである。ただ、ホウキモロコシを、東京都や山梨県の一部では「ちょうせん（朝鮮）ほうき」、宮城県・福島県・山梨県の一部では「ちょうせん（朝鮮）もろこし」とよぶ。少なくとも、ホウキモロコシが朝鮮半島を経由して日本に伝播したととらえられていたことは間違いなく、蜀黍箒が「朝鮮箒」の別名を持つのも、それに因んだものであろう。

ホウキモロコシが文献に登場し始めた時期を探るため、江戸時代の主要な本草書への掲載の有無を調べたところ、『大和本草』（貝原益軒著、一七〇九年刊）や『本草綱目啓蒙』（小野蘭山著、一八〇三〜〇六年刊）には該当がなく、『本草図譜』（岩崎灌園著、一八二八年刊）には載録されている。この事実は、蜀黍箒が江戸末期に出現したという説とも合致する。

『本草図譜』は彩色した草木図に解説を添えたもので、収録した植物の数は約二〇〇〇種にも上る。日本初の本格的な植物図鑑とも称される同書において、ホウキモロコシは次のように説明されている（図46）。

さんさらもろこし　江戸
はうきもろこし　同上
ほつすきび　尾州
くろきび　本朝食鑑

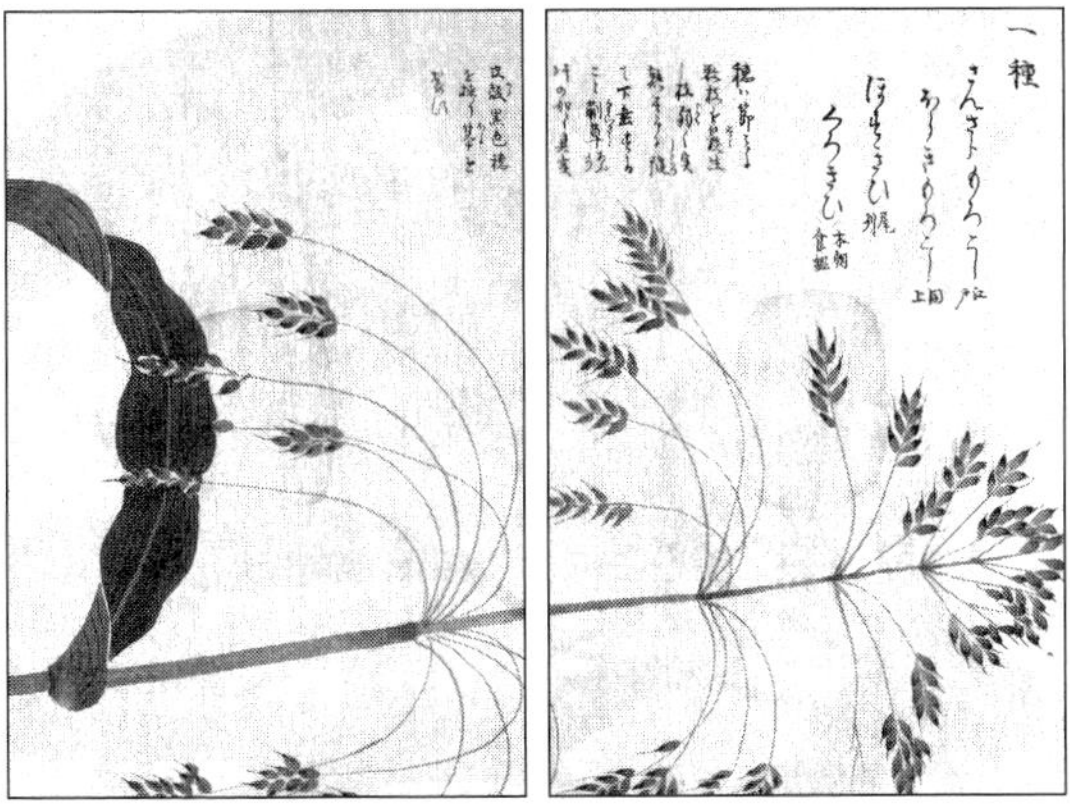

図46　『本草図譜』に見るホウキモロコシ（国立国会図書館蔵）

穂ハ節ことに数枝を簇生し枝弱く実熟するに随て下垂すること蒯草《あぶらすすき》のごとくその実皮殻黒色
穂を採り箒を製す

冒頭の「さんさら」は、「ざんざら」と読むようである。「ざざめく」から転じた「ざんざらめく」には「ざわざわと音や声を立てる」[6]という意味があり、ホウキモロコシの長い穂が風になびいたときの様子を表したものと考えられよう。江戸後期の類書『守貞謾稿』では菅笠の一種として「ザンサラ笠」が絵入りで紹介されているが、頂部でなびいている菅末の様子は「ざんざらもろこし」の穂と瓜二つである（図47）。

三つ目にある「ほつすきび」の「ほつす」は、仏具の「払子《ほっす》」を指す。熊や馬の毛、麻などを束ねた払子の長い房に、ホウキモロコシの穂をなぞらえたものだろう。ここでは尾張国の方言とされているが、「払子蜀黍《ほっすもろこし》」はホウキモロコシの別名として扱われている[7]。

最後の「くろきび」については、慎重に検証する必要があるだろう。「くろきび」についての言及が見られる『本朝食鑑』では「黍」の項でキビ属とともにモロコシ属の一部品種にも触れている。同書はそもそも食物に関する本草書であるが、当該部分の記述は「また黒黍というのもある。これは黒色の糯黍である」[8]（現代語訳）というもので、食用と見るのが自然であろう。つまり、ホウキモロコシとは別物であるように思われる。ただし、後述するように、ホウキモロコシには「黒種《くろだね》」とよばれる品種があ

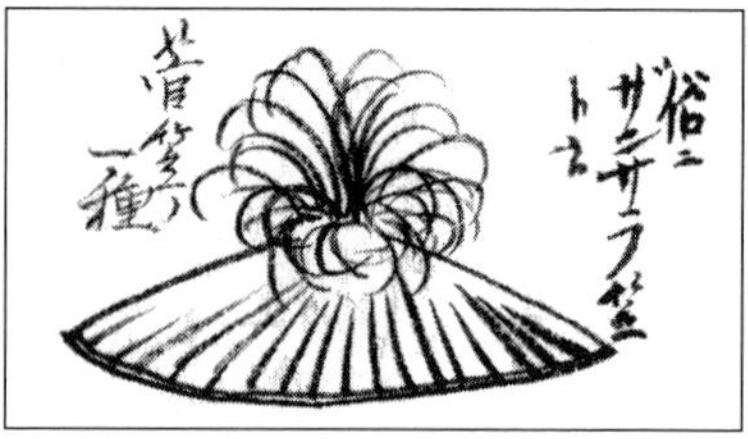

図47 『守貞謾稿』に描かれた「ザンサラ笠」（国立国会図書館蔵）

るため、「くろきび」と俗称されていた可能性は否定できない。ホウキモロコシには「払子蜀黍」と並んで「烏蜀黍《からすもろこし》」の別名があるのも、(9)種実の色によるものであろう。

このように、一部検討の余地を残してはいるものの、ホウキモロコシという植物の形態を絵入りで解説し、別名や利用にも触れているという点で、『本草図譜』の資料的価値は高い。また、同書が刊行された一八二八(文政一一)年以前にホウキモロコシが伝来し、このときすでに箒の材料とされていたことの典拠ともなり、蜀黍箒の起源を探るうえでの重要な資料として位置づけられる。

蜀黍箒の出現

ホウキモロコシだけでなく、蜀黍箒についても、その起源を説いた地誌資料などは管見の限り見当たらない。その点は棕櫚箒と対照的である。素材としての希少性が高い棕櫚毛に対し、ホウキモロコシはモロコシの一品種に過ぎないことから、それを素材とした箒も当初はさほど関心を集めなかったのだろう。蜀黍箒の名称がまちまちであるのも、その表れなのかもしれない。

蜀黍箒が注目を集めるのはおそらく胴箒が考案されて以降で、その細かな編み目を描いた箒が絵画資料にも見られるようになる。「おもちゃ絵」とよばれる浮世絵の一種で台所用具一式を描いた「新板かつて道具尽」は一八五七(安政四)年に出版されたものだが、長柄箒の穂先は淡黄色に着彩され、基部には格子模様が描かれている(次頁図48)。

また、歌川広重の浮世絵「当世長ッ尻な客しん」(一八六八年、二三九頁図49)の左端に描かれている手拭いを掛けた逆さ箒も、枯草色の穂先と基部の格子模様から判断すれば蜀黍箒の可能性が高い。料亭

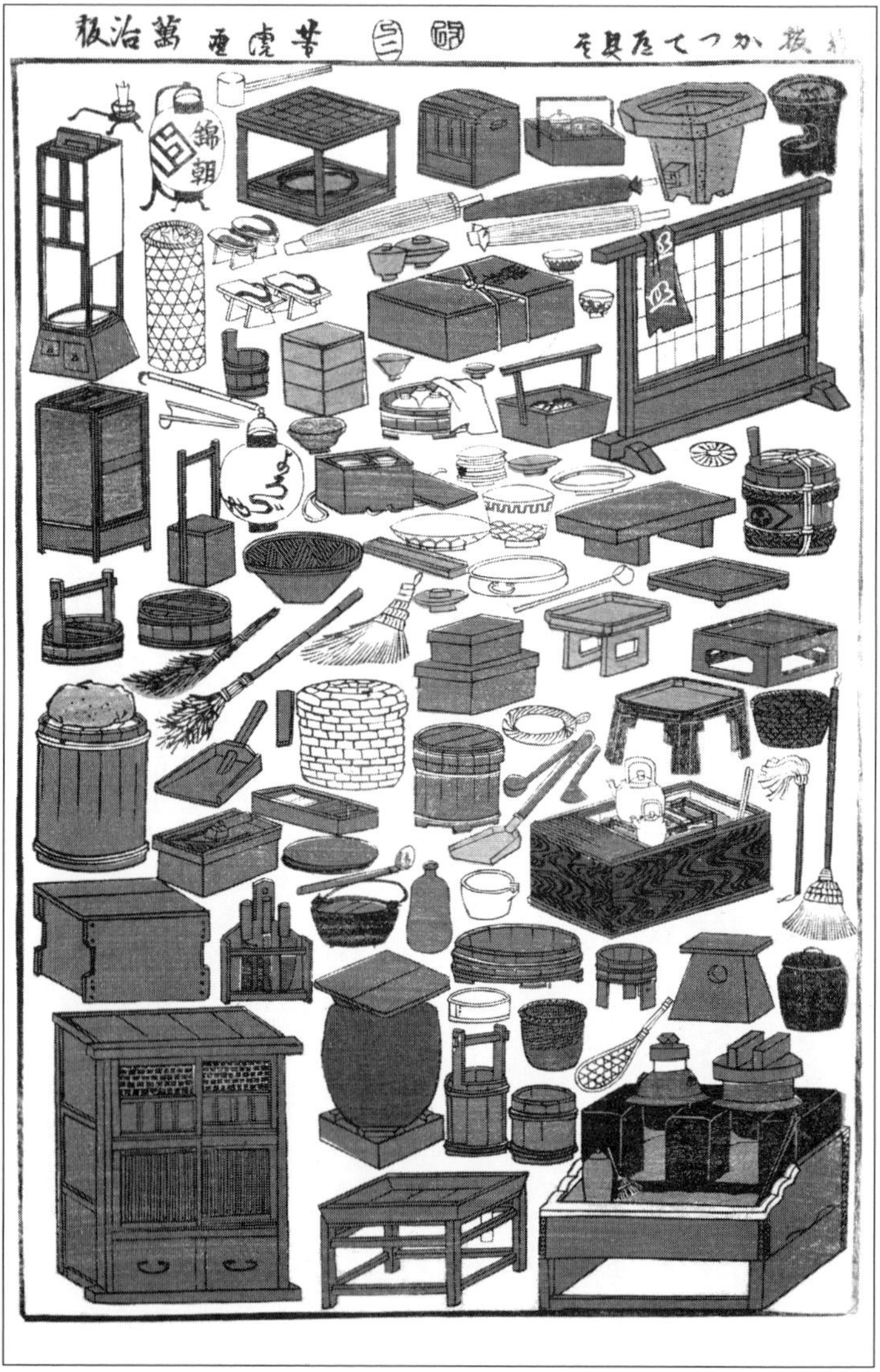

図 48 「新板かつて道具尽」（国立国会図書館蔵）

を舞台とするこの錦絵は戊辰戦争時の江戸っ子の心情を描いたものといわれ、店の名の「東楼《あずまろう》」は江戸城を意味する。座敷の客人は王政復古とともに新政府の総裁職に就任した有栖《ありす》川宮《がわのみや》熾仁《たるひと》親王と土佐・長州・薩摩の各藩士、次の間で逆さ箒を手にしている女将は天璋院《てんしょういん》（篤姫《あつひめ》）、その隣で草履を裏返している娘は和宮《かずのみや》だという(10)。逆さ箒は客を退散させるためのまじないであり、つまりは新政府軍への拒絶感を表しているというわけだ。上方生まれの棕櫚箒ではなく、江戸ならではの蜀黍箒を用いて風刺したところに、田舎侍の野暮な振る舞いに眉をしかめる江戸っ子の気風も垣間見える。

　この当時、蜀黍箒の産地は関東一円に広がっていたようである。後に代表的産地の一つとなった武蔵国入間郡大井村（現・埼玉県ふじみ野市）では、「大井箒」「埼玉箒」「東京箒」などと称される蜀黍箒の起源は文化文政年間（一八〇四～三〇年）

図 49　「当世長ッ尻な客しん」（足立区立郷土博物館蔵）

に遡ると伝えられている。「大井村市沢の内田忠右衛門・留吉兄弟が上練馬村で胴箒づくりを修業し、これが埼玉へ伝えられた始まり」[11]であるという。一九二〇（大正九）年に埼玉県農会がまとめた『副業調査（其二）附農事調査』によれば、当初は「朝鮮箒」と称して農閑期に製造したものを江戸で販売したり近在で行商したりしていたが、需要の増加に伴いホウキモロコシの栽培区域が拡張し、栽培者と製造者が分業するようになった。

さらなる増産体制へと移行する契機となったのは、⑥「棕櫚箒」の項でも触れた一八七七（明治一〇）年の「第一回内国勧業博覧会」である。褒状を授与されたのを機に、同地では生産拡大と品質改良に着手した。「東京府下練馬村及其ノ付近町村」に栽培および製造の方法を教わりつつ「共ニ協力一致シ之レガ改善ニ努メシ結果」、東京から京阪地方、さらには朝鮮、台湾へと販路が拡大した。ついには材料不足に陥り、千葉県や茨城県から供給を仰ぐようになったと記している。

一八七七（明治一〇）年第一回内国勧業博覧会では、栃木県の鹿沼箒も「製美にして弱ならず且《かつ》価の貴からざるを以て家常の実用に適す」として褒章を受けている。[12]その起源は郷土史研究家の腰山巌による『鹿沼箒研究』（一九六七年）に詳しい。下野国都賀郡鹿沼地方にホウキモロコシの種子が移入されたのは一八四一（天保一二）年であり、「代官荒井喜右エ門という人が花岡村の某と江戸へ藍の取引に出張し、江戸在練馬から箒種子を持って帰り、花岡村に試植したのがはじまり」だという。また、「この頃練馬箒の元祖といわれる増田定右エ門という人が箒を商品化したといわれるから、種子の移入もそういうことに刺激」された可能性があるとも述べている。[13]「花岡村」は現・鹿沼市であるが、埼玉県の旧・大井村に続き、ここでも「練馬」との関わりが説かれている点に注目したい。

「練馬起源説」をめぐって

東京都練馬区は都内最大の蜀黍箒の産地として知られ、昭和五〇年代まで製造が続いていた。その発祥については、一九一六（大正五）年に発行された雑誌『農業世界』の記事「練馬の朝鮮箒」に詳しい。著者の鹿島金蔵には「当業者」の肩書きが付されている。やや長くなるが引用しよう。

練馬大根の名は、千住葱の名と共に古くから世間に知られてあるが、練馬から出る朝鮮箒《てうせんはゝき》の名は余り広く知られて居ないやうである。然るに此《この》朝鮮箒は練馬の一小村から毎年東京に出て居る数は無慮三十万本の多きに達し、之を神田の青山及び小網町の秋山の両問屋で引受けて更に方々に売り捌かれて居る。

目下朝鮮箒の製造地とも云ふべきは我が練馬を筆頭として、埼玉県の大井と岐阜県との三ケ所位なものであるから之が製造販売の余地は、何程でもあるものなりと見做す事が出来る。

偖《さ》て此朝鮮箒とは、何《ど》んなものかと云ふに、之が使用の最も多い関東方面の需要者に対しては、元より説明の要もないが、関西方面に至れば今も多く棕梠箒を使用して居るから或は如何なるものかを承知しない向《むき》もあるかも知れない。要は、吾々の仲間で和草《わさう》と称するもろこしに似た草のミゴで造つた座敷箒《ざしきはゝき》に過ぎないのである。

此もろこし箒《はゝき》は、今から八十年も前から、練馬の農家が副業として製造し、自家用となし、又其幾分を東京に持ち出して売り捌いて居つたものである。却々《なかなか》有利な事業であつたから其後四十年を経た明治初年頃には非常な盛大になつて来て練馬の農家では之を副業にしないものは殆んど無い位であつた。

而して此《こゝ》に増田初五郎と云ふ仁が明治十年頃、東京に於いて棕梠の座敷箒を見、もろこしのミゴで此の座敷箒を製造し見ば如何《いか》なものかとの考へを抱き初めて之を製造するに至つた、之が今日の朝鮮箒で従来のものは単に台所用たるに過ぎなかつたものである。

練馬における蜀黍箒づくりの起源は『練馬区史』でも触れておらず、これは極めて貴重な証言である。また、「従来のものは単に台所用たるに過ぎなかつた」という記述は、ホウキモロコシの蜀黍箒がモロコシのそれと同様、元来は土間箒であったことを示す。管見の限りでは、この点を明らかにした資料は類例がない。

ただ、年代の記述については疑問も残る。まず、蜀黍箒づくりの起源を「八十年前」としている点だが、単純に計算すれば一八三八（天保九）年になる。これは鹿沼地方にホウキモロコシの種子が移入された時期よりはわずかに前だが、大井村の内田兄弟が練馬で胴箒の修業をした年の後となり、辻褄が合わない。

また、座敷箒を考案したのが一八七七（明治一〇）年頃という証言も、すでに見てきた江戸末期の絵画資料との整合性を欠いている。大井村における伝承は「文化文政年間に練馬で胴箒づくりを修業した」と具体的であり、また第一回内国勧業博覧会で鹿沼や大井の蜀黍箒が褒章を受章している点からも、「練馬の朝鮮箒」の記述には疑問を感じざるを得ない。

ところが、旧・大井村界隈には先の起源伝承とは異なる説があるという。「座敷箒の始まりは江戸時代でなく明治初期」であり、「朝鮮より箒黍が輸入され、作り方も含めてこれが朝鮮箒の名称として多くの箒職人に伝えられている」というのである（上福岡市立歴史民俗資料館、前掲書）。朝鮮から箒黍を輸入したというくだりの真否はさておき、座敷箒の始まりが明治初期であると述べている点は「練馬の朝鮮箒」の記事と合致する。蜀黍箒の「明治起源説」が練馬や大井の職人間で共有されていたことは確かであろう。

ここで気になるのが、先に紹介した埼玉県農会の「副業調査」の記述である。第一回内国勧業博覧会での褒章受賞を機に、大井と練馬の職人が協力して取り組んだ「改善」とはどのような取り組みであったのか。もし、これにより画期的な型が誕生したのなら、蜀黍箒の「明治起源説」がもたらされた背景として得心がいく。あくまでも仮説に過ぎないが、胴物の後に登場した東型や浪花（難波）型の造形は現代の棕櫚箒と近似しており、「東京に於いて棕櫚の座敷箒を見、もろこしのミゴで此の座敷箒を製造し見ば如何なものかとの考へ」から生まれた新製品であったとしても違和感がない。

蜀黍箒の起源伝承については、文化文政年間とされる大井箒よりさらに早い産地も存在する。一九二八（昭和三）年に刊行された『関東の副業』（日本産業協会編）によれば、「沼田箒」などとよばれる群馬県の蜀黍箒は天明年間（一七八一〜八九年）と伝えられ、大井箒より最長で約五〇年遡る計算になる。一九二五（大正一四）年に農商務省がまとめた『副業ニ関スル優良組合事例』では、「有限責任生品《なましな》信用購買販売組合」（群馬県利根郡川場村生品）の沿革を次のように紹介している。

遠ク天明ノ頃名主某民心ノ浮薄ニ流レ農村ノ衰頽ニ傾キツツアルヲ嘆キ専ラ勤倹貯蓄ノ美風ヲ涵養セムト腐心シ私財ヲ投シテ各地ヲ巡歴シ箒製作ニ関スル技術ヲ修メ之ヲ村民ニ伝ヘ製造セシメタルヲ以テ創始トス

「沼田箒」は別名「袋箒」ともよばれ、ふんわりとした編み込みを持ち味とする。曲線を描く胴編みや、元綴じの糸を脇に垂らす仕上げなども他の産地とは異なっている。これらの特徴が独自に開発されたものか否かは不明であるが、他の産地に学んだという沼田箒の伝承は、蜀黍箒の発祥が天明年間をさらに遡る可能性を示唆している。

また、長野県の蜀黍箒も、群馬県の「沼田箒」と同時期に発祥した可能性がある。『関東の副業』の「黍箒」の項には次のような記述が見える。

東筑摩郡《ママ》下高井郡其他に製作せらるゝ蜀黍箒は凡《ママ》の百四、五十年以前より農家の副業として生産せられ、他県にまで出荷しつゝありたるもの如《ママ》く、明治末頃よりは多額の原料を茨城県、栃木県より購入をなすの状況により、現今は全国に之が販路を有し盛に製造しつゝあり、東筑摩郡芳川村信用購買販売組合は黍箒草の購入及共同販売をなし、多数の外交員を設置し、利益を挙げつゝあり。

右の「百四、五十年以前」とは、一七七七（安永六）年から八七（天明七）年頃となる。東筑摩郡の主産地は現在の松本市野溝《のみぞ》地区で、「松本箒」「野溝箒」などとよばれた。また、下高井郡の蜀黍箒は現在の中野市で生産され、「中野箒」の名で知られる。下水内郡《しもみのちぐん》も現在の飯山市に含まれる地域が産地として知られている。

一方で、一九一一（明治四四）年に出版された『信濃産業誌』が伝える発祥時期はもう少し後である。同書によれば、その起源は享和年間（一八〇一～〇四年）であり、下高井郡中野町で始まった。「当時の製造は極めて幼稚」だったというが、次第に改良され、弘化年間（一八四五～四八年）には「既に該地方の農家にして殆ど蜀黍を栽培せざるものなきの状態となり、同時に製造家も漸く増加し、近隣の平岡村其の他の村落にも及び、中野箒の名北陸地方にも知らるゝに至れり」(15)という。

二つの伝承には約二〇年の差が見られるものの、東京・埼玉・栃木・群馬と同様、遅くとも江戸末期には長野でも蜀黍箒が発祥していたことを示している。

東京の蜀黍箒

蜀黍箒の製造業は、都市部と農村部で業態が異なっている。都市部では江戸時代に発祥した棕櫚箒の「箒師」さながら、店を構えて製造・販売する形態が主であった。こうした作り手は職人であると同時に商人でもあることから、「職商人《しょくあきんど》」とも称された。

これに対して農村部は農閑期の副業を出発点としており、当初はホウキモロコシの栽培と蜀黍箒の製造が同一地域で行われていた。後に大規模な産地では専業者も生まれ、また材料の不足を来すと他の地域から移入されるようにもなった。千葉県のように、当初は原料のみを供給していた地域が後に製造まで手がけるようになったケースもある。

蜀黍箒が江戸の発祥とされていることから、当初、その製造・販売の中心となったのは都市の職商人たちであろうが、実態は詳らかでない。蜀黍箒の起源が判然としないことからもわかるように、江戸時代から明治初期にかけての文献資料はほとんど見当たらないのである。たとえば[5]「草箒」の項でも触れた『東京府志料』（一八七四年）は府内各町村の物産に関する調査結果を収録した貴重な資料だが、箒に関しては上沼袋村（現・中野区）の「草箒」を除き、素材の種別に触れていない。[16] 一八九九（明治三二）年から一九〇二（明治三五）年にかけて刊行された『東京風俗志』（平出《ひらで》鏗二郎《こうじろう》著）にしても事情は同じで、附票「工業人員」の中に「箒」の項目名と「人員　三六」の数字が見られるのみである。[17] ただ、「工業」に分類されていることから職人による製造であることは確かで、棕櫚箒ないしは蜀黍箒であろうと推察される。

こうしたなか、一八七七（明治一〇）年の「第一回内国勧業博覧会出品目録」は、箒の素材と製造地を明らかにしているという点で貴重な資料である。ここでもまた、蜀黍箒のわかりにくさという壁が立ちはだかるが、蜀黍箒とそれに類するものを、東京府からは四名が出品している。また、当時は神奈川県に属し、後に東京府へと移管された地域の出品者も一名存在する。以下は出品目録からその品名・素材・製造地を抜粋したものである（丸付き数字とカッコ内は引用者）。

①箒、蜀黍、下谷坂本町（現・台東区）
②箒、黍稈、蒲田村（現・大田区）
③箒、蜀黍穂朝鮮箒、浅草南馬道新町（現・台東区）

④箒、蜀黍穂、天沼村（現・杉並区）
⑤蜀黍箒、武蔵国多摩郡梶尾新田（現・東京都小金井市）

これらのうち、「朝鮮箒」と明記している③は間違いなくホウキモロコシ製である。その他については必ずしもそうは断定できないが、少なくとも①についてはホウキモロコシ製であろう。職人が多く居住する町場の下谷でモロコシの自製箒を製していたとは思われない。

同博覧会の出品作を知る手がかりはこの目録のみであり、編み付けの型などは不明であるが、同時期の蜀黍箒は写真資料で見ることができる。日本が写真の黎明期を迎えていたこの当時、外国人向けの土産物として多数の風俗写真が撮影されているが、それらの中には箒売の姿や荒物屋の店頭を写したものが散見される。箒を鈴なりに提げた天秤棒や、日用雑貨を山と積んだ大八車（口絵(6)頁参照）は、異国趣味の外国人を大いに喜ばせたことだろう。なかでも、日下部金兵衛《くさかべきんべい》が一八八〇（明治一三）年に撮影した手彩色写真「ほうきの束をかつぐ男性」や「篭売り（年代不詳、次頁図50）」には胴編みの細部もはっきりと写っており、胴箒の七つ型（玉）や五つ型（玉）が確認できる。

また、大森貝塚を発見したことで知られるアメリカの動物学者、エドワード・E・モースのコレクションにも、明治期の蜀黍箒を鮮明にとらえた写真が含まれている。一八九〇（明治二三）年に撮影された「ほうき・ざるなどの行商」を見てまず驚かされるのは長柄箒の大きさで、全長は大八車を曳く男性の身長を上回り、穂先は足首から太股にまで達する。細やかな編み目で埋め尽くされた広い胴には迫力があり、元綴じ・中綴じ・小編みの糸色を変えるなど装飾性も高い（第1節「箒の名称と分類」参照）。

中綴じは日下部の写真では認められず、このころ新たに加えられたものかもしれない。

ところで、これらの写真に見られる販売形態のうち、日下部作品の天秤棒による振売は江戸時代から続くものである。ただし、江戸後期の類書『守貞謾稿』では棕櫚箒を収めた枠を担いでいるのに対し、「ほうきの束をかつぐ男性」では両端に輪のついた天秤棒を用い、そこに箒の柄を差し込んだり、紐でくくりつけたりしている。大八車での曳売は振売より新しく、明治に入って道路整備が進んだ後に普及したようである。

このほか、日本初の写真館を横浜で開業した下《しも》岡蓮杖《おかれんじょう》は、天秤棒を使わずに直接肩に担いだ箒売を撮影している。このような行商人は「鉄砲屋」とよばれた。日下部・下岡作品の撮影地は未詳であるが、仮に彼らが活動拠点とした横浜であったとしても、蜀黍箒の形態や販売方法に東京との大きな相違が見られたとは考えにくい。経時的変化

としては、先の下岡作品や日下部の別作品（「かごとほうきを積んだリヤカーと兄妹」）では行商人が蜀黍と棕櫚の座敷箒を両方扱っているのに対し、モース・コレクション作品では棕櫚製の小箒が見えるのみである。ここから類推すると、東京周辺の座敷箒が蜀黍箒に集約されたのは明治中頃ということになろう。

明治後期には蜀黍箒の製造や流通が全国的に拡大し始め、大正時代に隆盛期を迎えた。一九二三（大正一二）年に御徒町（旧・下谷区、現・台東区）の箒店に一二歳で奉公したという元箒職人は、『古老がつづる台東区の明治・大正・昭和［1］』の中で、当時を次のように振り返っている。

そこでは職人を五、六人使っていて、大正年間が一番箒屋の盛りでしたね。（略）その時分としては、結構いい商売になりました。あの頃は、どこの家にも箒が表から見えて、小ぎれいに飾ってあったりして、今とちがって往来なんかを、箒を買って誇らしげにかついで行く人もずい分いましたからね。箒も赤や青ときれいでしたね。

箒屋は、独立しても箒つくって売れる、職商人だからいいと思ったんです。小僧の収入というと、一日、十五日に一円、たまに二円ぐらいくれたこともあったが……。（略）奉公は兵隊検査で一人前になるんですよ。それで羽織をもらって、そこで一本いくらという手間になるんです。その当時一本四銭でした。手箒は二銭。長いので四銭。私の頃は五つ玉や七つ玉っていうのをつくったが、そのうちに櫛型というのに改良されていった。それに

右頁：図50　日下部金兵衛「箒売り」（長崎大学附属図書館所蔵「幕末・明治期日本古写真コレクション」）

なってから十銭もらったんです。十本で一円です。

白米一〇キログラムの値段で比較すれば、当時の一円は現在の一三〇〇円余りに相当する。(18)仕上がった箒は行商人が売り歩く一方、荒物屋へも納品したという。

箒ができると売りに歩くのがいるんです。私はやらなかったが、一日百軒はまわります。今日は深川の先までとかきめても、売物が残ってしまうと、その先の市川の方まで行かねばならない。でも、その時分としては、結構いい商売になりました。

(略)箒つくるだけなら三年もすればできるが、箒が何匁か目分量でわかるようにならないと一人前じゃなくてね。荒物屋さんが何匁つけてくれと注文にくる。百二十匁つけてくれとかね。箒は普通百五十匁。安もので百匁。

一五〇匁(五六二・五グラム)の箒を何本担いで回ったのかは定かでないが、御徒町から深川(現・江東区)までは片道約五キロメートル、市川(現・千葉県市川市)へはその三倍の道のりである。相当な距離を徒歩で日々往復していたことに驚かされるが、実際にどの程度売れていたのかも気になるところである。

同時期の一九二五(大正一四)年、『大阪朝日新聞』や『時事新報』のカメラマンとして活躍した片岡昇はフォトエッセイ「隠居箒——『御前さん』の相手は御免」(『カメラ社会相』所収、一九二九年)で御徒町の箒売を取材し、その生活の一端を綴っている。軽く見積もっても一五本はありそうな手箒を担いだ「お爺さん」は、「午後四時を過ぎて居るのに、箒は三本しか売れてない」とぼやきつつ、「日に一円五十銭儲けりや上々さ。なーにネ倅が何うにかやつてるんで、わしのは、隠居仕事よ」とうそぶく。四、五本は両肩の上に置き、残りの箒は柄尻から吊り下げるという振売の変形スタイルで「覚束なくも歩いて行く老人」は「東京へ来てから十年間街頭で稼いだ」と振り返っており、大正時代、東京の下町ではこうした行商がまだ商売として成立していたことをうかがわせる(19)。

一方、先に紹介した「練馬の朝鮮箒」では次のように、執筆時の一九一六(大正五)にはすでに行商から手を引いたと述べている。

(略)従来は問屋の手を経ずに夫々《それぞれ》荒物屋に卸し売りをするとか又は町々を持ち歩いて戸毎家毎に売り付けるとかして其利益も甚だ多く、其れのみならず船とか会社とかに売り捌く数も少なくない、練馬の農家では、朝鮮箒の製造に依つて、人の知らぬ利益を得て居つたものである。それが今では、世の中が繁忙になつて来た自然の勢として町々を売り歩く訳に行かず、凡て問屋の手を経るやうになり、それが為めに問屋から我儘《わがまゝ》も云はれて勢ひ多くの利益を獲得されない破目になつて居るのである、それでも一本の卸売を廿銭として決して副業としての価値を認め得ない訳ではない(20)。

著者の鹿島は行商からの撤退理由を世相の変化に求めているが、問屋との緊密な関係に後押しされた

表9　「東京都座敷箒商工業協同組合」会員の居住地（1959年）

自治体名	組合員数	自治体名	組合員数
台東区	8	板橋区	1
練馬区	7	千代田区	1
文京区	5	豊島区	1
新宿区	4	港区	1
中央区	3	中野区	1
千代田区	2	杉並区	1
江東区	2	品川区	1
江戸川区	2	小金井市	1
足立区	1	町田市	1
北区	1	八王子市	1
荒川区	1	南多摩郡稲城町（現・稲城市）	1

＊『全国箒組合名簿』（1959年）より作成。箒糸（中央区、1）および箒針金（練馬区、1）の製造・販売者を含む。

面も大きかったのではないだろうか。早期に大規模産地化したうえ都心からも遠くない練馬では、古くから大手問屋との取引を行っていたようである。練馬の宅地化や池袋の都市化が進展したのは一九二三（大正一二）年の関東大震災以降であり、それ以前の行商は御徒町界隈の箒商に比べれば非効率的であったに違いない。天秤に掛ければ、行商するよりも問屋へ納めた方が手堅い収益が見込まれたであろう。製造に徹する道を選んだ練馬では、このころすでに箒製造組合が結成され一三軒が加盟していた。練馬における蜀黍箒の創始者とされる増田家では三〇名もの職人を抱えていたという。

このように、東京においては、市街地に店舗を構えて製造と小売を同時に行う「職商人型」と、農村副業から出発し一部が専業化した「農村工業型」が共存していた。表9は、一九五九（昭和三四）年に「全国箒連合組合」が発行した『全国箒組合名簿』をもとに「東京都座敷箒商工業協同組合」の会員居住地を自治体別にまとめたものである。これのみでは業態の区別はつけがたいものの、東京における蜀黍箒の発達を牽引した地域を知る一助となるであろう。

産地の拡大

続いて、東京以外の産地の状況に目を移そう。一八七七（明治一〇）年の第一回内国勧業博覧会の出品目録は保存状態が悪く判読不能なページもあるが、確認できる限りでは、東京・埼玉・神奈川・栃木・茨城・新潟の六府県から蜀黍箒あるいは黍箒が出品されている。古くから蜀黍箒がつくられてきた群馬や長野が含まれていない点が気になるが、茨城や新潟からも出品されている点は、すでに産地が拡大しつつあったことを示唆している。ところが、農商務省農務局が一九〇四（明治三七）年にまとめた報告書『農作物及農家副業ノ消長変遷』で蜀黍箒の産額が示されているのは栃木の「箒（黍箒）」と長野の「蜀黍箒」のみで、全国的な生産状況は把握できない。

一方で、後掲する表10「蜀黍箒の生産概況（一九二六年）」によれば明治期に製造を開始した産地が少なくとも四道県（北海道・宮城・山梨・茨城）存在することがわかり、農村副業が政策として奨励された大正期以前からすでに取り組みが始まっていたことをうかがわせる。農村部へも畳が普及した明治期には座敷箒の需要が一層高まっていたことから、副業の有望株として受け止められていたのかもしれない。

明治後期には流通も拡大し始めていた模様で、一八九七（明治三〇）年に京都の荒物商が発行した引札（今でいう広告チラシ）には棕櫚箒とともに「東京箒」の文字が見える。棕櫚箒と蜀黍箒が併存した後、蜀黍箒へ完全に移行した東京に対し、京都では棕櫚箒を使い続けながらも「東京箒」を受け入れた点は興味深い。同地では販売だけでなく、やがて製造も行われるようになった点については後ほど述べることとしよう。

大正時代には、たびたび言及しているように、急速な近代化により疲弊した農村経済の救済策として副業が奨励された。その具体的な施策とは、「地域の自然条件に合致した産業の奨励、生産技術の指導・普及、販路拡張のための市場調査、組合組織の強化、資金面での援助等[21]」といった内容である。こうした動きは農商務省に副業課が開設された一九一七（大正六）年以降に顕著となった。同年、帝国農会が行った「道府県副業調査[22]」で「農家の副業中重要のもの」として蜀黍箒を挙げているのは神奈川県のみであるが、一九二六（大正一五）年の『全国副業品取引便覧』（日本産業協会編）を見ると、蜀黍箒を産する道府県は少なくとも一四に及んでいる。表10は、同書に記載されている産地の概況を整理した第1節表1（一〇四〜一〇六頁）より、蜀黍箒のみを再掲したものである。

表10で年産額第一位を誇る栃木県の「黍箒」は一八九四（明治二七）から九五（明治二八）年の日清戦争後に全国へ知られるようになったといい[23]、大正から昭和初期にかけての全盛期は「工員数、実に三千人、生産高三百万本、全国生産高の約半分を占めた」（腰山巌『鹿沼箒研究』）ほどであった。販路は表10に示された国内各地に加え、台湾・朝鮮・中国方面へも広がり、相当量出荷されていたという（『鹿沼市史』）。他産地との技術交流も活発で、埼玉県から移住した職人がその型を広めたり、北海道庁から「座敷箒製作講習会」の講師を委嘱されたりしている（腰山、前掲書）。ホウキモロコシの品種改良にも熱心であったが、これについては後述する。

第八位の神奈川県を代表する「中津箒」は産地として一度途絶えたものの、後年復活を遂げている。その歴史については関係者へのインタビューを行っており、これも後ほど紹介したい。

茨城県に記されている産地のうち、小川町（現・常陸太田市）の箒は「河合の箒」とよばれた。また、

表10Ⓐ　蜀黍箒の生産概況（1926年）

順位	府県名	品名	年産額（円）	主産地・沿革・概況
1	栃木県	黍箒	800,000	従来の産地は上都賀郡。奨励の結果、下都賀地方にも。関東以北、北海道地方へ仕向け。最近は関西・北陸の大都市にも販路を拡張。
2	長野県	蜀黍箒	140,000	筑摩郡芳川村（現・松本市）が最も盛ん。次いで下高井郡平岡村（現・中野市）、下水内郡常盤村（現・飯山市）。新潟県、北陸地方、関西地方などへ販路拡張。
3	熊本県	蜀黍箒	130,000	最大の産地は飽託郡小山戸島村（現・熊本市）で、熊本市がこれに次ぐ。飽託郡小山戸島村地方唯一の特産物。熊本市で伝習会を開催し、製品の改良統一を図っている。
4	埼玉県	蜀黍箒	100,000	起源はおよそ100年前（1826頃）。当時は朝鮮箒と称し江戸で販売または近在で行商。今は大井箒として名声を博す。入間郡大井村付近の特産。京浜・京阪地方をはじめ朝鮮・台湾にも販出。
5	千葉県	蜀黍箒及其原料	70,000	明治初年より拓かれた印旛・市原などの開墾地がホウキモロコシの栽培に好適で原料の一大供給地に。従来少なかった加工も各地に広まりつつある。
6	東京府	蜀黍箒	56,000	天保年間以前に北豊島郡上練馬村で製造。同郡内に普及。下練馬村、中新井村、大泉村、石神井村（以上、現・練馬区）などは今日もなお盛んに製造。販路は東京市を主とし、ほかは近村で消費。
7	北海道	黍箒	35,000	1909（明治42）年頃から栽培を開始して年々増加。それにともない箒の製作も普及発達し、胆振国伊達町（現・伊達市）、北見国斜里村（現・斜里郡斜里町）、後志国南尻別村（現・磯谷郡蘭越町）および東倶知安村（現・虻田郡京極町）、石狩国沼具町（沼貝カ、現・美唄市）が優良な座敷箒の産地に。販路は主に道内。
8	神奈川県	座敷箒	20,000	愛甲郡中津村を中心として栽培された箒草で副業的に製作。現在は原料不足で栃木県より供給を受ける。販路は東京府下、静岡県、阪神地方。
9	群馬県	蜀黍箒	20,000	利根郡川場村大字生品、大胡町（現・前橋市）。天明年間、勤倹貯蓄の一方として奨励され、漸次発達し1913（大正2）年に産業組合を設立。形質改善や販路拡張に努め、「沼田箒」の名で特産品として各地へ販出。

表10Ⓑ　蜀黍箒の生産概況（1926年）

順位	府県名	品名	年産額（円）	沿革および概況
10	宮城県	禾箒 1)	8,000	名取郡長町諏訪部落（現・仙台市太白区）。1902（明治35）年頃創業。東北5県へ移出。
11	山梨県	箒	7,400	従来、巨摩郡龍王村および忍村で生産していたが産額僅少。1910（明治43）年より隣村の百田村の有志が研究。上八田箒副業組合を優良組合事例として紹介。
12	福島県	蜀黍箒	3,500	石川郡小塩江村（現・須賀川市）。主に鉄道省へ納入。
不明	茨城県	座敷箒	不明	約45年前（1881年 2)）、移住者が棕櫚箒や草箒 3) を製造販売していたが、近隣の農家で技を会得し製造販売を開始。現在は橘村（現・小美玉市）と小川町（現・常陸太田市）で年産6万本。
不明	新潟県	妻有箒	不明	産額は多くないものの本県産黍は枝条繊細柔靭にして耐久性に富んでいる。黍柄箒、座敷箒。

＊日本産業協会編『全国副業品取引便覧』日本産業協会、1926年、より作成。
1)「禾箒」は原文ママ。「禾」は普通、稲や藁を意味する。一方、1927（昭和2）年に同協会が発行した『東北の副業』においては宮城県の副業として「黍箒」が挙げられており、他の資料でも蜀黍（黍）箒の製造が確認できることから、「禾」は誤植と判断して本表に含めることとした。
2) 茨城県農会編『茨城県の農家副業 第四篇』茨城県農会、1919年、2頁による。
3) この「草箒」はホウキモロコシによる蜀黍箒を指すと思われる。

旧・筑波郡大穂町（現・つくば市）も「大《おお》穂《ほ》の箒」の産地として知られた。

これら表10に掲載されているのは主に大規模産地であるが、それ以外でも優れた箒がつくられていた。山形県長井市の「金井神《かないがみ》箒」もその一つである。江戸後期に発祥したといわれ、ひときわ細長い胴が目を惹く金井神箒について、民芸運動の創始者として知られる柳宗悦《やなぎむねよし》は次のように紹介している。

> （略）手帚も長柄のも共に作りますが、形に特色がある上に、紺糸で綺麗に草を編むので、品《ひん》のある品《しな》であります。それに柄は多く焼杉を用いますので、どんな座敷で用いても悦ばれるでありましょう。

これは一九四六（昭和二一）年に刊行された『手仕事の日本』の一節であるが、その序文で柳は「戦争はおそらく多くの崩壊を手仕事の上に齎《もた》らした」と嘆き、「終戦後の今日では、既に過去のものとなったものが見出され」るとも述べている。当時から七〇年以上が経過した現在ではなおさら、早期に消滅した産地についてはは知るすべがない。たとえば青森県田舎館産の「帚」について、柳は「日本全国の帚の中で最も優れたものの一つに推さなければなりません」と述べている。「編み方によき技を示」し、「色糸を使って密に編んだり、また籐を用い上手に段をつけて締めたり」するという「帚」については、もはや写真でしか知ることができない。(24) このほかにも、知られざる名産地が存在する可能性は大いにあり得るだろう。

品種改良の取り組み

後発の蜀黍箒が棕櫚箒をしのぐ勢いで普及拡大したのは、座敷箒への需要が急増する中、供給体制を構築するのに有利であった点も大きいだろう。暖地の斜面林で育つシュロは植林する適地が限られるうえ、皮を剝ぐまで一〇年ほどはかかるという。対して、ホウキモロコシの栽培適地は「比較的乾燥した土地」(25)という程度で、条件は緩やかである。また、毎年収穫できるという点は現金収入を得たい農家にとってても好都合であった。

また、早期に産地化した東京の練馬や栃木の鹿沼では、ホウキモロコシが特産物の後作に適していたことも好都合だったようである。沢庵漬に最適な「練馬大根」は江戸時代からその名が知られ、また鹿沼は「野州麻」の産地として質量ともに日本一との評判を得ていた。

こうしてホウキモロコシの作付が各地へと広がっていったわけだが、その品種は大きく「黒種《くろだね》」と「赤種《あかたね》」の二系統に分かれていた。「黒種」は外来種として日本に導入された原種および近縁種の総称である。栃木の鹿沼や埼玉の大井では、東京の練馬から「黒種」がもたらされたと伝承されている。その一部品種は「朝鮮坊（朝鮮穂、朝鮮種）」ともよばれていたようである。

明治末期になると、「朝鮮坊」系統の「黒種」から新品種が作出された。吉野喜一氏が開発したことから「吉野」と命名されたこの品種は、穂先の長さと柔軟性から「原料としての極致」ともいわれ、鹿沼箒の名声を高めたという。だが、その柔らかさゆえに風害を受けやすく、箒のコシが弱いという欠点にもつながった。さらに、ホウキモロコシを目方で売る農家にとっては、その軽量性も不満の種となったようである（腰山、前掲書）。

こうした声を受け、栃木・茨城周辺で大正期に開発されたのが「チャボ黒種（黒チャボともいう）」と「赤種（赤チャボともいう）」の二品種であった。「チャボ」とは通常、矮性種につけられる名前である。「チャボ黒種」は「吉野」に比べ「丈低く、柔軟性は劣るが、収穫量が五割も割増となったゝめ農家の生産を高める原因になった」という（腰山、前掲書）。「赤種」は「穂質は脆弱で製造が容易でない等の欠陥があるが、収穫は他のいづれの品種よりも多い(26)」とされている。また、昭和初期に山形県農事試験場で開発された短茎のホウキモロコシは「チャボ穂長《ほなが》」と命名された(27)。

これらの改良種に加え、古くからの産地には独自の在来種が伝わっていた。『農業科目各教授要綱並其の教授要旨――栃木県実業補習学校』（一九二六年）を見ると、「品種」の項には、①栃木黒種、②長野在来種、③宮城在来種、④青森黒種、の四品種が挙げられている。一方、北海道農業教育研究会の

『高等小学北海道農業書の解説（高一下巻）』（一九三三年）では「実際問題としては正確に区別することが困難」であるとしながら、「在来種は極めて雑交が多く、品種も之に従つて低下は免れぬから、当業者はこの点に細心の留意をなし、最も優れた品種の育成に力を注がねばならない」と説いている。

　こうした品種改良の取り組みがホウキモロコシの増収や品質向上をもたらし、蜀黍箒の普及拡大を後押ししたことは言うまでもない。

戦中・戦後の蜀黍箒

一九三七（昭和一二）年の日中戦争開戦から始まる昭和戦時期、蜀黍箒の産地もほかの箒と同様、大打撃を受けた。軍需用作物や食糧の生産が最優先とされ、最終的にはホウキモロコシの栽培が不可能になったからである。

　坂根嘉弘の論文「農地作付統制についての基礎的研究（上）（下）」によれば、一九四一（昭和一六）年二月に公布された「臨時農地等管理令」に基づき同年一〇月「農地作付統制規則」が施行されると、道府県ごとに細則が定められ、まず「抑制作物」が告示された。ホウキモロコシの主産地として知られた茨城県は、全国道府県で唯一、この段階でホウキモロコシを「抑制作物」に指定している。戦局が著しく悪化した一九四四（昭和一九）年には統制を一層強化するため「農地作付統制規則」が改正され、国による作付割当が行われた。茨城県における「不急作物」の作付転換計画を見ると、対象面積五九六・七町（約五九一八ヘクタール）のうち、約四分の一に相当する一四四・四町（約一四三二ヘクタール）をホウキモロコシが占めている。跡地の約七割には甘藷、残りは蔬菜を作付することとされていた。また、埼玉県でもこの年同じくホウキモロコシの栽培が禁止されたという[28]。

一方、栃木県では戦時下においてもホウキモロコシの栽培が可能で、作付に関してはそれほど大きな影響は受けなかったようである。『鹿沼市史』(一九六八年)によれば「戦時中軍需資材とし作付を増反された大麻の跡作」として栽培が許されたことがその理由であった[29]。周知の通り、麻は縄の材料となる。ただ、箒職人の不足により生産低下に追い込まれたのは確かであり、「この対策として、従来の五段編みを三段編みとし、俗に『クビリ箒』と称する簡単な製法を用い辛うじて需要を満たした[30]」という。

ホウキモロコシの作付統制は敗戦翌年の一九四六(昭和二一)年に解除されたが[31]、しばらくは生産量の低迷が続いたという。肥料や人手の不足による農村の荒廃、空襲による輸送手段の破壊、外地からの引き揚げ者や復員兵の帰還、一九四五(昭和二〇)年産米の大凶作など諸条件が重なって、戦時中よりさらに深刻な食糧危機に見舞われていたことが最大の要因であろう。その一方で、戦後の復興とともに蜀黍箒への需要が急増し、製造者組合や農会は農家にホウキモロコシの作付を熱心に働きかけた。一九四九(昭和二四)年一月には「名産〝大井箒〟復活　海外に進出もめざす」と題した記事が『埼玉新聞』に掲載されており、蜀黍箒製造はこの頃に回復基調を迎えたと考えられよう。

一九五〇年代後半に始まった高度経済成長により都市化や工業化が急速に進展すると、蜀黍箒を取り巻く環境は激変した。まず、原料面ではホウキモロコシを栽培する農家が減少し、台湾をはじめとする海外産の比重が増していった。ホウキモロコシの品種の違いは、蜀黍箒の品質にも少なからず影響を及ぼしたようである。また、都会で就職する若者の増加は箒職人の減少を招き、製造技術の継承にも困難を来すようになった。

一方、高度経済成長期には箒を使用する側の生活環境も大きく変化した。いわゆる「三種の神器（電気洗濯機・電気冷蔵庫・白黒テレビ）」を皮切りにさまざまな家電製品が普及するなか、電気掃除機の普及率が五割を超えたのは一九六八（昭和四三）である。[32]

職人の減少と需要の低下に直面したことから、製造者の一部は箒の機械生産へと舵を切った。内側のカバーにホウキモロコシの穂を差し込んでホッチキスのような針で固定し、外から化粧カバーを被せたこの箒は「カバー箒」などとよばれた。後には「国内だけでなく海外にも工場が造られ、半加工品を輸入し国内で仕上げて販売する方式[33]」が広まったという。こうした大量生産型の安価な箒が市場に出回ったことは、伝統的産地の衰退に一層拍車をかける結果となった。

需要の低迷期は長く続いたが、近年、大量消費・大量廃棄型の生活様式を見直すと同時に、地域の伝統文化や地場産業に価値を見出す人々が徐々に増え、職人が手編みした昔ながらの蜀黍箒にも関心が向けられるようになった。いくつかの地域で伝統的な蜀黍箒づくりを復活させる動きも見られるなか、「中津箒」（神奈川県）の作り手たちは町おこしにとどまらず生業として産地再興に取り組んでいるという点で注目される。

産地の事例：中津箒（神奈川県）

「中津箒」が製造される神奈川県愛甲郡愛川町は、東京都心から約五〇キロメートル、横浜から約三〇キロメートルの県北部に位置する。西に連なる丹沢山地の山並みと、その麓に端を発する一級河川の中津川により緑豊かな景観が形成されているが、一九六六（昭和四一）年に神奈川県内陸工業団地が進出し、現在では人口約四万人のおよそ四割が製造業に従事している。また、政令指定都市である相模原市、古くから交通の要衝として栄えた厚木市にも隣接するため、ベッドタウンとしての性格も兼ね備えている。

町域にはかつて地勢や歴史の異なる四つの村があったが、合併を度重ねて一九五六（昭和三一）年に現在の愛川町が誕生した。その最後に愛川町へ編入されたのが、最東部に位置する旧・中津村である。域内に神奈川県内陸工業団地が造成されるまで、一帯は純然たる農村地帯であった。

中津川と相模川にはさまれたこの地域には、標高一〇〇メートル前後の台地が広がっている。一九二五（大正一四）年に刊行された『愛甲郡制誌』を見ると、耕地の約九割を畑が占め、特産の「相州《そうしゅう》小麦」や大麦、甘藷などが栽培されていた。

この地における蜀黍箒製造の歴史は明治初期に遡る。日本各地を旅していた柳川常右衛門《やながわつねえもん》がホウキモロコシの栽培とトモエ（共柄／巴）箒の製造技術を伝習し、故郷に持ち帰ったのがきっかけであった。

柳川家の祖先は小田原北条氏に仕える武士であったが、一五九〇（天正一八）年、豊臣秀吉の「小田原征伐」により北条氏が滅亡した後は帰農し、中津村に定着した。元禄時代には寺子屋を開設するなど村の有力者となり、幕末には「かめや」を屋号とする旅館を開いている。

この家に常右衛門が生まれたのは一八二二（文政五）年である。明治維新当時はすでに妻子を得て四〇代後半に差しかかっていたが、時代の大きなうねりに誘われ、見聞を広めようと諸国漫遊の旅に出た。そのさなかに出会った蜀黍箒が、常右衛門の後半生と中津村の将来を大きく左右することになったのである。常右衛門が手ほどきした蜀黍箒製造は村人たちの副業となり、着実に発展していった。

「中津箒」の特徴は、しなやかさとコシを併せ持った穂先にある。仕上げに穂先をはさみで切りそろえると、最も柔らかい先端部分が失われてしまう。それを避けるため、穂先を丁寧にそろえてから編み始めると、はさみを使う必要がなくなる。この手間をかけることで畳への当たりが柔らかくなるという。さらには、ホウキモロコシを旬の季節に手作業で収穫し天日干しすることが、穂先の自然な艶を生み出している。

こうした製法がいつ頃確立したのかは定かでないが、先述したように、神奈川県だけが「農家の副業中重要のもの」として蜀黍箒を挙げた帝国農会編『道府県副業調査』（一九一七年）には、「中津村」と「柳川」の文字が見える。その具体的記述は次のようなものである。

最盛なる郡村名及精通せる人名
蜀黍箒　愛甲郡中津村　柳川勇次、井上善八、齋藤仁吉、齋藤熊次郎（以上中津村）
総生産額及稍《やや》熟練なる者の一日の賃銀
蜀黍箒　一九、五八〇円（大正五年度中津村に於ける生産額）　三十銭内外
販売概況、消長並に前途
蜀黍箒　農家中斯業者専業者出づるに至り、小製作農家の製品は大製作家に集められ、特約問屋に卸さるるを常とするも、行商人の各農家を巡り之を買集むるものもあり。
材料たる蜀黍は「カラ」取り専門に栽培し、目下百町歩に及ぶも尚不足の有様にて、毎年五百貫目乃至千貫目を武州又は野州より移入し、前途益々盛大におもむく見込なり。

右の記述は、中津村の蜀黍箒製造がすでに成長期から成熟期へと移行しつつあったことをうかがわせるが、一九二五（大正一四）年の『愛甲郡制誌』では、産地の規模がさらに拡大していることを示している。以下に引用しよう。

箒は中津村、下川入村、小鮎村等が主なる特産地であつて中津村が其の最たるものである。最近の調査によると年産額は十九万五千本此価格八万七千五百円に達し販路は遠く関西地方に迄も及んで居る。原料の箒蜀黍は栃木県から受けて居るが近来は此の土地でも相当に栽培する様になつた（ママ）冬期間の農家の副業として益々発達するであらふ。

文中にある「下川入村」と「小鮎村」は中津村に隣接し、現在は厚木市の一部である。産地の拡大とともに販路も広がり、年産額は一〇年足らずのうちに約五倍となっている。この時期の日本はいわゆる「大戦景気」に沸いており、急激なインフレに見舞われていたことを考慮に入れる必要はあるが、それを割り引いても信じがたいほどの急成長である。

この頃、先の帝国農会による「道府県副業調査」で「精通せる人名」の筆頭に挙げられていた初代柳川勇次（柳川本家から分家した三代目）は、「山上《やまじょう》」を屋号とする箒の製造卸業「柳川勇次商店」を営んでいた。文中にいう「専業者」の最大手として中津村の蜀黍箒製造業を牽引していた勇次は、神奈川県農会が一九二九（昭和四）年に発行した『神奈川県農業視察便覧』にもその名が見える。同書の序文には「本会並関係諸団体の調査に依り最も適当と認めらるゝものを選択登載」したと記されており、事業家としての成功ぶりが高く評価されていたことがうかがえる。

一九三五（昭和一〇）年頃には「山上」の栄華を象徴する出来事が相次いだ。その第一は、コンクリート造による蔵の建造である。当初は小作農家からの小作米を収蔵する目的であったが、蜀黍箒製造卸の業容拡大とともにホウキモロコシの保管庫として使用されるようになった。買い付け先は、千葉・群馬・茨城・長野などへと広がっていたという。

第二の慶事は、のれん分けにより、京都と大阪にも「柳川商店」が設立されたことであった。先述したように、蜀黍箒は明治後期以降、棕櫚箒の発祥地である京都をはじめ関西においても需要が高まったが、こうした動きを受け現地で事業展開することになったのである。京都柳川商店二代目の柳川芳弘は後年、廃業した中津箒の再興にも大きな役割を果たすこととなった。

この頃すでに蜀黍箒製造は中津村周辺の一大産業へと発展しており、ほとんどの農家が夏に小麦を収穫した後、ホウキモロコシを栽培していたという。農業の傍ら副業として箒をつくるだけでなく、専業の職人や行商人も増えていった。また、力のいる箒づくりは男の仕事とされていたが、最後の仕上げである飾りの「編み」や「綴じ」は女性や子どもが受け持った。村ではおよそ一〇〇軒が箒製造に従事し、年間五〇万本を出荷していたという（次頁図51）。一九二五（大正一四）年の約二〇万本から、さらに倍以上も伸びた計算になる。

こうした右肩上がりの成長に翳りが見え始めたのは昭和三〇年代に入ってからである。工業化や都市化が急速に進展するなか、ホウキモロコシの調達に苦慮するようになった中津では、製造業者の多くが台湾からの輸入に頼るようになった。さらに、より安く仕入れるための策として現地での技術指導にも乗り出し、安価な半加工品の輸入に道を開いた。こうした動きが全国の大規模産地で起きていたことはすでに見た通りであるが、中津もまた他の産地と同様、箒づくりを続けていくための体力を、電気掃除機が本格的に普及する以前から失いつつあった。

昭和四〇年代に入ると生活様式の変化が一層進み、箒の需要は著しく減退した。農家はホウキモロコシの栽培から手を引き、中津の場合は地元に工業団地が進出した影響から、働き手の確保も困難になった。「山上」の四代目はついにのれんを下ろす決断をし、五代目が家業を継ぐことはなかった。同業者も次々と廃業し、産地としての中津は消滅に至った。一九八〇（昭和五五）年頃には大阪の柳川商店を支えていた最後の職人も離職し、明治から続いた「山上」の灯は完全に消えたのである。

図 51　昭和 30 年代の出荷風景（神奈川県愛甲郡愛川町）。当時は「東京箒」として出荷していた（提供：株式会社まちづくり山上）

転機が訪れたのは、四代目が他界した二〇〇三（平成一五）年であった。かつてのれん分けした元京都支店の柳川芳弘から、感謝の気持ちをこめて手ずから編んだ箒が贈られたのである。見慣れていたはずの中津箒の美しさに改めて開眼した六代目の柳川直子氏は同年、再興を決意して「株式会社まちづくり山上《やまじょう》」を設立した。

とりわけこだわったのは、ホウキモロコシを無農薬有機栽培により自社生産することと、若手職人を社員として育成することである。自前主義にこだわるのは産地としての持続可能性を追求するためで、かつての廃業を余儀なくされた経験に裏打ちされている。

再興を決意した際、柳川家にはすでにホウキモロコシの種子がなく、近隣の農家を訪ね歩いたが、ひと握りほどを分けてもらうのが精一杯であった。そのため、栽培しながら何年もかけて自家採種したが、箒の通年生産が可能になるまでには数年を要したという。現在は約一〇反（約三〇〇〇坪、約一ヘクタール）の畑にホウキモロコシを作付し、一年分の原料をすべてまかなっている。

職人を社員として雇用するのも、労働環境を整備しなければ若手の定着は困難だと考えたからである。再出発にあたり、京都の柳川芳弘は若手職人への技術指導を引き受け、後に地元の愛川町に住む、かつての職人も復帰した（次頁図52）。

こうして生産体制の基盤づくりに注力する一方、「まちづくり山上」では当初から情報発信にも積極的に取り組んだ。その拠点としたのはかつての蔵である。箒博物館「市民蔵常右衛門《しみんぐらつねえもん》」と名づけたこの建物には、世界や日本の各地から収集した箒が展示され、ミニ箒づくりのワークショップや講演なども行われている（口絵⑿頁参照）。その一方で、若手の職人たちが各地のギャラリーやイベントへ出向いて展示や実演などを行う機会も増えている。

新たな旅立ちから約一五年が経過した二〇一九（令和元）年現在、一〇名ほどのスタッフを抱えるまでに至った「まちづくり山上」は、全国の産地が衰退を余儀なくされている中でまさに異色の存在となっている。伝統的製法を継承しつつ、現代のニーズを意識した若手中心の商品開発なども行われるようになった今、中津箒の産地再興の取り組みは、草創期から成長期、さらには成熟期へと移行しつつある。

蜀黍箒の製法：中津箒の場合

1　道　具（口絵⑬頁Ⓐ参照）

杭、台、出刃包丁、小刀、錐、木槌、綴じ針など

2　原材料

ホウキモロコシの穂、竹柄、木綿糸（たこ糸）

3　穂の準備

①種まき（口絵⑬頁Ⓑ参照）

イネ科一年草のホウキモロコシは、温暖な地

図52　熟練職人の山田次郎氏から手ほどきを受ける若手職人たち（提供：株式会社まちづくり山上）

域であれば土質を選ばずに生育する。五月に種をまき、七月半ばから八月の旧盆前まで、約一カ月かけて収穫する。台風や長雨などの被害を減らすため、種まきの時期には幅をもたせている。

②収穫（口絵⑬頁Ⓒ参照）

約三メートルにまで生育したホウキモロコシに若い穂が出始めたら、実が熟する前に収穫する。最初に出た穂を「一番穂」といい、草の途中で折るようにして刈り取ると「二番穂」が収穫できる。質的には「二番穂」よりも「一番穂」の方が良質である。しなやかで頃合いのよい草を収穫するため、すべて手作業で行う。

③脱穀（口絵⑬頁Ⓓ参照）

収穫した穂は、すぐに脱穀する。穂を傷めないよう、昔ながらの足踏み脱穀機にモーターを付けて改良したものを使っている。

④天日干し（口絵⑬頁Ⓔ参照）

脱穀した穂を天日干しする。まず全体を約半日干した後、穂を筵で覆ってさらに三日ほど干す。こうすることで穂先の青さが残り、茎は白くなる。干し上がったら、室内で保管する。

⑤選別（口絵⑭頁Ⓕ参照）

製造過程においては穂の選別作業が最も肝要といわれ、かつては親方の仕事とされていた。穂の太さ、長さ、色、ツヤなどにより、一二～一三種類に分ける。見える部分に使われる良質な穂を「ガーボ」という。その中に太い芯がある場合は一本一本手で取り除く。

4　箒の編み上げ：手箒

実演：吉田慎司氏（株式会社まちづくり山上）

①下準備（口絵⑭頁Ⓖ参照）

ホウキモロコシの茎を、水に数時間浸しておく。引き上げたら木槌で軽く叩き、扁平にする。

②「玉」をつくる（口絵⑭頁Ⓗ参照）

まず、芯となるホウキモロコシの穂を数本束ねて「マルキ」をつくる。茎の不要な部分は切り落とす。これを「クダガラ」という。マルキの周囲に、「ガーボ」（地域によっては「皮穂」）とよばれる良質な穂とクダガラを配置する。すべてを穂にすると箒が重くなりすぎ、また穂先を広げるためにもクダガラが必要である。これらを束ねたものを「玉」という。

縛るときは杭を使って体重をかけ、緩まないようにする（口絵は実演会のため、携帯型の器具を用いている）。現在は草木染めをしたたこ糸（木綿糸）を使っているが、古くは針金やビニール線（着色ビニールで覆った針金）が使われた。また、中津箒は最後にはさみで先端を切ることをほとんどしないので、この段階から穂先を丁寧にそろえる。今回の型では、同じサイズの「玉」を二つ用意する。

③「耳」をつくる（口絵⑭頁Ⓘ参照）

「耳」を編む。「耳」は手に持ったとき、「玉」の上に来る。普通の「玉」と同様、マルキにクダガラとガーボを巻き付け、一度縛る（縛らない型もある）。さらにクダガラとガーボを足し、糸を使って編み込む。穂を一本おきにはねあげ、その下に糸を通していく。織物に例えれば、経糸《たていと》と緯糸《よこいと》を交互に交差させる「平織り」と同じ構造である。

④「玉」と「耳」を合わせる（口絵⑮頁Ⓙ参照）

竹の端材を使い、長さ一〇センチ余りの「串」をつくる。これで「玉」二つをまず刺し連ね、さらに「耳」を加えて合体させる。

⑤胴編み（口絵⑮頁Ⓚ参照）

「玉」と「耳」を合わせた部分を「胴」という。「耳」と同じ編み方で、三段編み込む。

⑥胴締め（口絵⑮頁Ⓛ参照）

編み込んだ上を、木綿糸できつく縛る。杭に全体重をかけ、締め上げる。この「胴締め」は全工程中、最も力が必要な作業である。締め上げると隙間ができるので、クダガラを詰めて糸に緩みがでないようにする。

⑦「胴」の中を切り落とす（口絵⑮頁Ⓜ参照）

中心部の余分なクダガラを切り落とす。この部分は、柄を差し込むときの土台となる。

⑧柄を差す（口絵⑯頁Ⓝ参照）

箒の重心に向かい、先を削った竹柄を差し込む。片手用の手箒は柄を傾けて使うので、穂先の先端に対して柄は垂直ではなく、微妙な角度がついている。柄の位置が決まったら、竹釘を打って、柄と穂先を固定する。

⑨胴編み（続き）（口絵⑯頁Ⓞ参照）

さらに胴を編む。尻すぼみにするため、編み進めながらクダガラを二度か三度にわたって切る。二カ所でさらに締め、また三段ほど編んで、最後にもう一度締める。

⑩籐を巻く（口絵⑯頁Ⓟ参照）

余分なクダガラを斜めにそぎ落とす。その上から籐の蔓を巻く。

⑪オオトジ（口絵⑯頁Ⓠ参照）

穂先の根元に糸を五重に巻き付け、途中四カ所を綴じ針で留める。オオトジを施すことで、広がっていた穂先がまとまる。オオトジの下にもう一本、「ナカトジ」を入れることもある。

⑫コアミ（口絵⑯頁Ⓡ参照）

オオトジの下に「コアミ」を施す。穂を二、三本ずつすくいながら編み進めていく。上糸と下糸を使うミシン縫いと同じ要領である。小編みには、穂先の表面を押さえて形崩れを防ぐ働きがある。

＊地域による用語の違い

クダガラを「ガラ」、マルキを「中入れ」、耳を「耳玉」「親玉」、胴締めを「胴くびり」、胴締めした後に行う続きの胴編みを「尻編み」「ケツ編み」、オオトジを「元綴じ」などという。

注と引用文献

（1）小田内通敏『帝都と近郊』大倉研究所、一九一八年、一九九頁。
（2）八坂書房 編『日本植物方言集成』八坂書房、二〇〇一年、一七四頁。
（3）嘉悦孝子『家庭生活の改造』日新閣、一九一九年、一一二―一一三頁。
（4）嘉悦孝子（一八六七～一九四九）は日本初の女子商業教育校として私立女子商業学校を創立した教育者である。東京で教育を受けたことに加え、出身地の熊本市では明治期から蜀黍箒製造が始まっているため、棕櫚箒より馴染みがあったとも推察される。

(5) 古宇田清平「座敷箒の拵へ方」『農業世界』第24巻第16号、博友社、一九二九年、六五頁。
(6) 小学館国語辞典編集部 編『日本国語大辞典(第6巻)』小学館、二〇〇一年、三〇三頁。
(7) 日外アソシエーツ株式会社 編『動植物名よみかた辞典』日外アソシエーツ、一九九一年、六七〇頁。
(8) 島田勇雄 訳注『本朝食鑑(東洋文庫 296)』一九七六年、七〇頁。
(9)「植物名辞典」日外アソシエーツ(weblio)、https://www.weblio.jp/content/%E7%83%8F%E8%9C%80%E9%BB%8D(二〇一九年一一月一日閲覧)
(10) 加藤光男「戊辰戦争時における江戸っ子の心情や立場を今に伝える錦絵」『THE AI MUSEUM』第8-1巻第22号、埼玉県立歴史と民俗の博物館、二〇一三年、六頁。
(11) 上福岡市立歴史民俗資料館『ほうきの文化――序章(第9回特別展図録)』一九九二年、一五頁。
(12) 鹿沼市史編さん委員会 編『鹿沼市史 通史編 近現代』鹿沼市、二〇〇六年、二九一頁。
(13) 腰山巌『鹿沼箒研究』鹿沼市箒商工業協同組合、一九六七年、一頁。
(14) 日本産業協会 編『関東の副業』一九二八年、一〇九頁。
(15) 信濃教育会 編『信濃産業誌』光風館書店、一九一一年、一五三頁。
(16) 東京都江戸東京博物館 編『『東京府志料』にみる明治初期の物産一覧(東京都江戸東京博物館調査報告書 第7集)』東京都江戸東京博物館、一九九九年。
(17) 平出鏗二郎『東京風俗志 上(ちくま学芸文庫)』筑摩書房、二〇〇〇年、八六頁。
(18) 一九二二(大正一一)年の東京における標準価格米一〇キログラム当たり(白米)の小売価格は三円四銭(週刊朝日編『値段の明治大正昭和風俗史 上』朝日新聞社、一五九頁)。二〇一八(平成三〇)年の「コメの平均小売価格」(五キログラム当たり)は二〇二九円(農林水産省「食料・農業・農村対策審議会食糧部会(平成三〇年一一月二八日開催）参考資料 3「米をめぐる関係資料」二〇頁。一〇キログラム換算：四〇五八円）。よって、四〇五八円を三・〇四円で割ると約一三三五倍となる。
（19）片岡昇「隠居箒――『御前さん』の相手は御免」、南博他 編『近代庶民生活誌 第七巻』一九八七年、二〇六―二〇七頁。
（20）鹿島金蔵「練馬の朝鮮箒」『農業世界』第11巻第13号、博友社、一九一六年、一〇四―一〇五頁。
（21）寺本益英「大正～昭和初期における農村振興と副業」『農総研季報』第49号、農林水産政策研究所、二〇〇一年、八八頁。
（22）帝国農会『道府県副業調査』一九一七年、一一頁。
（23）鹿沼市史編さん委員会 編『鹿沼市史』鹿沼市、五八六頁。
（24）伊東安兵衛『日本の民芸』一九六五年、三彩社、三頁。
（25）北海道農業教育研究会 編『高等小学北海道農業書の解説（高一 下巻）』淳文書院、一九三三年、五二一頁。
（26）同前。
（27）古宇田清平「お座敷用箒の新品種 短茎箒もろこしの作り方」『農業世界』第29巻第5号、一九三四年、一四五―一四六頁。
（28）ふじみ野市立大井郷土資料館 編『ほうきの文化――ふじみ野編』ふじみ野市立大井郷土資料館編、二〇一二年、一七頁。
（29）鹿沼市史編さん委員会 編『鹿沼市史』鹿沼市、一九六八年、五八六頁。
（30）同前。
（31）ふじみ野市立大井郷土資料館 編『ほうきの文化――ふじみ野編』ふじみ野市立大井郷土資料館編、二〇一二年、一七頁。
（32）内閣府ホームページ「主要耐久消費財等の普及率」（「消費動向調査（四半期）」より抜粋）、https://www.esri.cao.

go.jp/jp/stat/shouhi/shouhi.html#kako（二〇一九年一〇月三日閲覧）

（33） 富士見市立難波田城資料館『ほうきと竹かご——自然素材の生活用具（平成二八年春季企画展）』富士見市立難波田城資料館、二〇一六年。

3　暮らしの中の箒

祭祀具から掃除道具へと用途を広げた箒は、生業や芸道の道具としても用いられている。言うまでもなく、これらの現場でも掃除のための箒は欠かせないが、本項で扱うのは製造工程を支える生産用具としての箒や、芸の成立に不可欠な箒である。

これらは掃除用の箒と同様、用途によって素材や形状が定められている。また、ものを掃き集めるだけでなく、塗ったり、押しつけたり、すくい取ったりと、多様な機能が見られる点でも興味深い。生業や芸道を支えるさまざまな箒を、分野別に見ていこう。

1　仕事の箒

稲作と箒

江戸時代の稲作では、虫害を防除する道具として、主に藁箒が用いられた。夏から秋にかけて発生するウンカはイネに病気を媒介する大敵であるため、藁箒を使って油水を散らして「虫追い」をした。また、稲の収穫期に株元へ産卵するイナゴは、翌年孵化した幼虫が葉を

左頁：図1　鯨油と箒による虫追い。鯨油を水面に撒き、稲株を払ってウンカを落とし、溺死させる（『除蝗録』、国立国会図書館蔵）

食害することから、藁箒を水に浸して振り回す「水追い」が行われた。

江戸後期の農学者、大蔵永常がウンカの駆除法を考察した『除蝗録《じょこうろく》』では鯨油をまくことの効用と使用法が説かれている（図1）。道具のうち箒に類するものは三種類あり、油を付けて稲葉に注ぐ笹、稲に水をかけるための長柄箒、油水用の小箒が用いられている（図2）。

酒造と箒

日本酒の伝統製法においては、①「麹《こうじ》」、②「酛《もと》」、③「醪《もろみ》」の順に、段階を踏んで仕込んでいく。米と麹菌からつくった「米麹」（①）に蒸し米と水を加え、アルコール発酵に必要な酵母菌を育てる「(生《き》)酛《もと》づくり」（②）では、「山卸《やまおろし》」または「酛すり」とよばれるすりつぶしの作業が行われるが、このとき、「半切り」（たらいの形をした底の浅い桶）とよばれる桶の縁を掃き落とすのに

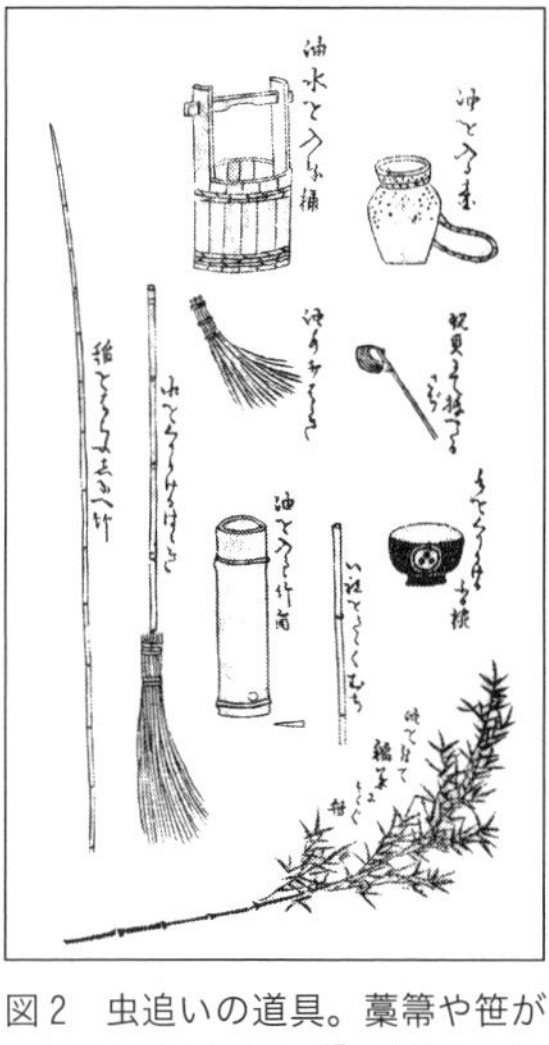

図2　虫追いの道具。藁箒や笹が用いられている（『除蝗録』、国立国会図書館蔵）

小さな箒が用いられた。一七九九（寛政一一）年刊行の『日本山海名産図会《にっぽんさんかいめいさんずえ》』（木村蒹葭堂《きむらけんかどう》序）の「伊丹酒造」を見ると、「其三　酛おろし」にこの箒が描かれている（図3）。蔵人の足下に置かれたり手桶に入れられたりした箒は、穂先が細かく枝分かれしている。

③では、醪桶を洗うのにコウヤボウキの箒が用いられた。永井かな「コウヤボウキと酒倉」（一九五七年）によれば、酒どころの京都・伏見では毎年一一月に越前杜氏が上京してくるとまずコウヤボウキを採りに山へ行くという。持ち帰って葉をこきおとした二つかみほどのコウヤボウキに、竹の小枝を二、三本入れて束ね、穂先を少し切って五〇センチメートルほどの箒に仕立てた。ホウキギが使われることもあるが、洗った後も泡がこびりついて取れにくかったという。それに対し、コウヤボウキは「弾力が適度で箒についた泡は洗えばすぐにとれて、これに及ぶものは今のところ

図3　酛おろしに使われた箒（『日本山海名物図会』、国立国会図書館蔵）

他に求められない」と述べている(1)。
ちなみに、造り酒屋の軒先から吊して目印とする球状の杉玉は、「酒林《さかばやし》」などのほか「酒箒《さかぼうき》」ともよばれる。江戸後期の類書『守貞謾稿』を見ると、古くは束の中心をひとくくりした箒状のものも存在したことがわかる。杉を用いる理由は、酒の神といわれる奈良県の大神《おおみわ》神社の神木に因むと伝わっている。

養蜂と箒

蜂を「巣脾《すひ》」から払い去ったり、追ったりするのには羽箒が用いられ、「蜂箒」とよばれた。「巣脾」とは蜜蜂が六角形につくりあげる「巣房」の集合体で、その中に蜜が貯蔵される。一九〇四（明治三七）年に刊行された『養蜂全書』（青柳浩次郎著）には「七面鳥の一枚羽は強靭にして最も上等なり」「又水鳥類の翼を用ふるも可なり」と記されている。「凡て左翼を良しとす」とあるのは、右利きの場合に持ちやすいということだろう（図4）。現代の養蜂では「蜂ブラシ」などと称する刷毛状の道具が用いられている。

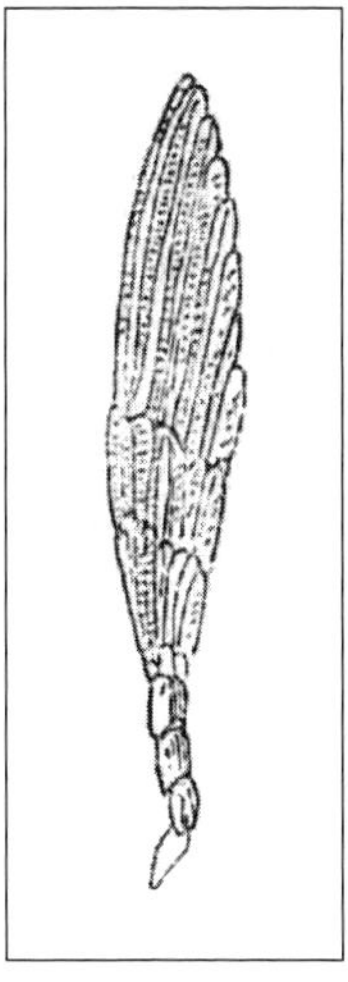
図4　蜂箒（『養蜂全書』、国立国会図書館蔵）

製糸と箒

養蚕において、蚕卵紙で孵化した「毛蚕《けご》」（「蟻《ぎ》蚕《さん》」ともよばれる）を「蚕座《さんざ》」（蚕を飼う籠）に掃き下ろす「掃き立て」の際には、鷹の羽などでつくった羽箒を使う。蚕座の中に刻んだ桑葉または

図5　「蚕児掃立るの図」（『養蚕図解』、国立国会図書館蔵）

図6　「蚕糞を除くの図」（『養蚕図解』、国立国会図書館蔵）

蚕座紙を敷き、その上へそっと掃くように落とす。一八八七（明治二〇）年に刊行された『養蚕図解』（鈴木弥作著）では、「蚕児掃立るの図」（図5）のほか、「蚕糞を除くの図」（図6）でも羽箒を用いている。

また、繭を煮立てて糸をとる際、糸口を見つけるために「策緒《さくちょ》箒」が用いられた。一九〇六（明治三九）年に東京府製糸業組合が発行した『製糸読本』を見ると、その材料は、藁ミゴ、カルカヤの根、木の葉、経木などいろいろあるが、最も得やすく優れているのはミゴ箒だと述べている。作り方は、初めにミゴ一〇〇本、次いで二〇〇本、さらに三〇〇本を足し、計六〇〇本ぐらいを束ねて穂先が開くように仕立てる（図7）。

同書によれば、索緒の際に初めから箒を使うと糸目を減らすので、まずは箸のような細い棒で緒糸《くちいと》をすぐる。その途中で糸が切れ、一緒に繰られている繭の中から脱落した落繭《おちまゆ》を索緒箒で静かになでると、緒糸がつくという。索緒箒は一〇日に一度くらいの割合で新しいものと交換し、使い始めは一度熱い湯に浸す。

後に、索緒箒は既製品として流通するようになり、養蚕や製糸の盛んな愛知・滋賀などの特産品となった。

このほか、一つの繭の中に二つの蛹が入った「玉繭」から糸をとる際には、モロコシでつくった索緒箒が用いられた。

図7　索緒箒のつくり方（『養蚕図解』、国立国会図書館蔵）

製紙と箒

漉いた紙を板に張りつけて乾かすときに用いる箒を「紙つけ箒」「紙

干し箒」「紙箒」などという。一七七〇（明和七）年に出版された絵本『彩画職人部類』（橘珉江画）には、穂先をしならせた小箒で紙を張りつけている職人が描かれている（図8）。

一七九八（寛政一〇）年に刊行された『紙漉《かみすき》重宝記《ちょうほうき》』は石見《いわみ》の篤農家、国東治兵衛《くにさきじへい》による製紙の解説書で、道具や工程についての詳しい記述が見える。箒については「しべばうき（箒）」とあるので、藁ミゴでつくった箒であることがわかる（図9）。「紙干之図《かみほしのず》」の詞書には、竹串のような細い棒で巻き取った紙をその箒でなでつけると説かれている（図10）。箒の形状は『彩画職人部類』とあまり変わらない。

この一〇〇年近く後に出版された『新編武蔵風土記稿』（内務省地理局、一八八四年）に見える埼玉県秩父地方の「紙つけ箒」は形が大きく異なっている（図11）。穂先は短く幅広で、箒というよりは刷毛に近い。これが地域差によるものか時代による変化なのかはわからない。

一方、愛媛県では明治期にシュロの「紙張り箒」が考案された。和紙製造の功労者として「紙聖」とも称される篠原朔太郎は、それまで葉蘭の葉などを用いていた伊予・川之江に、まず藁箒を、続いて棕櫚刷毛を導入したという[2]。

図8　箒で紙を張りつける職人（『彩画職人部類』、国立国会図書館蔵）

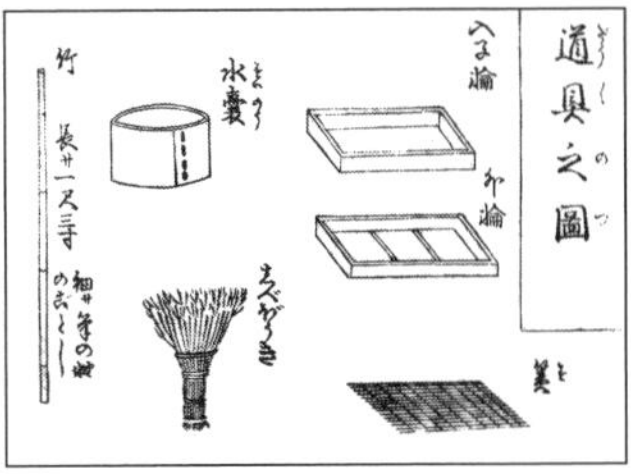

図9　道具之図。「しべばうき」の文字が見える（『紙漉重宝記』、国立国会図書館蔵）

図10　紙干之図（『紙漉重宝記』、国立国会図書館蔵）

図11　埼玉県秩父地方の紙干し。幅広で穂先が短い。カミツケボウキとよばれた（『新編武蔵風土記稿』、国立国会図書館蔵）

製墨と箒

松の木を燃やして得られた煤は「松煙墨」とよばれる墨の原料となり、これを集める際には羽箒が用いられた。江戸中期に平瀬《ひらせ》徹斎《てっさい》が著した『日本山海名物図会』には、羽箒で煤を集める「松煙取図《しょうえんとりのず》」が見える（図12）。墨の国内生産量の九割以上を占める奈良県には、今もニワトリの羽で「煤採り」を行う老舗がある。(3)

製錬と箒

金や銀を含む鉛（貴鉛）からこれらを抽出する方法の一つに「灰吹法」がある。加熱融解した鉛に空気を吹きつけて酸化鉛とし、それを灰に吸収させることで金や銀を取り出すこの方法は、一六世紀に日本へ伝わったといわれている。その過程で鉛を冷却するのに「水箒」が用いられた。『日本山海名物図会』には、炉の前に座り、箒で水を打つ職人が描かれている（図13）。

図12　「松煙取図」（『日本山海名物図会』、国立国会図書館蔵）

製瓦と箒

銀色に光る燻瓦《いぶしがわら》は、窯で焼成する後半に大量の松葉を投入し、酸素を遮断することで色づけされるという[4]。その際に用いられたのが竹箒である。『江戸名所図会』[5]には、松葉の傍らで竹箒を持つ職人が描かれている（図14）。

図13　灰吹。「水ばうき〈箒〉にて水打つ所」と詞書にある（『日本山海名物図会』、国立国会図書館蔵）

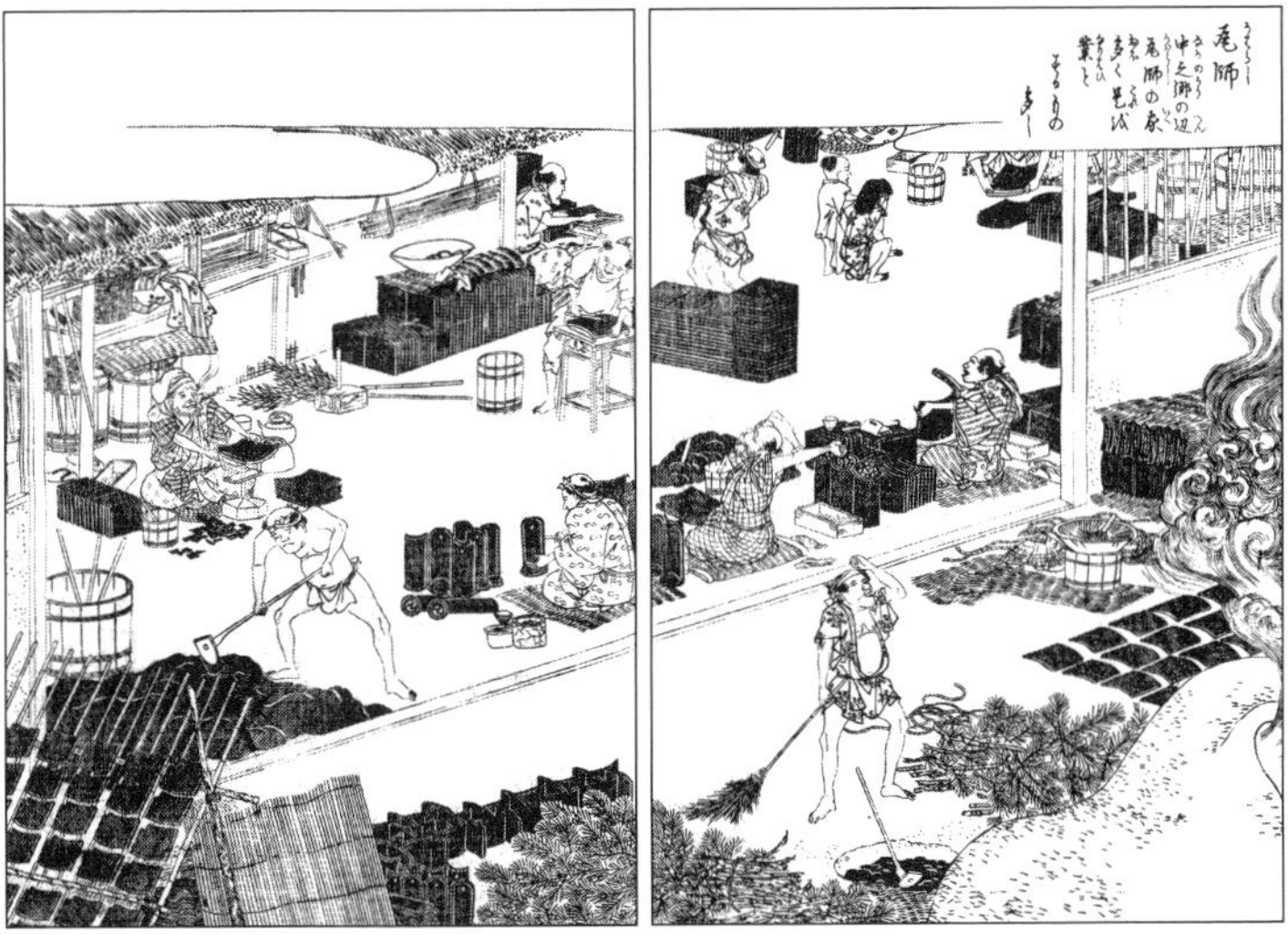

図14　瓦師。燻し瓦を焼き上げるとき、松葉をくべるのに竹箒を用いている（『江戸名所図会』、国立国会図書館蔵）

また、印南敏秀の調査報告「南山城の瓦づくり」によれば、京都府南山城地方における燻瓦づくりでは、「アラジガタメ」とよばれる工程で「水箒」が用いられた。一枚の瓦の大きさになった粘土板を「アラジ」といい、これを干して整形する際、乾きすぎていたら「稲穂をまとめたミズボウキでチョイチョイと湿らせる」という。また、「カマダシ」の際には棕櫚箒を用いたともいう(6)。

建築と箒

柱などの部材と壁との接合部を「チリ」という。壁塗りした際、チリの汚れを落とすには「チリ箒」を用いる。材料には水含みのよいシュロやススキなどを用い、平筆のように穂先を薄く仕上げる。左官職人の必需品であり、自作する人も少なくない。チリ箒は「チリ刷毛」ともよばれる。

また、古い木材の汚れを落とし変色を修復する「灰汁《あく》洗い」では、木肌への水打ちや薬液の濯ぎに「水箒」が用いられる。中山利恵の論文「道具からみた『洗い』技術の特性とその起源」によれば、主に酸性の溶液を扱う「抜き箒」や、染み抜き用の漂白剤などを含ませる「染み抜き箒」も用いられる。水箒が短くなったら抜き箒におろし、最後は染み抜き箒にすることで、「仕上げの濯ぎに用いる水箒を最も新しく状態の良いものに保ちながら、箒を無駄なく使い切る工夫がなされている」という(7)。

造園と箒

第1節でも触れたように、造園業においては竹穂を束ねた柄のない箒を「手箒」とよぶ。剪定した後の枝葉を払ったり、柔らかい苔の上の落葉やゴミを払ったり、飛石や敷石についた塵や土を払ったりするほか、アカマツの樹皮を磨いて赤い木肌を出す「幹磨き」などにも用いられる。

注と引用文献

（1）永井かな「コウヤボウキと酒倉」『植物分類、地理』第一七巻第一号、一九五七年、三二頁。
（2）「愛媛県史 人物」（データベース『えひめの記憶』、http://www.i-manabi.jp/system/regionals/regionals/ecode:2/57/view/7505）
（3）「墨造り一筋 昔ながらの製法の古梅園」（書遊 online）、https://shoyu-net.jp/?tid=6&mode=f29
（4）「『富山城研究』コーナー」（富山市埋蔵文化財センターホームページ）、http://www.city.toyama.toyama.jp/etc/maibun/toyamajyo/kawara/seisan/1.htm
（5）松濤軒斎藤長秋『江戸名所図会 巻七』一八三四―一八三六頁。（国立国会図書館デジタルコレクション、http://dl.ndl.go.jp/info:ndljp/pid/2559057）
（6）印南敏秀「南山城の瓦づくり」『山城郷土資料館報』第四号、京都府立山城郷土資料館、一九八六年。
（7）中山利恵「道具からみた『洗い』技術の特性とその起源――日本の木造建築における『洗い』の道具に関する研究」『日本建築学会計画系論文集』第七七巻六七八号、日本建築学会、二〇一二年、一九四九―一九五六頁。

2 芸道の箒

茶道と箒

茶道具は、茶を点《た》てる際の道具全般を指す「点前《てまえ》道具」、懐石（茶事の食事）のための「懐石道具」、裏方の水屋（台所）で使う「水屋道具」、茶席の床に飾る「装飾道具」、茶室に入る前の待合で用いる

「待合道具」、露地（茶室の庭）に備える「露地道具」に大別される。(1)これらのうち「点前道具」「水屋道具」「装飾道具」として羽箒《はぼうき》を用いる。また、「露地道具」にはシュロの葉の箒とワラビの繊維を使った箒の二種類がある。順に見ていこう。

いくつかの種類がある「羽箒《はぼうき》」のうち、炭点前《すみでまえ》（炉や風炉《ふろ》に炭をつぐ作法）で用いられるのが「三《み》つ羽《ば》（みつばね）」である（図15）。これは同種の鳥の羽を三枚重ねたもので、たんに「羽箒」といった場合はこの三つ羽を指す。主に、炉や風炉、釜蓋、炉縁などを清めるのに用いられるが、流派によって違いが見える。第一として珍重されるのは青鸞《せいらん》の羽であり、白鶴・玄《くろ》鶴・白鳥・野雁・鷹・紅鷺・鴻・梟・鷲などでもつくられる。(2)

三つ羽は、羽の向きにより「右羽《みぎばね》」「左羽《ひだりばね》」「双《もろ》（諸）羽《は》」に分けられ、羽軸の右側が広い「右羽」は風炉用、左側が広い「左羽」は炉用とされている。左右対称の「双（諸）羽」は炉と風炉のいず

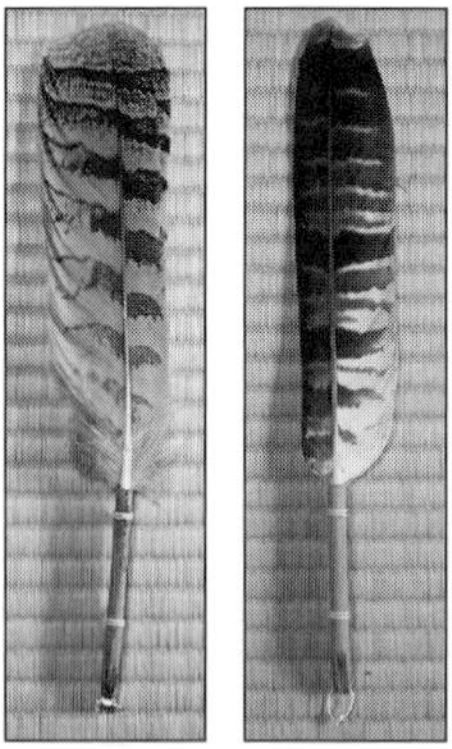

Ⓐ　Ⓑ

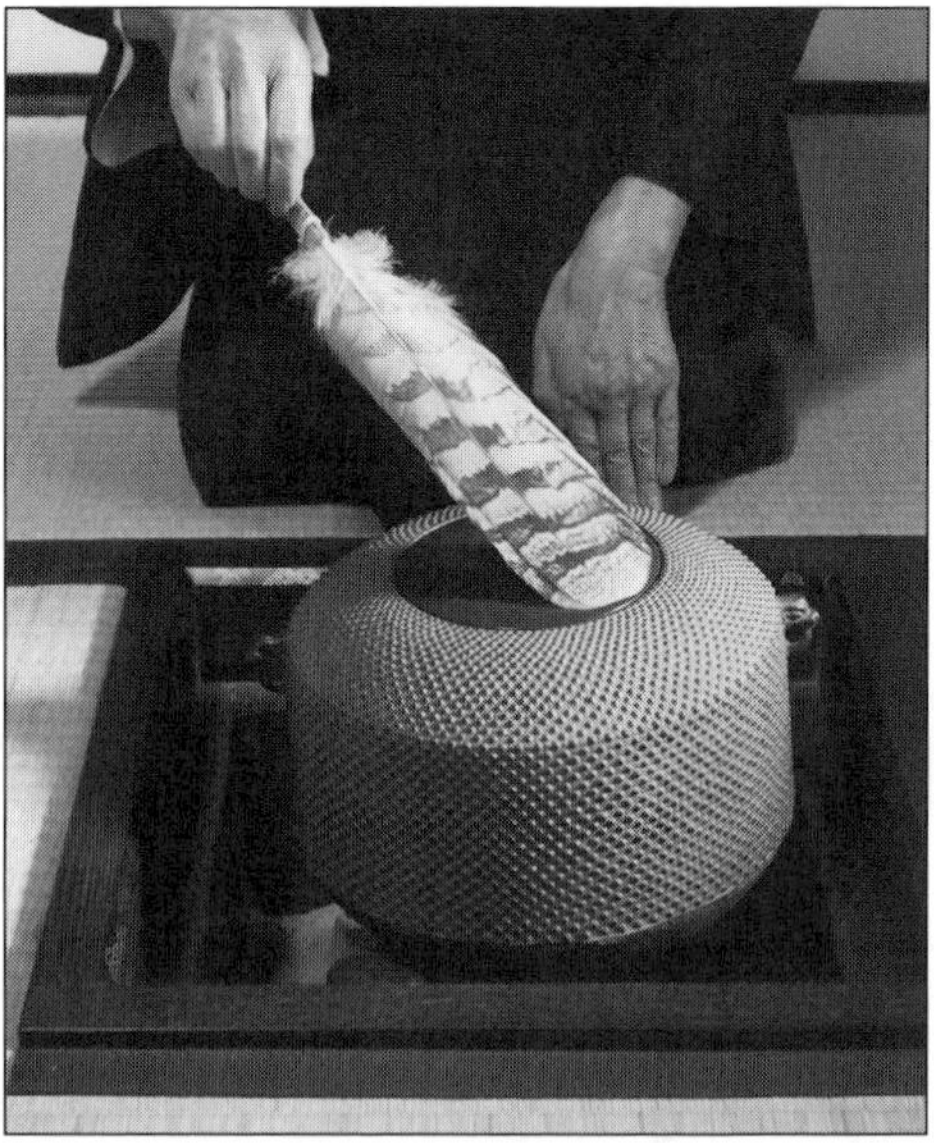

図15　茶道具（表千家）の羽箒（三つ羽）。Ⓐ炉用、Ⓑ風炉用。右：羽箒で釜蓋を清める（渡辺撮影）

れにも使用できる。また、羽柄《うへい》には竹皮を巻き、紐で結ぶ。巻き方や紐の材料も流派によって違いが見られる。

三枚重ねの羽箒は千利休が始めたといわれ、元来は一枚羽の「一つ羽《ひとつば》（ひとつばね）」であった。現在も用いられるが、用途や大きさ、形は流派によって異なる。(3)

主人が客前で道具畳を掃き清めるときに用いる大きな羽箒は「座掃《ざはき》」または「大掃込《おおはきこみ》」とよばれる。主に鶴や白鳥の片羽でつくられた。

主として水屋（茶室に付属する勝手）で使われる「摑み羽《つかば》（つかみばね）」は「箱炭斗《はこすみとり》」（持ち手の付いた箱形の炭入れ）に載せておくもので、本来は白鳥などの白く柔らかい羽を束ねたものだったが、現在はニワトリの羽も多いという。(4)

「小羽箒《こはぼうき》」は茶掃箱《ちゃはきばこ》（茶入や薄茶器に抹茶を入れるのに必要な道具を収めた二段の箱）に添えられる小さな羽箒である。ニワトリなどの羽でつくられ、茶器の口や蓋を清めたり、風炉の灰際を美しく整えたりと、用途は幅広い。

「飾り羽《は》」は装飾用の羽箒である。

「羽箒」は、流派により用途や形状が異なりもするが、「清め」を重視する茶の湯の精神と深く関わっている点では同じである。素材として羽が選ばれた理由は、鳥が古代から信仰の対象として神聖視されてきたこととも無縁ではないだろう。

続いて「露地《ろじ》」（茶室の庭）に目を移すと、茶事（正式な茶会）の折には二種類の「露地箒《ろじぼうき》」が用いられる。一つはシュロの葉を藤蔓で結った「棕櫚箒」で、柄は青竹である。もう一つの「蕨箒」は、蕨縄

（ワラビの根からとった繊維を綯った縄）をほぐしたものを「青苧《あおそ》」（イラクサ科多年草のカラムシから採れる繊維）で束ねたものである。柄には油抜きした白竹が用いられる。

これらはいずれも茶の湯の精神にのっとった「飾り箒」である。「棕櫚箒」が掛けられる「外露地」は「待合」から「中門《ちゅうもん》」までを指し、「あたかも野外であるような趣に作る」(5)とされる。「蕨箒」はその先の「内露地」に掛けられ、灯籠や蹲《つくばい》などの添景物とともに幽玄の景色を構成する。

香道と箒

作法に基づいて香木をたき、その香りを鑑賞する香道では、香炉の灰ごしらえの際、内側や縁などを掃き清めるのに「羽箒《はぼうき》」が用いられる。古くは朱鷺《とき》の羽と象牙《ぞうげ》の柄でつくられた(6)。現在は水鳥の羽が用いられる。

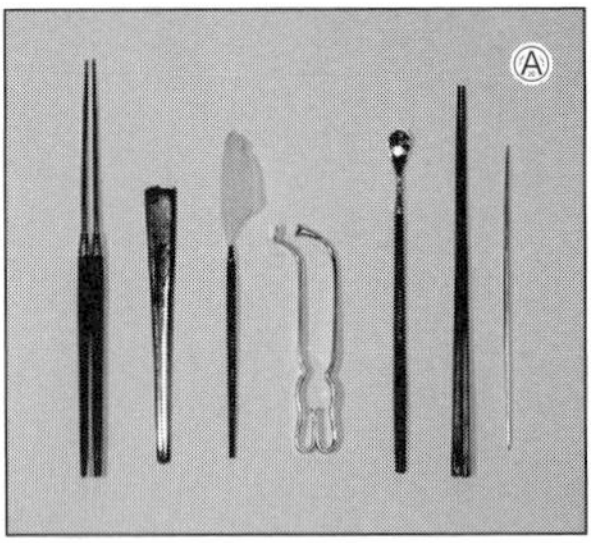

図16　Ⓐ香道の火道具。羽箒は左から3番目。Ⓑ羽箒で香炉の内側や縁を掃き清める（提供：御家流香道桂雪会）

盆石と箒

盆上に石や白砂を配して自然の景観を表現する「盆石」では、水の流れや波などを描くのに「羽根」が用いられる。細川流では昭和初期から麻の箒も用いられるようになった。

盆石は室町時代に書院の床の間飾りとして広まり、江戸時代には文人趣味の一つとされて多くの流派を生んだ。道具は流派によって異なる。

注と引用文献

（1）『ブリタニカ国際大百科事典 小項目事典』（コトバンク）、https://kotobank.jp/word/%E8%8C%B6%E9%81%93%E5%85%B7-96762

（2）井口海仙・末宗廣・永島福太郎 監修『原色茶道大辞典』淡交社、一九七五年（一八版：一九九九年）、七四二頁。

（3）下坂玉起『茶の湯の羽箒』淡交社、二〇一八年、三九頁。

（4）同前、四〇頁。

（5）日本国語大辞典第二版編集委員会・小学館国語辞

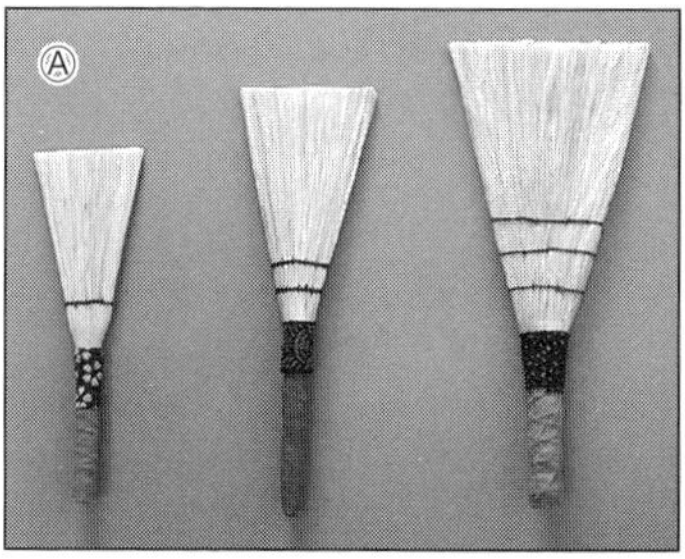

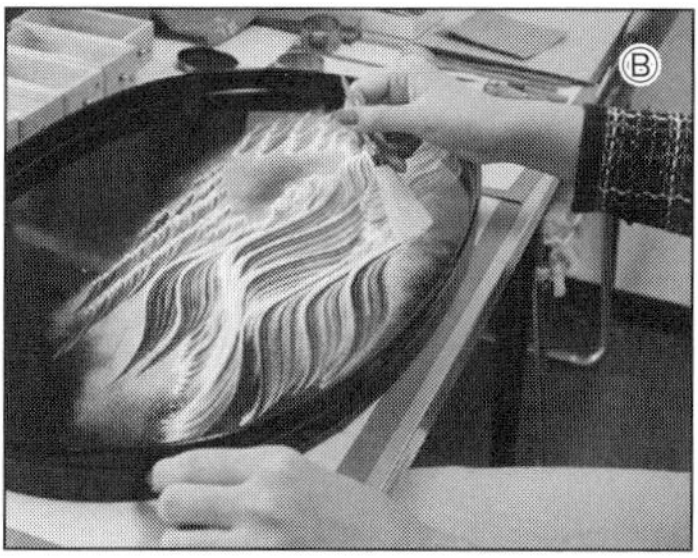

図17 Ⓐ盆石の箒、Ⓑそれを用いて波を描く。Ⓒ完成した作品「蓬萊山」（提供：細川流盆石）

典編集部 編『日本国語大辞典 第八巻 第二版』小学館、二〇〇一年、四六二頁。
（6） 香道文化研究会『図解 香道の作法と組香 第四版』雄山閣、一九七八年（第四版：二〇一二年）、二三頁。

3 箒と習俗

「はじめに」でも述べたように、箒には神霊を招いたり払ったりする力があると信じていた古代人は、これを神の依代《よりしろ》とし、また魔除けの呪具として重用した。後世においても、人知の及ばない出産や死の場面では箒の霊力が頼みとされてきた。それは箒への畏怖を生むこととつながり、さまざまな禁忌が各地で伝承された。また、年ごとに特別な箒が新調された「煤払い」をはじめ、年中行事でも箒は重要な役割を果たしている。

ここでは、人生儀礼、年中行事、禁忌という三つの領域において特筆すべき習俗を紹介し、暮らしと箒との関わりを掃除以外の側面から見ていくこととする。

人生儀礼と箒

この世に生まれ出てから生涯を終えるまで、人間の成長過程にはいくつかの節目がある。その最初と最後、つまり産育と葬送の儀礼に箒はとりわけ深く関わっているが、両者の役割は異なっている。それぞれの特徴を見ていこう。

［産育］　出産の安全を守護する神を「産神《うぶかみ》」という。その実体は地域によってさまざまだが、「箒神《ほうきがみ》」を産神とする地域は全国に見られる。「箒神が来ないと産が始まらない」などとされ、たとえば岩手県紫波《しわ》地方では「山の神、シャモジ神、箒神が集まらぬうちは子は生まれぬ(1)」といわれている。産室に箒を立てたり、箒で妊婦の腹をなでたりする風習も各地で見られた。民俗学者の柳田国男が一九三五（昭和一〇）年に著した『産育習俗語彙』から例を引こう。

〈箒を立てる〉

①客を早く帰らせる呪いに、箒を逆に立てる風習は一般的であるが、肥後南関町地方でも、お産の軽い呪いとして、産婦の足許に箒を逆さに立てゝ置く。

②長門の阿武郡相島でも、産をする時に箒を立てる。同大島でも祝帯の際、箒の神を祭り、又産がヨム（迫る）と箒を立て、之に酒を供へる。

③信州北安曇郡でもハキガミと云つて、産をする時枕許に箒を逆さに立てるとウブガミサマが出来《いでき》て安産すると云ふ。

〈腹をなでる〉

④（略）産の神は多いが、凡て女性で、その中でも箒神が来ないと子が出切らぬと云ふ。コズエババも箒で産婦の腹を撫で、或は押しながら『はよう安う持たせて下さいまつせ』と云つたりする。（九州阿蘇地方）

⑤神戸市布引では、武庫郡徳井村の応神社境内の箒の神様から「荒神箒」を借りて来て祀る。（略）

産気ついた時まづ御灯明をあげ、産婦に拝ませ、其箒で腹を撫でる。安産すると、新らしい箒を求めて水引をかけ祭る。もとの箒は大抵三宝様の荒神箒にする。（略）（丸付き数字は引用者）

出産時に〈箒を立てる〉という習俗として三例を挙げたが、①と②③とでは目的を異にしている。①は長居の客を追い払うための「逆さ箒」と同一視されていることからもわかるように、赤子を早く「出す」ための呪《まじな》いとして箒を立てたと考えられる。一方、②③において箒は箒神の依代と見なされているのだろう。①と②③は箒の「払う／招く」という対極的な機能にそれぞれ依拠しているように思われる。

だが、依代としての箒について、民俗学者の常光徹は「箒自身が産の神と考えられるようになったのは、後の変化の可能性がある」と指摘する。「逆さまの形には、箒に限らず邪悪なモノの侵入を阻止する魔除けの力が認められ」ると常光はいい、産室の逆さ箒を「近づく物の怪を退散させるための呪具」と見る。その延長線上に「箒を産の神とか産の神が宿るものと受け止める意識」が芽生え、「箒の神が来ないと子供が生まれないなどの伝承」が生まれて箒そのものが神格化されたという見解を示しているのである。(2) そう考えると、②③の箒は箒神の依代であると同時に、魔除けの役割も兼ねているのかもしれない。

④と⑤はともに〈箒で腹をなでる〉という行為だが、④が普段使いの箒に祈りを託しているのに対し、⑤の箒は一種の神体とも見られる。その「応神社」は正式名称を「応神天皇社」といったが、後に「徳井神社」と社名変更した。(3) 今でも「箒の宮」の名で親しまれ、「安産箒」を求める人が絶えない。

このように、産育の習俗において箒との結びつきが見られるのは多くが出産時であり、さまざまな禁忌をもたらした。なかでも最も多く耳にするのが「妊婦（女）は箒をまたぐな」というものである。前出の常光によれば、これは「出産の不安を色濃く反映した俗信」であり、「違反すれば押しなべて、産が重いとか難産するとか伝えているのは、裏返せば、箒が出産と深く関わる道具であることを物語っている(4)」という。

また、出産以外の儀礼で用いられる例としては、「捨て子」の習俗がある。これは、親の厄年、上の子の早死、生児の虚弱といった理由から、無事の成長を願って行われる。大阪府松原地方では、男四二歳で男児、女三三歳で女児が生まれたとき、生みの親がお七夜（旧・六日だれ(5)）に子を四つ辻に捨て、予め決められた「拾い親」が箒とちりとりで掃き入れる真似をした後に連れ帰ったという(6)。徳川八代将軍吉宗も、親の厄年によって「捨て子」にされたひとりであった。拾い親となったのは産土神（生まれた土地の守り神）が祭られた刺田比古《さすたひこ》神社の宮司で、和歌山城の「扇ノ芝」に捨てられた吉宗を箕と箒で拾い上げたとされている(7)。

［葬送］「はじめに」でも触れたように、記紀神話はアメノワカヒコの葬送の場面で「掃持《ははきもち》（持帚者）」を登場させている。その役割について、民俗学では、①遊離した霊魂を招き寄せる、または衰弱した霊魂を揺さ振り動かして霊魂の賦活を願う、②遊離した霊魂や他の死者の亡霊が邪霊となって荒ぶれ災いを及ぼすことを防ぐ、という異なる見解が示されていることもすでに述べたが、古代の葬送において箒が重要な役割を担っていたことには相違ない。

この結びつきは後世にも受け継がれ、近代に至っても葬送の習俗で箒が用いられた地域が少なくなか

に見られる箒

都道府県（一部地域を含む）	場面	習俗
栃木県	②出棺後	座敷箒でメイケ（竹籠）を座敷の上から外へ掃き転がす。
栃木県	①安置	死者が出たとき、魔除けとして腹上に箒を載せる。
神奈川県	①安置	死者の上に、刃物、箒を置く。猫に飛び越えられると死者は蘇生して台所の水を飲む。すると不死身の霊魂になってしまうので、その前に箒で叩くためである。箒で叩けばその場に倒れて死者になる。
島根県	②出棺後	葬儀の棺が出た後は一束の藁で掃き掃除をする。そのため、普段はそうしない。
岡山県	②出棺後	出棺の後は、必ず箒で掃き出す。
愛媛県	②出棺後	死者を寝かせていた部屋を入棺後に掃き、出棺した後も部屋を掃く。昔は藁スベで直接表へ掃き出した。そのため、日常の掃除で藁束を箒に代用するのを忌む。
愛媛県	①安置	死人の上に箒や刃物を置くと、猫がまたいでも起き上がらない。
長崎県	②出棺後	出棺の後、石を一つ拾ってきて畳の上に置き、草箒で座敷から縁側まで箒で掃き出した。
長崎県	②出棺後	出棺後は「掃わき出すな」といって、棺の下に敷いてあったスグリワラで掃きとった。
熊本県	②出棺後	棺が家を出たらすぐ、葬儀のあった場所を箒で掃く。穢れを掃き出す意味があるのだろう。
鹿児島県	②出棺後	出棺直後、座敷を藁束で掃き出す。
鹿児島県	③葬列	葬列の先頭に箒を立てる。

った。その形は多種多様であるが、大きく見れば、①遺体の安置、②出棺後、③葬列、という三つの場面と関わりが深い。

表1は、『箒の民俗』（前掲）より各地の事例を整理したものであるが、①については「死者の上に箒を置く」という形が多く、刃物をともに載せる地域も少なくない。その理由の多くは「猫が飛び越えることで死者が蘇生するのを防ぐ」ためとされている。民俗学者の五来重は、これを「荒魂が猫の姿で人の目をくらまして出てゆくことを警戒したもの」と見て、「死体からの遊離魂を浮遊せしめないために刃物があり、浮遊したときはこれを払い落とすために箒が必要」だと説明する[8]（『葬と供養（新装版）』）。後に、猫が死者を飛び越せば火車[9]（生前悪事を犯した亡者を乗せて地獄に運ぶという、火

表1　各地の葬送習俗

都道府県（一部地域を含む）	場　面	習　俗
北海道	②出棺後	出棺したあとは必ず箒を使って座敷を掃除する。祭壇のあった場所から出口、縁側など棺を出した方へ掃き出す。
青森県	葬式後	新しい草箒（あるいは藁箒）を二人で持って家の中を掃き出し、その後その箒を燃やす。
岩手県	②出棺後	出棺後、棺のあった座敷に塩あるいは灰を撒き、それを竹で作った箒で掃き集め、墓地で焼くか川に捨てる。
福島県	①安置	死者には屏風を逆さに立てて、箒を上げておく。
福島県	②出棺後	門口を棺が出て行くと、残っている大世話や釜前の女たちが大急ぎで座敷を箒で掃き出す。「二度と戻ってくるな」ということからである。また、同様の意味で、臼を転がし、ザルを転がしながら座敷から掃き出すところもある。
福島県	①安置	死者の蒲団の上に竹箒を置く。猫の魂が入らぬためといわれる。
福島県	①安置	（死者の上に）箒のほか、刀、なた、包丁などの刃物を上げる。
福島県	②出棺後	出棺後は死の穢れを払うため、「あとはき」として藁箒で掃き清める。
茨城県	①安置	死者を北枕にして寝かせ、蒲団の上に箒を置く。これは猫の魂が入って生き返るのを防ぐためだという。また、死霊を保護し魔物を追い払うため、刃物や箒などを載せる。
茨城県	②出棺後	出棺したらすぐ塩をまき、箒で掃き出す。このとき、目籠や草刈り籠を転がすところもある。死霊が目籠について行き、再び帰ってこられないようにという呪いである。

＊大島建彦・御巫理花 共編『箒の民俗』（三弥井書店、1984年）より作成。

の燃えている車）になるという「中世的な仏教唱導」が生まれ、これと「古代的な荒魂の遊離へのおそれ」が結合した習俗であるというのが五来の見解である。

一方、②の「出棺後に座敷を掃く」という慣わしは死霊の帰来を防ぐために行われるものであり、臼と籠にもそうした呪力があるという。また、③は葬具としての箒であるが、これは「古代葬制の箒持が、現在の民俗に残存したもの」であるとも五来は指摘する。表1の鹿児島の習俗において用いられた箒の実態は不明であるが、同書では「隠岐中村では竹の枝でつくった二本のガラバーキ（竹箒）というものをつくり一人一本ずつ持ってゆく」という例が紹介されている。

このように各地の葬送習俗で箒が使われたことの裏返しとして、日常生活において同様に用いることが禁忌とされた。それは「死につながる不吉な連想を呼ぶ」からであり、また「不測の事態を招きかねないとの不安が生じる」からだと常光は述べている。(10)

年中行事と箒

箒が用いられる種々の年中行事のなかでも筆頭格として位置づけられるのは年の瀬に行われる「煤払い」である。箒で掃くという行為が儀礼の中心に位置づけられていること、また、日本各地のありとあらゆる家で行われていたこと、さらには地域性が豊かであるという点で、まさに特筆すべき箒の習俗である。

このほか、本節[1]「仕事の箒」でも触れた「虫追い」または「虫送り」に関連する行事でも、一部地域で箒が使われた。今でも毎年八月に行われる「井田ほうき踊り」(三重県紀宝町)は水田の害虫を箒で追い払う様子を表した伝統的風習で、江戸時代から始まったといわれる。(11)

また、東北地方の小正月行事として広く行われている「庭田植え」(「雪中田植え」などともいう)は、雪の降り積もった庭を田に見立てて藁などを植え、秋の豊作を祈願する予祝行事であるが、ここでも虫追いのために箒が用いられることがある。秋田県大館市比内町中野地域では、すげ笠と蓑をまとった男性が雪田に稲藁や豆殻を植えつけ、箒で虫を追い払い、神酒を酌み交わす。一週間後、植えたものが程よく傾いていれば豊作、倒れたり垂直のままだったりすると不作とされている。(12)

［煤払い］ 正月に「年神《としがみ》」を迎える準備として、笹竹などで煤を払い、家中を清める行事を「煤払

い」という。「煤掃き」「煤納め」「煤取《すすと》り節供《ぜっく》」などともよばれた。年神は「歳徳神《としとくじん》」ともいわれ、陰陽道ではその年の福徳を司る神とされる。また、祖霊であるともいわれ、商家では福の神、農家では田の神であるとも考えられた(13)。

平安時代中期に編纂された律令の施行細則『延喜式』にはすでに「煤掃き」の語が見られるが、日を定めて行っていたことが確認されるのは鎌倉時代の歴史書『吾妻鏡』が最も古いといわれている。こうした年中行事としての煤払いは徳川幕府にも受け継がれ、四代将軍家綱が一二月一三日を定日とした(14)。やがて庶民の間でも広まり、全国各地で年の瀬の年中行事として定着したが、用いる箒の素材や形状は地域により異なっている。ただ、篠竹や藁などの霊物を材料としてこの日のために新調すること、使用後は他に用いず焼いたり川に流したりすることなどは共通している。

煤払いの箒で最も多く見られるのは先の方だけ葉を残した篠竹であり、これを「煤竹《すすだけ》」「笹箒《ささぼうき》」などとよぶ。一本のみを使う場合は、主として雌竹《めだけ》が用いられた。また、雌竹と雄竹《おだけ》を一対として、二本をひとくくりにすることも多かった。これは以下に記す江戸城の規式にならったものであろう（次頁図18）。

江戸中期から後期にかけて活躍した文人、大田南畝《おおたなんぽ》が随筆『半日閑話《はんにちかんわ》』で明かしたところによれば、江戸城で用いる煤竹は代官所が納めた。進上役を仰せつかるのは年男で、節が揃い真っ直ぐな雌竹と雄竹の二本を水引で結い合わせ、根松、藪柑子《やぶこうじ》、長熨斗《ながのし》（長く伸ばして作った熨斗鮑《のしあわび》）を付けて朝六時前に登城する。これで寝間と御座の間の二カ所を煤払いし、他は下男が務めたという(15)（「十二月十三日御煤納御規式」）。

江戸時代の浮世絵や草双紙には煤払いの場面がしばしば描かれているが、喜多川歌麿（一七五三？〜

一八〇六）の浮世絵「武家煤払《ぶけすすはらい》の図」をはじめとして、多くは二本一対として描かれている。

一方、江戸市中では、煤払いに使う煤竹を担い売りの煤竹売りから買い求めた。『東都歳事記』（斎藤月岑《さいとうげっしん》、一八三八年）の「商家煤掃」（口絵(4)頁参照）には通りを担い売りする煤竹売りが描かれている。明治から大正にかけての浮世絵師、四代歌川広重によれば、その売り声は毎年一二月一〇日頃から聞こえたというが、江戸末期の嘉永年間（一八四八〜五四年）には姿を見せなくなった。その頃より、木戸際の番太郎小屋から買うようになったと回想している(16)。

煤竹売りといえば、忠臣蔵外伝物の人気作「松浦の太鼓」を思い浮かべる向きも多いだろう。物語の鍵を握るのは、赤穂四十七士のひとりで茶の湯や俳諧にも通じた大高源吾である。身を偽って吉良家出入りの茶人に入門し、上野介が在宅する茶会の日を突きとめたことで知られる源吾だが、

図 18　二本の竹を結い合わせた江戸城の煤竹（狩野友信 模写「幕府年中行事」1 帖、1898 年、国立国会図書館蔵）

劇中では煤竹売りに身をやつしている。それは吉良邸を密偵するための奇策であった。源吾は一二月一三日、芭蕉の高弟として名高いかつての師、宝井其角《たからいきかく》と両国橋で再会する。其角は別れ際、落ちぶれて覇気が感じられない源吾へ「年の瀬や水の流れと人の身は」と発句を向けた。対する源吾は「あした待たるるその宝船」と付句を返す。「宝船」が吉良邸への討ち入りを指し、翌一四日に決行されたことは言うまでもない。[17]

「両国橋の別れ」として有名なこの場面はフィクションだというが、先に触れた歌麿の「武家煤払の図」もまた『仮名手本忠臣蔵』の見立絵《みたてえ》である。煤払いと赤穂浪士の討ち入りは日が隣り合うため結びつけやすかった面もあるだろうが、江戸の人々は両者の心象風景として相通じるものを見出していたのかもしれない。

五枚続きの「武家煤払の図」には、右に羽交い締めにされている男と尻餅をつく男、真ん中に欄間の煤を掃く男と胴上げする女たち、左に棕櫚箒の柄で鼠退治をする女が見える。これらは順に、松の廊下の刃傷沙汰、大星由良之助（大石内蔵助）が世を欺こうとして放蕩する祇園・一力茶屋、そして吉良邸への討ち入りを表すといわれる。[18] その賑々しさは、欄間を煤竹で払う男が霞んで見えるほどだが、武家や商家では実際、煤払いが終わると主人以下一同を胴上げしたといい、「商家煤掃」にもその様子が描かれている。町なかの商家は店じまいをした後、出入りの職人の手を借りて夜に煤払いをする家が多かったという。終われば蕎麦や鯨汁などが振る舞われ、祝儀や手拭いも配られた。[19]

以上は江戸における煤払いの流儀であるが、各地で見られた固有の習俗については『掃除の民俗』（大島建彦・御巫理花共編、三弥井書店、一九八四年）に詳しい。[20] 煤払い箒の素材も笹竹ばかりではなく、東北地方では竹の先に藁束を結びつけたものがしばしば使われた。これらは「煤男《すすおとこ》」「煤梵天《すすぼんてん》」などとよばれる。「梵天」とは本来、長い竹や棒の先に和紙や白布を取りつけたもので、神の依代とされている。

また、用途別に異なる箒を用意する地域も見られた。大阪府和泉地方の一部では「天井や柱に積った煤には笹や竹を使い、神棚の掃除には藁やトウキビの毛で作った小型の箒を用いる」という。山形県でも、囲炉裏の自在鉤や上に吊る火棚には専用の箒が準備された。

煤払いの手順としては、神棚から取りかかる地域が多かったようである。青森県上北郡横浜町のように、煤払いを始める前、道具を干支の方角に置いて拝む地域もあった。用に供した後の箒についても決まりごとがあり、「左義長《さぎちょう》」や「どんど焼き」などとよばれる小正月の火祭りで焼いたり、川や海に流したりした。新潟県岩船郡山北町では、「煤男」を戸外に立て、灯明を上げて神饌を供えた後、正月の焚きつけに用いたという(21)。払った煤についても、保存して肥料に用いる(神奈川県津久井郡藤野町)、四辻に捨てる(大阪府泉南地方)といった慣わしがあった。

煤払いの後にはご馳走を食べる楽しみが待っていた。青森県東津軽郡平内町では、魚のスス(寿司)を樽から初めて取り出し、神棚に供えてから晩飯のおかずにした。群馬県ではたいてい五目飯で、これを「ヨゴレメシ」とよぶ地域もあるという。愛媛県越智郡魚島村では小麦粉団子で「煤掃きの雑煮」を作り、神棚に供えた後に食した。

このように、煤払いとは単なる掃除を超えて信仰的な意味合いをもつ年中行事であった。だが、電気やガスの普及により炭や薪が使われなくなると煤とは無縁の生活になり、その習俗も失われていった。

現在でも古式に則った煤払いを行っているのは主として寺社である。成田山新勝寺（千葉県成田市）では、長さ約一〇メートルの笹竹を使って天井や欄間の埃を払う。[22] また、鹿島神宮（茨城県鹿嶋市）では、山鳥の羽根と奉書をつけ麻をたらした「オスス竹」と、笹の葉をつけた「ササ竹」を使った煤払い神事が今に受け継がれている。[23]

その他の俗信

次頁の表2は『箒の民俗』（前掲）から出産・葬送・煤払い以外の箒の俗信を抜き出し、分類したものである。その多くは、①正月（「正月には箒で掃き出すな」）、②出立（「人が家を出た後、すぐに掃き出すな」）、③来客（「客が長居をしたら箒を逆さにしろ」）に関するものである。

これまで見てきたところでは、箒の「払う」「掃き出す」という機能は汚れや災厄をもたらすものに対して発揮されてきた。それに対して、①は福が出て行くことを恐れているのであり、普段と逆であるところが面白い。②は言うまでもなく、出棺後に死霊を掃き出す葬送の習俗から連想されたものであり、③は逆さ箒の呪力に期待した呪《まじな》いである。④の普段の扱いについてはさまざまな伝承が見られるが、いずれも箒への畏れから生じたものであることに変わりはない。

（出産・葬送・煤払い以外）

都道府県（一部地域を含む）	場　面	内　容
兵庫県	①正月	元日と二日は掃き掃除をしないので、大晦日の夜、皆が床に入ってから一番後で茶の間と土間を掃いて寝る。三日の朝早く倉の戸を一杯開けて福が倉の中に入るよう箒で掃き込むまねをしてから掃除する。
鳥取県	①正月	元旦には掃除をするなといい、二日にハキゾメをした。
島根県	②出立	家内の者が家から出るときに、掃除はせぬ。箒で掃き出すようでいけぬ。
岡山県	①正月	元日に掃き出すな。
岡山県	②出立	客が帰った後、すぐ掃き出すことを嫌う。
愛媛県	①正月	元旦には家の中のすべてのものに福がついているから、掃除をするものではない。正月に掃き出すと福が逃げる。
愛媛県	③来客	嫌な客が来たときは陰で箒を逆さに立てて手拭いをかけ、人形のように踊らせるとよい。
佐賀県	④普段の扱い	箒をかためる（肩にかつぐ）と背が伸びない。
佐賀県	③来客	箒を逆さにすると来客が早く帰る。タオルで頬かむりをするともっと早く帰る。
熊本県	④普段の扱い	商家では内から外へ掃くと、商品が外へ出て行く。つまり売上が多くなる。
熊本県	②出立	家人が家を出る前は掃除しない。家を出てしばらくしてから掃除する。
熊本県	④普段の扱い	箒をまたいだり、踏んだりすると罰が当たる。
熊本県	④普段の扱い	箒を担いではいけない。
熊本県	④普段の扱い	箒は逆さに立てておくものではない。寝かせておくか、吊り下げておく。
宮崎県	①正月	正月の朝は、座敷、庭とも掃き出さない。主婦が箒をとり、家の内に向かって掃きながら、「年のはじめに箒をとりて、よろずの宝を掃き込まん」と三回唱える。
宮崎県	③来客	夜になって客が帰ると、掃いた塵を外に出さず、一カ所にためておき、翌日になってから捨てる。
鹿児島県	②出立	旅立ちをした後では座敷も箒も庭も掃かない。旅人が川一つ渡らないうちに掃除をすると事故にあうといった。

＊大島建彦・御巫理花 共編『箒の民俗』（三弥井書店、1984年）より作成。

表2　さまざまな箒の俗信

都道府県（一部地域を含む）	場　面	内　容
北海道	①正月	正月三が日は福の神が逃げるので掃除はしない。どうしてもしなければならないときは雑巾で拭き取る。特に元旦は箒を使わない。
岩手県	②出立	人の出たあとすぐ掃き出すな。
岩手県	①正月	正月十六日に箒をとるな。
山形県	①正月	正月三が日は福を掃き出さないように掃除はしない。どうしてもしなければならないときは、ゴミを屋外に掃き出さず、塵取りに取って土間の隅に置き、四日の朝に塵箱へ納める。
福島県	③来客	来客中に箒で掃き出すな。
福島県	②出立	人が帰ったら、橋を渡らないうちは掃き出すな。
茨城県	④普段の扱い	土間（台所）の掃除は、裏（内）から表（外）へ掃くことは「福を掃き出す」といって嫌った。
茨城県	①正月	三日の朝十時、または朝の行事が済むまでは家内の掃き出しをしてはいけない。
茨城県	①正月	元旦の掃除はせず、掃除をしても台所の隅にためておき、オカマ様の前までで外には出さない。
茨城県	①正月	元旦から三日間は箒を使わず、カマドの灰を出さない。
茨城県	③来客	長話の客に箒を立てると早く帰る。
茨城県	①正月	元旦にごみを掃き出すと貧しくなる。
栃木県	②出立	来客が内から見えなくなるまで、箒を使って掃除はするな。
栃木県	③来客	長尻の来客には箒を逆さに立て、その上に手拭いを被せておけ。
栃木県	④普段の扱い	箒で馬の尻をはたくと、火事のときに馬が小屋から出ない。
栃木県	①正月	正月三日間（大正月）は福の神を追い出すからといって、箒は使わない。
山梨県	①正月	年の暮れにいっさいの掃除を済ませ、正月元旦は福の神を掃き出すから掃いてはならぬ。
兵庫県	①正月	正月の元日は、福の神を掃き出すといって箒を使わない。ハサミ・針も使わない。
兵庫県	①正月	正月一日間は、福を掃き出すといって、掃き掃除はするなといわれた。

注と引用文献

（1）柳田国男『産育習俗語彙』愛育会、一九三五年、三八頁。
（2）常光徹『魔除けの民俗学――家・道具・災害の俗信（角川選書）』KADOKAWA、二〇一九年、一一八―一二〇頁。
（3）兵庫県神社庁ホームページ、http://www.hyogo-jinjacho.com/data/6301031.html
（4）常光徹『魔除けの民俗学――家・道具・災害の俗信（角川選書）』KADOKAWA、二〇一九年、一一五―一一六頁。
（5）生後六日目に赤子のうぶ毛をそる風習。
（6）「松原の人々の一生　第七回　産後の忌みと出産児の儀礼（忌明けから宮参りまで）三」（松原市ホームページ）、https://www.city.matsubara.lg.jp/bunka/minwa/3/5967.html（二〇一九年一〇月一二日閲覧）
（7）「吉宗遺産　③扇ノ芝と刺田比古神社」ニュース和歌山、二〇一六年九月一七日号、https://www.nwn.jp/feature/16091701_okanomiya/（二〇一九年一〇月一二日閲覧）
（8）五来重『葬と供養（新装版）』東方出版、二〇一三年（初版：一九九二年）、一四四、三四〇、七三一―七三二、七三四頁。
（9）デジタル大辞泉（コトバンク）、https://kotobank.jp/word/%E7%81%AB%E8%BB%8A-462205（二〇一九年一〇月一四日閲覧）
（10）常光徹『魔除けの民俗学――家・道具・災害の俗信（角川選書）』KADOKAWA、二〇一九年、一二二、一二四頁。
（11）「三重・紀宝町『ほうき踊り』披露　水田の害虫追い払う伝統の盆踊り」『佐賀新聞』二〇一九年八月九日。https://www.saga-s.co.jp/articles/-/411895
（12）「雪中田植え」（秋田県のがんばる農山漁村集落応援サイト）秋田県ホームページ、https://common3.pref.akita.lg.jp/genkimura/village/detail.html?cid=9&vid=1&id=823（二〇一九年一〇月一二日閲覧）
（13）百科事典マイペディア（コトバンク）、https://kotobank.jp/word/%E5%B9%B4%E7%A5%9E-583404（二〇一九年一〇月一二日閲覧）

（14）屋代弘賢 著、国書刊行会 校『古今要覧稿』国書刊行会、一九〇七年、九五七頁。国立国会図書館デジタルコレクション、http://dl.ndl.go.jp/info:ndljp/pid/897546（二〇一九年一〇月一二日閲覧）
（15）大田南畝『蜀山人全集 巻三』吉川弘文館、一九〇八年、一七頁。国立国会図書館デジタルコレクション、http://dl.ndl.go.jp/info:ndljp/pid/993338（二〇一九年一〇月一二日閲覧）
（16）菊池貴一郎 著、鈴木棠三 編『絵本江戸風俗往来（東洋文庫 五〇）』平凡社、一九六八年、二〇四頁。
（17）「松浦の太鼓」『日本大百科全書（ニッポニカ）』小学館（コトバンク）、https://kotobank.jp/word/%E6%9D%BE%E6%B5%A6%E3%81%AE%E5%A4%AA%E9%BC%93-1595378（二〇一九年一〇月一二日閲覧）
（18）国立博物館所蔵品統合検索システム ColBase「武家煤払の図」、https://colbase.nich.go.jp/collectionItems/view/12f08f3c06a62af80737925634848303/21929（二〇一九年一〇月一二日閲覧）
（19）菊池貴一郎 著、鈴木棠三 編『絵本江戸風俗往来（東洋文庫 五〇）』平凡社、一九六八年、二〇八頁。
（20）大島建彦・御巫理花 共編『掃除の民俗』三弥井書店、一九八四年、三〇、四三、六〇、七〇、一一四―一一五、一五三頁。
（21）工藤紘一「『聞き書き 岩手の年中行事』から思うこと」『岩手県立博物館研究報告』第三一号、二〇一四年、四二頁。
（22）「成田山新勝寺 平成最後のすす払い」『朝日新聞（千葉）』二〇一八年一二月一四日。朝日新聞デジタル、https://digital.asahi.com/articles/ASLDF320JLDFUDCB008.html（二〇一九年一〇月一二日閲覧）
（23）鹿嶋市ホームページ、http://www.city.kashima.ibaraki.jp/rep/desc.php?no=242&cate=1&pc=1（二〇一九年一〇月一二日閲覧）、「来る年へ、恒例のすす払い 鹿島神宮」『朝日新聞（茨城）』二〇一七年一二月二日。朝日新聞デジタル、https://digital.asahi.com/articles/ASKD135PZKD1UJHB003.html（二〇一九年一〇月一二日閲覧）

参考文献

第一章

沖原豊「曲がり角の学校掃除」・石井均「学校掃除の歴史」（沖原豊 編『学校掃除――その人間的形成』学事出版株式会社、一九七八）。

小倉玄照「仏教と掃除」（沖原豊 編『学校掃除――その人間形成的役割』学事出版株式会社、一九七八）。

『学校保健百年史』（財）日本学校保健会、一九七三。

『官報』四〇五七（明治三〇年一月一一日）、四一〇二（明治三〇年三月九日）、二〇〇六（大正八年四月一四日）、四二八七（大正一五年一二月七日）、六三七二（昭和二三年四月一四日）。

『教育法規類聚』静岡県教育委員会、一九一二。

久留島浩「盛砂・蒔砂・飾り手桶・箒――近世における「馳走」の一つとして」（『史學雜誌』95編8号、史學会、一九八六）。

久留島浩「行列の作法――宿の空間にて」（朝日百科日本の歴史 別冊・歴史を見直す 17『行列と見世物』朝日新聞社、一九九四）。

小泉和子 編『占領軍住宅の記録 上下』住まいの図書館出版局、一九九九。

小松才吉『掃除の革命ダストコントロール』（シリーズ祈りの経営BOOKS 05）、ダスキン出版、一九九一。

尚秉和「古の箒」（秋田成明 編訳『中国社会風俗史』〈東洋文庫〉平凡社、一九六九。これは、『歴代社会風俗事物考』の邦訳である。「古の箒」は第三十五章「社会雑事十九」にある）。

中村琢己「掃除と暮しの伝承」(小泉和子 編『新体系日本史 14 生活文化史』山川出版社、二〇一四)。

『日本電気工業史・追加資料・家庭用電気機器』(社) 日本電気工業会、一九六二。

山田正吾「わが国における家電製品の変遷」(『電気協会雑誌』857号、(社) 日本電気協会、一九九五)。

『老舗と家訓』京都府、一九七〇。

株式会社ダスキンパンフレット。

第二章

愛甲郡教育会 編『愛甲郡制誌』愛甲郡教育会、一九二五年。
朝日新聞社 編『京都・伝統の手仕事』朝日新聞社、一九六五年。
新井白蛾 著、新井董 編『白蛾叢書 第2冊』新井董、一八九七年。
石田有年 編『工商技術 都の魁』石田戈次郎、一八八三年(国立国会図書館デジタルコレクション)。
石田茂作『正倉院と東大寺』正倉院御物刊行会、一九六二年。
井上薫「子日目利箒小考」『龍谷史壇』第73・74号、龍谷大学史学会、一九七八年。
井上薫「子日親耕親蚕儀式と藤原仲麻呂」『橿原考古学研究所論集 第十』吉川弘文館、一九八八年。
井上通泰『万葉集新考 巻二十 下』歌文珍書保存会、一九二七年。
茨城県農会 編『茨城県の農家副業 第四篇』茨城県農会、一九一九年。
大賀一郎他「昭和二十八・二十九・三十年度正倉院御物材質調査」『書陵部紀要』第8号、宮内庁書陵部、一九五七年。
江戸叢書刊行会 編『江戸叢書 巻の四 (増補江戸惣鹿子名所大全)』江戸叢書刊行会、一九一六年。
大島建彦・御巫理花 共編『掃除の民俗』三弥井書店、一九八四年。
岡不崩『万葉草木考 第2巻』建設社、一九三三年。
岡不崩『古典草木雑考』大岡山書店、一九三五年。

岡田譲『正倉院の宝物（現代教養文庫 257）』社会思想研究会出版部、一九五七年。

沖浦和光『竹の民俗誌——日本文化の深層を探る（岩波新書）』岩波書店、一九九一年。

小野善太郎『正倉院の栞』西東書房、一九二〇年。

織井文雄「在来箒工業地域の形成」『地理』第13巻第9号、古今書院、一九六八年。

海南地方家庭用品産業史編さん委員会 編『海南地方家庭用品産業史』海南特産家庭用品協同組合、一九八九年。

鹿島金蔵「練馬の朝鮮箒」『農業世界』第11巻第13号、博友社、一九一六年。

神奈川県農会 編『神奈川県農業視察便覧』神奈川県農会、一九二九年。

狩野幸之助「かうやばうきの採集及利用法」『農業世界』第11巻第13号、一九一六年。

鹿沼市史編さん委員会 編『鹿沼市史』鹿沼市、一九六八年。

鹿沼市史編さん委員会 編『鹿沼市史 通史編 近現代』鹿沼市、二〇〇六年。

上福岡市立歴史民俗資料館『ほうきの文化——序章（第9回特別展図録）』上福岡市立歴史民俗資料館、一九九二年。

鴨方町史編纂委員会 編『鴨方町史 民俗編』鴨方町、一九八五年。

鴨方町史編纂委員会 編『鴨方町史 本編』鴨方町、一九九〇年。

菊池貴一郎 著・鈴木棠三 編『絵本江戸風俗往来（東洋文庫 50）』平凡社、一九六八年。

喜多川守貞 著・宇佐美英機 校訂『近世風俗志（一）（守貞謾稿）（岩波文庫）』岩波書店、一九九六年。

喜多村筠庭 著、長谷川強・江本裕・渡辺守邦・岡雅彦・花田富二夫・石川了 校訂『嬉遊笑覧（三）（岩波文庫）』岩波書店、二〇〇四年。

木下武司『和漢古典植物名精解』和泉書院、二〇一七年。

日下部兼道『棕梠の栽培と利用（農山村副業叢書 第11輯）』大日本山林会、一九三九年。

倉野憲司・武田祐吉 校注『古事記・祝詞（日本古典文学大系 1）』岩波書店、一九五八年（一九八九年、第35刷）。

黒川真頼『黒川真頼全集 第五 制度篇 考証篇』国書刊行会、一九一一年。

黒須猛行「醸造の基本技術　酒母（2）」日本醸造協会・日本醸造学会 編『日本醸造協会誌』日本醸造協会、第93巻第6号、一九九八年。

畔田翠山源伴存 撰、正宗敦夫 編・校訂『古名録 第3』日本古典全集刊行会、一九三五年。

古宇田清平「座敷箒の拵へ方」『農業世界』第24巻第16号、博文館、一九二九年。

河野通明「『民具からの歴史学』への30年」『商経論叢』第45巻第4号、神奈川大学経済学会、二〇一〇年。

鴻巣盛広『万葉集全釈 第6冊』広文堂書店、一九三五年。

腰原達雄「近世奥羽の稲虫害（2）」『北日本病害虫研究会報』第51号、二〇〇〇年。

小島憲之・木下正俊・東野治之 校注『萬葉集 4（新編日本古典文学全集 9）』小学館、一九九六年。

五来重『葬と供養（新装版）』東方出版、二〇一三年。

埼玉県農会 編『副業調査――附・農事調査 其二』埼玉県農会、一九二一年。

坂根嘉弘「農地作付統制についての基礎的研究（上）」『広島大学経済論叢』第27巻第1号、広島大学経済学会、二〇〇三年。

坂根嘉弘「農地作付統制についての基礎的研究（下）」『広島大学経済論叢』第27巻第2号、広島大学経済学会、二〇〇三年。

佐佐木信綱 編『契沖全集 第四巻　万葉代匠記 四』朝日新聞社、一九二六年。

佐佐木信綱 編『日本歌学大系 第1巻』風間書房、一九五七年。

佐佐木信綱 編『日本歌学大系 別巻 第2』風間書房、一九五八年。

佐佐木信綱 編『日本歌学大系 別巻 第1』風間書房、一九五九年。

塩野米松『最後の職人伝――「手業に学べ」人の巻』平凡社、二〇〇七年。

静岡県農会 編『静岡県農家副芸一斑』静岡県農会事務所、一九一七年。

澁澤敬三・神奈川大学日本常民文化研究所 編『新版 絵巻物による日本常民生活絵引 第五巻』平凡社、一九八四年。

信濃教育会 編『信濃産業誌』光風館書店、一九一一年。

島田勇雄・竹島淳夫・樋口元巳 訳注『和漢三才図会 5（東洋文庫 462）』平凡社、一九八六年。

寿岳章子『京都 まちなかの暮らし（角川ソフィア文庫）』角川学芸出版、二〇〇九年。

新城理恵「先蚕儀礼と中国の蚕神信仰」『比較民俗研究』第4号、筑波大学比較民俗研究会、一九九一年。

新城理恵「絹と皇后――中国の国家儀礼と養蚕」網野善彦他編『岩波講座 天皇と王権を考える 第3巻 生産と流通』岩波書店、二〇〇二年。

台東区立下町風俗資料館 編『古老がつづる台東区の明治・大正・昭和［1］』台東区教育委員会、一九八〇年。

武田祐吉『万葉集全註釈 第13』改造社、一九五〇年。

立川美彦 編『訓読雍州府志』臨川書店、一九九七年。

田中好之「今が絶好の造り時 竹箒の造り方」『農業世界』第38巻第1号、博文館、一九四三年。

田良島哲「大正期の正倉院拝観資格の拡大と帝室博物館総長森鷗外」『Museum』第666号、東京国立博物館、二〇一七年。

常光徹『魔除けの民俗学――家・道具・災害の俗信』角川選書、二〇一九年。

帝国農会 編『道府県副業調査』帝国農会、一九一七年。

帝室博物館『正倉院御物棚別目録』帝室博物館、一九二五年。

帝室博物館『正倉院御物棚別目録 第二版』帝室博物館、一九三一年。

帝室博物館『正倉院御物棚別目録 第三版』帝室博物館、一九三四年。

帝室博物館 編『正倉院御物特別展観目録――紀元二千六百年記念』帝室博物館、一九四〇年。

帝室博物館 編『正倉院御物図録 第14輯』帝室博物館、一九四二年。

寺本益英「大正〜昭和初期における農家副業政策の展開」『経済学論究』第52巻第2号、一九九八年。

東京都練馬区 編『練馬区史』東京都練馬区、一九五七年。

東京都歴史文化財団東京都江戸東京博物館 編『「東京府志料」にみる明治初期の物産一覧（東京都江戸東京博物館調査報

告書　第7集）』東京都歴史文化財団東京都江戸東京博物館、一九九九年。

内国勧業博覧会事務局『明治十年内国勧業博覧会出品目録　4』内国勧業博覧会事務局、出版年不明（国立国会図書館デジタルコレクション）

奈良国立文化財研究所『平城宮発掘調査報告書　Ⅶ（奈良国立文化財研究所学報　第26冊）』奈良国立文化財研究所、一九七六年。

奈良帝室博物館正倉院掛　編『正倉院御物目録　巻3　南倉之部』奈良帝室博物館、一九二四年。

仁井田好古　等編『紀伊続風土記　第4輯　高野山部　上・下』帝国地方行政会出版部、一九一一年。

西宮一民　校注『古事記（新潮日本古典集成）』新潮社、二〇一四年。

日本産業協会　編『全国副業品取引便覧』日本産業協会、一九二六年。

日本産業協会『九州の副業』日本産業協会、一九二七年。

日本産業協会『東北の副業』日本産業協会、一九二七年。

日本産業協会『関東の副業――関東各府県副業部調査』日本産業協会、一九二八年。

日本産業協会『中国の副業――中国各県副業部調査』日本産業協会、一九二八年。

（編著者不明）『四国の副業――四国各県副業部調査』日本産業協会、一九二八年。

日本産業協会『北陸の副業――北陸四県副業部調査』日本産業協会、一九二九年。

日本産業協会　編『近畿の副業』日本産業協会、一九三〇年。

布目順郎「戦国画像紋にみられる採桑具について――礼との関連において」『日本蚕糸学雑誌』42巻4号、（社）日本蚕糸学会、一九七三年。

練馬区教育委員会　編『練馬の産業　Ⅰ』練馬区教育委員会、一九八四年。

『農事調査』第3号、農事調査会、一八九七年。

農商務省農務局『農作物及農家副業ノ消長変遷』農商務省農務局、一九〇四年。

農商務省農務局 編『農家副業ニ関スル調査（農務彙纂 第32）』農商務省農務局、一九一二年。
農商務省農務局 編『副業参考資料 第4（藁工品ニ関スル調査）』国産時報社、一九二〇年。
農商務省農務局 編『副業参考資料 第7（竹製品ニ関スル調査）』農商務省農務局、一九二一年。
農商務省農務局 編『副業参考資料 第15（加工的副業生産品一覧）』農商務省農務局、一九二三年。
農商務省農務局 編『副業参考資料 第16（副業ニ関スル優良組合事例）』農商務省農務局、一九二五年。
農商務省農務局 編『副業参考資料 第17（副業生産品ニ関スル調査）』日本産業協会、一九二五年。
橋本不美男・他 校注・訳『歌論集（新編日本古典文学全集 87）』小学館、二〇〇二年。
長谷川仁「江戸時代の害虫防除」『日本農薬学会誌』第3号、一九七八年。
平野守「反当八万円の確実な収益 箒草の栽培と加工法」『農業世界』第46巻第4号、農業世界社、一九五一年。
藤田和史『海南市の家庭用品産業集積における開発・販路拡大活動の企業空間とネットワーク（地域研究シリーズ42）』和歌山大学経済研究所、二〇一三年。
北海道農業教育研究会 編『高等小学北海道農業書の解説（高一 下巻）』淳文書院、一九三三年。
穂井田忠友 著、正宗敦夫 編纂校訂『観古雑帖・埋麝発香――附・穂井田忠友歌集』日本古典全集刊行会、一九二八年。
松江重頼 編輯、新村出 校閲、竹内若 校訂『毛吹草』岩波書店、一九四三年。
松本清張『半生の記（新潮文庫）』新潮社、一九七〇年。
南方熊楠『十二支考 下（岩波文庫）』岩波書店、一九九四年。
南博 他編『近代庶民生活誌 第7巻（生業）』三一書房、一九八七年。
宮崎清『藁 I・II（ものと人間の文化史 55-I・II）』法政大学出版局、一九八五年。
屋代弘賢『古今要覧稿 第3巻』国書刊行会、一九〇六年。
屋代弘賢『古今要覧稿 第5巻』国書刊行会、一九〇六年。
柳宗悦『手仕事の日本（岩波文庫）』岩波書店、一九八五年。

柳田国男『産育習俗語彙』愛育会、一九三五年。

柳田国男『葬送習俗語彙』民間伝承の会、一九三七年。

矢野公和・有働裕・染谷智幸 訳注『日本永代蔵 全訳注（講談社学術文庫）』講談社、二〇一八年。

山口佳紀・神野志隆光 校注・訳『新編日本古典文学全集1 古事記』小学館、一九九七年。

劉宇超「大伴家持の子日歌について——「玉箒」を中心として」『日本語と日本文学』第64号、筑波大学日本語日本文学会、二〇一八年。

和歌山県繊維工業振興対策協議会 編『和歌山県繊維産業史』和歌山県繊維工業振興対策協議会、一九七七年。

渡辺重雄『農業科目各教授要旨並其の教授要旨 栃木県実業補習学校』栃木県実業補習学校教員養成所、一九二六年。

棕櫚箒製作舎 https://shurohouki.jp/

中津箒（株式会社まちづくり山上） http://shimingura-tsuneemon.biz/

あとがき

本書は二〇一五年に、大阪にある掃除の会社ダスキン（大阪府吹田市芳野町五－三二）から、本社屋の一画に「ダスキンミュージアム・おそうじ館」を設け、「おそうじヒストリー」を展示したいので力をかしてほしいと依頼されたことがきっかけになっている。

一般向けにやさしく、わかりやすくということで、古代（飛鳥・奈良・平安）、中世（鎌倉・南北朝・室町）、近世（江戸）、近代（明治・大正・昭和戦前）、現代（戦後）の、それぞれの時代に、掃除の主体となっていたのはどういうところだったのか、またその時代には掃除がどういう意味を持っていたのかという問題を中心に、掃除の歴史を解説文と図版で説明し、これと並行して掃除道具の変遷を、これも図版と復元品と解説文によって展示した。加えて箒については独立した項目を立てて、現在、作られている箒を中心に形態や種類、素材、産地などを展示した。全体の原案作成、展示構成、解説文執筆、図版の選択、復元品製作の指導を小泉、箒については調査と収集、解説文執筆を渡辺が行った。本書の骨格はほぼこれを基にしている。

それまでも掃除道具の歴史については、多少、調べたり、書いたりしてはいたが（「掃除道具考」『月刊百科』二二五号、平凡社、一九六二）、歴史的に通して広く研究していたわけではなかったので、ダスキンミュージアムの依頼を受けて、古代から現代まで一貫して調べたことで、あらためて掃除の重要さについて認識した。掃除というものは、時代時代において、社会的に非常に大きな意味を持つものだということである。こんなに重要なことが、これまで注目されてこなかったのが不思議なくらいである。

そこで掃除と掃除道具について、もう少し深く掘り下げてみることにしたのである。とくに箒については、ダスキンミュージアムの展示では、僅かしか紹介できなかったため、出来る限り広範囲にわたって取り上げることにした。思いがけないことに、もはや消えかかっているのではないかと思っていた全国各地の特色ある箒が、今もさかんに作られていていることがわかり、活発に活動している多くの職人さんとも出会うことができた。

とはいえ本書では、まだ掃除の歴史についてのアウトラインを示すことができたに過ぎないと考えている。ここで取りあげた問題以外にも、まだまだ数多くの問題がかくれている筈で、掃除と掃除道具は、もっと深く掘り下げて研究する必要があるテーマだと思う。

掃除と掃除道具を探求することによって、これまで見えていなかった日本の社会や歴史の何かが見えてくるのではないだろうか。本書がその出発点となってくれることをねがっている。

二〇二〇年　四月

小泉和子

著者略歴

小泉和子（こいずみ かずこ）

1933 年東京生まれ。登録文化財昭和のくらし博物館館長・家具道具室内史学会会長・工学博士。専門は家具道具室内史と生活史。著書に『家具と室内意匠の文化史』（法政大学出版局 1979）、『箪笥』（同 1982）、『和家具』（小学館 1996）、『船箪笥の研究』（思文閣出版 2011）、『「日本の住宅」という実験——風土をデザインした藤井厚二』（農文協 2008）、『道具が語る生活史』（朝日新聞出版 1989）、『昭和のくらし博物館』（河出書房新社 2000）、『台所道具いまむかし』（平凡社 1994）、『くらしの昭和史——昭和のくらし博物館から』（朝日新聞出版 2017）、『昭和の家事——母たちのくらし』（河出書房新社 2010）。
訳書に『イギリスの家具』（西村書店 1993）、『図説イギリス手作りの生活誌』（東洋書林 2002）。
英文図書 *Traditional Japanese Furniture*（講談社インターナショナル 1986）、*Traditional Japanese Chests*（同 2010）。
記録映画「昭和の家事」を制作（2010）。

渡辺由美子（わたなべ ゆみこ）

1963 年東京生まれ。ライター。東北大学文学部を卒業後、『月刊社会運動』（社会運動研究センター：当時）編集部勤務などを経てフリーランスに。家具道具室内史学会会員。昭和のくらし博物館企画展研究員。共著に、小泉和子 編『パンと昭和』（河出書房新社 2017）、同 編著『楽しき哀しき昭和の子ども史』（河出書房新社 2018）、工藤員功 監修『昔の道具』（ポプラ社 2011）など。

ものと人間の文化史　184・**掃除道具**

2020 年 5 月 15 日　初版第 1 刷発行

著　者　©　小泉和子・渡辺由美子
発行所　一般財団法人 法政大学出版局
〒102-0071 東京都千代田区富士見 2-17-1
電話 03 (5214) 5540　振替 00160-6-95814
組版：秋田印刷工房　印刷：三和印刷　製本：誠製本

ISBN978-4-588-21841-5

Printed in Japan

ものと人間の文化史

★第9回梓会出版文化賞受賞

人間が〈もの〉とのかかわりを通じて営々と築いてきた暮らしの足跡を具体的に辿りつつ文化・文明の基礎を問いなおす。手づくりの〈もの〉の記憶が失われ、〈もの〉離れが進行する危機の時代におくる豊穣な百科叢書。

1 船　須藤利一編

海国日本では古来、漁業・水運・交易はもとより、大陸文化も船によって運ばれた。本書は造船技術、航海の模様の推移を中心に、漂流、船霊信仰、伝説の数々を語る。四六判368頁　'68

2 狩猟　直良信夫

人類の歴史は狩猟から始まった。本書は、わが国の遺跡に出土する獣骨、猟具の実証的考察をおこないながら、狩猟をつうじて発展した人間の知恵と生活の軌跡を辿る。四六判272頁　'68

3 からくり　立川昭二

〈からくり〉は自動機械であり、驚嘆すべき庶民の技術的創意がこめられている。本書は、日本と西洋のからくりを発掘・復元・遍歴し、埋もれた技術の水脈をさぐる。四六判410頁　'69

4 化粧　久下司

美を求める人間の心が生みだした化粧―その手法と道具に語らせた人間の欲望と本性、そして社会関係。歴史を遡り、全国を踏査して書かれた比類ない美と醜の文化史。四六判368頁　'70

5 番匠　大河直躬

番匠はわが国中世の建築工匠。地方・在地を舞台に開花した彼らの造型・装飾・工法等の諸技術、さらに信仰と生活等、職人以前の独自で多彩な工匠的世界を描き出す。四六判288頁　'71

6 結び　額田巌

〈結び〉の発達は人間の叡知の結晶である。本書はその諸形態および技法を作業・装飾・象徴の三つの系譜に辿り、〈結び〉のすべてを民俗学的・人類学的に考察する。四六判264頁　'72

7 塩　平島裕正

人類史に貴重な役割を果たしてきた塩をめぐって、発見から伝承・製造技術の発展過程にいたる総体を歴史的に描き出すとともに、その多彩な効用と味覚の秘密を解く。四六判272頁　'73

8 はきもの　潮田鉄雄

田下駄・かんじき・わらじなど、日本人の生活の礎となってきた伝統的はきものの成り立ちと変遷を、二〇年余の実地調査と細密な観察・描写によって辿る庶民生活史　四六判280頁　'73

9 城　井上宗和

古代城塞・城柵から近世代名の居城として集大成されるまでの日本の城の変遷を辿り、文化の各領野で果たしてきたその役割を再検討。あわせて世界城郭史に位置づける。四六判310頁　'73

10 竹　室井綽

食生活、建築、民芸、造園、信仰等々にわたって、竹と人間との交流史は驚くほど深く永い。その多岐にわたる発展の過程を個々に辿り、竹の特異な性格を浮彫にする。四六判324頁　'73

11 海藻　宮下章

古来日本人にとって生活必需品とされてきた海藻をめぐって、その採取・加工法の変遷、商品としての流通史および神事・祭事での役割に至るまでを歴史的に考証する。四六判330頁　'74

12 **絵馬** 岩井宏實

古くは祭礼における神への献馬にはじまり、民間信仰と絵画のみごとな結晶として民衆の手で描かれ祀り伝えられてきた各地の絵馬を豊富な写真と史料によってたどる。四六判３０２頁 '74

13 **機械** 吉田光邦

畜力・水力・風力などの自然のエネルギーを利用し、幾多の改良を経て形成された初期の機械の歩みを検証し、日本文化の形成における科学・技術の役割を再検討する。四六判２４２頁 '74

14 **狩猟伝承** 千葉徳爾

狩猟には古来、感謝と慰霊の祭祀がともない、人獣交渉の豊かで意味深い歴史があった。狩猟用具、巻物、儀式具、またけものたちの生態を通して語る狩猟文化の世界。四六判３４６頁 '75

15 **石垣** 田淵実夫

採石から運搬、加工、石積みに至るまで、石垣の造成をめぐって積み重ねられてきた石工たちの苦闘の足跡を掘り起こし、その独自な技術の形成過程と伝承を集成する。四六判２２４頁 '75

16 **松** 高嶋雄三郎

日本人の精神史に深く根をおろした松の伝承に光を当て、食用、薬用等の実用の松、祭祀・観賞用の松、さらに文学・芸能・美術に表現された松のシンボリズムを説く。四六判３４２頁 '75

17 **釣針** 直良信夫

人と魚との出会いから現在に至るまで、釣針がたどった一万有余年の変遷を、世界各地の遺跡出土物を通して実証しつつ、漁撈によって生きた人々の生活と文化を探る。四六判２７８頁 '76

18 **鋸** 吉川金次

鋸鍛冶の家に生まれ、鋸の研究を生涯の課題とする著者が、出土遺品や文献・絵画により各時代の鋸を復元・実験し、庶民の手仕事にみられる驚くべき合理性を実証する。四六判３６０頁 '76

19 **農具** 飯沼二郎／堀尾尚志

鍬と犂の交代・進化の歩みとして発達したわが国農耕文化の発展経過を世界史的視野において再検討しつつ、無名の農民たちによる驚くべき創意のかずかずを記録する。四六判２２０頁 '76

20 **包み** 額田巌

結びとともに文化の起源にかかわる〈包み〉の系譜を人類史的視野において捉え、衣・食・住をはじめ社会・経済史、信仰、祭事などにおけるその実際と役割とを描く。四六判３５４頁 '77

21 **蓮** 阪本祐二

仏教における蓮の象徴的位置の成立と深化、美術・文芸等に見る人間とのかかわりを歴史的に考察。また大賀蓮はじめ多様な品種とその来歴を紹介しつつその美を語る。四六判３０６頁 '77

22 **ものさし** 小泉袈裟勝

ものをつくる人間にとって最も基本的な道具であり、数千年にわたって社会生活を律してきたその変遷を実証的に追求し、歴史の中で果たしてきた役割を浮彫りにする。四六判３１４頁 '77

23-I **将棋I** 増川宏一

その起源を古代インドに、我国への伝播の道すじを海のシルクロードに探り、また伝来後一千年におよぶ日本将棋の変化と発展を盤、駒、ルール等にわたって跡づける。四六判２８０頁 '77

23-Ⅱ **将棋Ⅱ**　増川宏一

わが国伝来後の普及と変遷を貴族や武家・豪商の日記等に博捜し、遊戯者の歴史をあとづけると共に、中国伝来説の誤りを正し、将棋宗家の位置と役割を明らかにする。四六判346頁 '85

24 **湿原祭祀**　第2版　金井典美

古代日本の自然環境に着目し、各地の湿原聖地を稲作社会との関連において捉え直して古代国家成立の背景を浮彫にしつつ、水と植物にまつわる日本人の宇宙観を探る。四六判410頁 '77

25 **臼**　三輪茂雄

臼が人類の生活文化の中で果たしてきた役割を、各地に遺る貴重な民俗資料・伝承と実地調査にもとづいて解明。失われゆく道具のなかに、未来の生活文化の姿を探る。四六判412頁 '78

26 **河原巻物**　盛田嘉徳

中世末期以来の被差別部落民が生きる権利を守るために偽作し護り伝えてきた河原巻物を全国にわたって踏査し、そこに秘められた最底辺の人びとの叫びに耳を傾ける。四六判226頁 '78

27 **香料**　日本のにおい　山田憲太郎

焼香供養の香から趣味としての薫物へ、さらに沈香木を焚く香道へと変遷した日本の「匂い」の歴史を豊富な史料に基づいて辿り、我国風俗史の知られざる側面を描く。四六判370頁 '78

28 **神像**　神々の心と形　景山春樹

神仏習合によって変貌しつつも、常にその原型＝自然を保持してきた日本の神々の造型を図像学的方法によって捉え直し、その多彩な形象に日本人の精神構造をさぐる。四六判342頁 '78

29 **盤上遊戯**　増川宏一

祭具・占具としての発生を『死者の書』をはじめとする古代の文献にさぐり、形状・遊戯法を分類しつつその〈進化〉の過程を考察。〈遊戯者たちの歴史〉をも跡づける。四六判326頁 '78

30 **筆**　田淵実夫

筆の里・熊野に筆づくりの現場を訪ねて、筆匠たちの境涯と製筆の由来を克明に記録しつつ、筆の発生と変遷、種類、製筆法、さらには筆塚、筆供養にまで説きおよぶ。四六判204頁 '78

31 **ろくろ**　橋本鉄男

日本の山野を漂移しつづけ、高度の技術文化と幾多の伝説とをもたらした特異な旅職集団＝木地屋の生態を、その呼称、地名、伝承、文書等をもとに生き生きと描く。四六判460頁 '79

32 **蛇**　吉野裕子

日本古代信仰の根幹をなす蛇巫をめぐって、祭事におけるさまざまな蛇の「もどき」や各種の蛇の造型・伝承に鋭い考証を加え、忘れられたその呪性を大胆に暴き出す。四六判250頁 '79

33 **鋏**（はさみ）　岡本誠之

梃子の原理の発見から鋏の誕生に至る過程を推理し、日本鋏の特異な歴史的位置を明らかにするとともに、刀鍛冶等から転進した鋏職人たちの創意と苦闘の跡をたどる。四六判396頁 '79

34 **猿**　廣瀬鎮

嫌悪と愛玩、軽蔑と畏敬の交錯する日本人とサルとの関わりあいの歴史を、狩猟伝承や祭祀・風習、美術・工芸や芸能のなかに探り、日本人の動物観を浮彫りにする。四六判292頁 '79

35 鮫 矢野憲一

神話の時代から今日まで、津々浦々につたわるサメの伝承とサメをめぐる海の民俗を集成し、神饌、食用、薬用等に活用されてきたサメと人間のかかわりの変遷を描く。四六判292頁 '79

36 枡 小泉袈裟勝

米の経済の枢要をなす器として千年余にわたり日本人の生活の中に生きてきた枡の変遷をたどり、記録・伝承をもとにこの独特な計量器が果たした役割を再検討する。四六判322頁 '80

37 経木 田中信清

食品の包装材料として近年まで身近に存在した経木の起源を、こけら経や塔婆、木簡、屋根板等に遡って明らかにし、その製造・流通に携った人々の労苦の足跡を辿る。四六判288頁 '80

38 色 染と色彩 前田雨城

わが国古代の染色技術の復元と文献解読をもとに日本色彩史を体系づけ、赤・白・青・黒等におけるわが国独自の色彩感覚を探りつつ日本文化における色の構造を解明。四六判320頁 '80

39 狐 陰陽五行と稲荷信仰 吉野裕子

その伝承と文献を渉猟しつつ、中国古代哲学＝陰陽五行の原理の応用という独自の視点から、謎とされてきた稲荷信仰と狐との密接な結びつきを明快に解き明かす。四六判232頁 '80

40-Ⅰ 賭博Ⅰ 増川宏一

時代、地域、階層を超えて連綿と行なわれてきた賭博。——その起源を古代の神判、スポーツ、遊戯等の中に探り、抑圧と許容の歴史を物語る。全Ⅲ分冊の〈総説篇〉。四六判298頁 '80

40-Ⅱ 賭博Ⅱ 増川宏一

古代インド文学の世界からラスベガスまで、賭博の形態・用具・方法の時代的特質を明らかにし、夥しい禁令に賭博の不滅のエネルギーを見る。全Ⅲ分冊の〈外国篇〉。四六判456頁 '82

40-Ⅲ 賭博Ⅲ 増川宏一

聞香、闘茶、笠附等、わが国独特の賭博を中心にその具体例を網羅し、方法の変遷に賭博の時代性を探りつつ禁令の改廃に時代の賭博観を追う。全Ⅲ分冊の〈日本篇〉。四六判388頁 '83

41-Ⅰ 地方仏Ⅰ むしゃこうじ・みのる

古代から中世にかけて全国各地で作られた無銘の仏像を訪ね、素朴で多様なノミの跡に民衆の祈りと地域の願望を探る。宗教の伝播、文化の創造を考える異色の紀行。四六判256頁 '80

41-Ⅱ 地方仏Ⅱ むしゃこうじ・みのる

紀州や飛騨を中心に草の根の仏たちを訪ねて、その相好と像容の魅力を探り、技法を比較考証して仏像彫刻史に位置づけつつ、中世地域社会の形成と信仰の実態に迫る。四六判260頁 '97

42 南部絵暦 岡田芳朗

田山・盛岡地方で「盲暦」として古くから親しまれてきた独得の絵解き暦を詳しく紹介しつつその全体像を復元する。その無類の生活暦は、南部農民の哀歓をつたえる。四六判288頁 '80

43 野菜 在来品種の系譜 青葉高

蕪、大根、茄子等の日本在来野菜をめぐって、その渡来・伝播経路、品種分布と栽培のいきさつを各地の伝承や古記録をもとに辿り、畑作文化の源流とその風土を描く。四六判368頁 '81

44 **つぶて** 中沢厚

弥生投弾、古代・中世の石戦と印地の様相、投石具の発達を展望しつつ、願かけの小石、正月つぶて、石こづみ等の習俗を辿り、石塊に託した民衆の願いや怒りを探る。四六判３３８頁 '81

45 **壁** 山田幸一

弥生時代から明治期に至るわが国の壁の変遷を壁塗＝左官工事の側面から辿り直し、その技術的復元・考証を通じて建築史・文化史における壁の役割を浮き彫りにする。四六判２９６頁 '81

46 **簞笥**（たんす） 小泉和子

近世における簞笥の出現＝箱から抽斗への転換に着目し、以降近現代に至るその変遷を社会・経済・技術の側面からあとづける。著者自身による簞笥製作の記録を付す。四六判３７８頁 '82

47 **木の実** 松山利夫

山村の重要な食糧資源であった木の実をめぐる各地の記録・伝承を集成し、その採集・加工における幾多の試みを実地に検証しつつ、稲作農耕以前の食生活文化を復元。四六判３８４頁 '82

48 **秤**（はかり） 小泉袈裟勝

秤の起源を東西に探るとともに、わが国律令制下における中国制度の導入、近世商品経済の発展に伴う秤座の出現、明治期近代化政策による洋式秤受容等の経緯を描く。四六判３２６頁 '82

49 **鶏**（にわとり） 山口健児

神話・伝説をはじめ遠い歴史の中の鶏を古今東西の伝承・文献に探り、特に我国の信仰・絵画・文学等に遺された鶏の足跡を追って、鶏をめぐる民俗の記憶を蘇らせる。四六判３４６頁 '83

50 **燈用植物** 深津正

人類が燈火を得るために用いてきた多種多様な植物との出会いと個々の植物の来歴、特性及びはたらきを詳しく検証しつつ「あかり」の原点を問いなおす異色の植物誌。四六判４４２頁 '83

51 **斧・鑿・鉋**（おの・のみ・かんな） 吉川金次

古墳出土品や文献・絵画をもとに、古代から現代までの斧・鑿・鉋を復元・実験し、労働体験によって生まれた民衆の知恵と道具の変遷を蘇らせる異色の日本木工具史。四六判３０４頁 '84

52 **垣根** 額田巖

大和・山辺の道に神々と垣との関わりを探り、各地に垣の伝承を訪ねて、寺院の垣、民家の垣、露地の垣など、風土と生活に培われた生垣の独特のはたらきと美を描く。四六判２３４頁 '84

53-Ⅰ **森林Ⅰ** 四手井綱英

森林生態学の立場から、森林のなりたちとその生活史を辿りつつ、産業の発展と消費社会の拡大により刻々と変貌する森林の現状を語り、未来への再生のみちをさぐる。四六判３０６頁 '85

53-Ⅱ **森林Ⅱ** 四手井綱英

森林と人間との多様なかかわりを包括的に語り、人と自然が共生するための森や里山をいかにして創出するか、森林再生への具体的な方策を提示する21世紀への提言。四六判３０８頁 '98

53-Ⅲ **森林Ⅲ** 四手井綱英

地球規模で進行しつつある森林破壊の現状を実地に踏査し、森と人が共存する日本人の伝統的自然観を未来へ伝えるために、いま何が必要なのかを具体的に提言する。四六判３０４頁 '00

54 **海老**（えび）　酒向昇

人類との出会いからエビの科学、漁法、さらには調理法を語り、めでたい姿態と色彩にまつわる多彩なエビの民俗を、地名や人名、詩歌・文学、絵画や芸能の中に探る。　四六判４２８頁　'85

55-Ⅰ **藁**（わら）Ⅰ　宮崎清

稲作農耕とともに二千年余の歴史をもち、日本人の全生活領域に生きてきた藁の文化を日本文化の原型として捉え、風土に根ざしたそのゆたかな遺産を詳細に検討する。　四六判４００頁　'85

55-Ⅱ **藁**（わら）Ⅱ　宮崎清

床・畳から壁・屋根にいたる住居における藁の製作・使用のメカニズムを明らかにし、日本人の生活空間における藁の役割を見なおすとともに、藁の文化の復権を説く。　四六判４００頁　'85

56 **鮎**　松井魁

清楚な姿態と独特な味覚によって、日本人の目と舌を魅了しつづけてきたアユ——その形態と分布、生態、漁法等を詳述し、古今のアユ料理や文芸にみるアユにおよぶ。　四六判２９６頁　'86

57 **ひも**　額田巌

物と物、人と物とを結びつける不思議な力を秘めた「ひも」の謎を追って、民俗学的視点から多角的なアプローチを試みる。『結び』、『包み』につづく三部作の完結篇。　四六判２５０頁　'86

58 **石垣普請**　北垣聰一郎

近世石垣の技術者集団「穴太」の足跡を辿り、各地城郭の石垣遺構の実地調査と資料・文献をもとに石垣普請の歴史的系譜を復元しつつ石工たちの技術伝承を集成する。　四六判４３８頁　'87

59 **碁**　増川宏一

その起源を古代の盤上遊戯に探ると共に、定着以来二千年の歴史を時代の状況や遊び手の社会環境との関わりにおいて跡づける。逸話や伝説を排して綴る初の囲碁全史。　四六判３６６頁　'87

60 **日和山**（ひよりやま）　南波松太郎

千石船の時代、航海の安全のために観天望気した日和山——多くは忘れられ、あるいは失われた船舶・航海史の貴重な遺跡を追って、全国津々浦々におよんだ調査紀行。　四六判３８２頁　'88

61 **篩**（ふるい）　三輪茂雄

臼とともに人類の生産活動に不可欠な道具であった篩、箕（み）、笊（ざる）の多彩な変遷を豊富な図解入りでたどり、現代技術の先端に再生するまでの歩みをえがく。　四六判３３４頁　'89

62 **鮑**（あわび）　矢野憲一

縄文時代以来、貝肉の美味と貝殻の美しさによって日本人を魅了し続けてきたアワビ——その生態と養殖、神饌としての歴史、漁法、螺鈿の技法からアワビ料理に及ぶ。　四六判３４４頁　'89

63 **絵師**　むしゃこうじ・みのる

日本古代の渡来画工から江戸前期の菱川師宣まで、時代の代表的絵師の列伝で辿る絵画制作の文化史。前近代社会における絵画の意味や芸術創造の社会的条件を考える。　四六判２３０頁　'90

64 **蛙**（かえる）　碓井益雄

動物学の立場からその特異な生態を描き出すとともに、和漢洋の文献資料を駆使して故事・習俗・神事・民話・文芸・美術工芸にわたる蛙の多彩な活躍ぶりを活写する。　四六判３８２頁　'89

65-I **藍**（あい）**I** 風土が生んだ色　竹内淳子

全国各地の〈藍の里〉を訪ねて、藍栽培から染色・加工のすべてにわたり、藍とともに生きた人々の伝承を克明に描き、風土と人間が生んだ〈日本の色〉の秘密を探る。四六判４１６頁 '91

65-II **藍**（あい）**II** 暮らしが育てた色　竹内淳子

日本の風土に生まれ、伝統に育てられた藍が、今なお暮らしの中で生き生きと活躍しているさまを、手わざに生きる人々との出会いを通じて描く。藍の里紀行の続篇。四六判４０６頁 '99

66 **橋**　小山田了三

丸木橋・舟橋・吊橋から板橋・アーチ型石橋まで、人々に親しまれてきた各地の橋を訪ねて、その来歴と築橋の技術伝承を辿り、土木文化の伝播・交流の足跡をえがく。四六判３１２頁 '91

67 **箱**　宮内悊

日本の伝統的な箱（櫃）と西欧のチェストを比較文化史の視点から考察し、居住・収納・運搬・装飾の各分野における箱の重要な役割とその多彩な文化を浮彫りにする。四六判３９０頁 '91

68-I **絹I**　伊藤智夫

養蚕の起源を神話や説話に探り、伝来の時期とルートを跡づけ、記紀・万葉の時代から近世に至るまで、それぞれの時代・社会・階層が生み出した絹の文化を描き出す。四六判３０４頁 '92

68-II **絹II**　伊藤智夫

生糸と絹織物の生産と輸出が、わが国の近代化にはたした役割を描くと共に、養蚕の道具、信仰や庶民生活にわたる養蚕と絹の民俗、さらには蚕の種類と生態におよぶ。四六判２９４頁 '92

69 **鯛**（たい）　鈴木克美

古来「魚の王」とされてきた鯛をめぐって、その生態・味覚から漁法、祭り、工芸、文芸にわたる多彩な伝承文化を語りつつ、鯛と日本人とのかかわりの原点をさぐる。四六判４１８頁 '92

70 **さいころ**　増川宏一

古代神話の世界から近現代の博徒の動向まで、さいころの役割を各時代・社会に位置づけ、木の実や貝殻のさいころから投げ棒型や立方体のさいころへの変遷をたどる。四六判３７４頁 '92

71 **木炭**　樋口清之

炭の起源から炭焼、流通、経済、文化にわたる木炭の歩みを歴史・考古・民俗の知見を総合して描き出し、独自で多彩な文化を育んできた木炭の尽きせぬ魅力を語る。四六判２９６頁 '93

72 **鍋・釜**（なべ・かま）　朝岡康二

日本をはじめ韓国、中国、インドネシアなど東アジアの各地を歩きながら鍋・釜の製作と使用の現場に立ち会い、調理をめぐる庶民生活の変遷とその交流の足跡を探る。四六判３２６頁 '93

73 **海女**（あま）　田辺悟

その漁の実際と社会組織、風習、信仰、民具などを克明に描くとともに海女の起源・分布・交流を探り、わが国漁撈文化の古層としての海女の生活と文化をあとづける。四六判２９４頁 '93

74 **蛸**（たこ）　刀禰勇太郎

蛸をめぐる信仰や多彩な民間伝承を紹介するとともに、その生態・分布・捕獲法・繁殖と保護・調理法などを集成し、日本人と蛸との知られざるかかわりの歴史を探る。四六判３７０頁 '94

75 曲物（まげもの） 岩井宏實

桶・樽出現以前から伝承され、古来最も簡便・重宝な木製容器として愛用された曲物の加工技術と機能・利用形態の変遷をさぐり、手づくりの「木の文化」を見なおす。四六判318頁 '94

76-I 和船I 石井謙治

江戸時代の海運を担った千石船（弁才船）について、その構造と技術、帆走性能を綿密に調査し、通説の誤りを正すとともに、海難と信仰、船絵馬等の考察にもおよぶ。四六判436頁 '95

76-II 和船II 石井謙治

造船史から見た著名な船を紹介し、遣唐使船や遣欧使節船、幕末の洋式船における外国技術の導入について論じつつ、船の名称と船型を海船・川船にわたって解説する。四六判316頁 '95

77-I 反射炉I 金子功

日本初の佐賀鍋島藩の反射炉と精練方＝理化学研究所、島津藩の反射炉と集成館＝近代工場群を軸に、日本の産業革命の時代における人と技術を現地に訪ねて発掘する。四六判244頁 '95

77-II 反射炉II 金子功

伊豆韮山の反射炉をはじめ、全国各地の反射炉建設にかかわった有名無名の人々の足跡をたどり、開国か攘夷かに揺れる幕末の政治と社会の悲喜劇をも生き生きと描く。四六判226頁 '95

78-I 草木布（そうもくふ）I 竹内淳子

風土に育まれた布を求めて全国各地を歩き、木綿普及以前に山野の草木を利用して豊かな衣生活文化を築き上げてきた庶民の知られざる知恵のかずかずを実地にさぐる。四六判282頁 '95

78-II 草木布（そうもくふ）II 竹内淳子

アサ、クズ、シナ、コウゾ、カラムシ、フジなどの草木の繊維から、どのようにして糸を採り、布を織っていたのか――聞書きをもとに忘れられた技術と文化を発掘する。四六判282頁 '95

79-I すごろくI 増川宏一

古代エジプトのセネト、ヨーロッパのバクギャモン、中近東のナルド、中国の双陸などの系譜に日本の盤雙六を位置づけ、遊戯・賭博としてのその数奇なる運命を辿る。四六判312頁 '95

79-II すごろくII 増川宏一

ヨーロッパの鵞鳥のゲームから日本中世の浄土双六、近世の華麗な絵双六、さらには近現代の少年誌の附録まで、絵双六の変遷を追って時代の社会・文化を読みとる。四六判390頁 '95

80 パン 安達巖

古代オリエントに起ったパン食文化が中国・朝鮮を経て弥生時代の日本に伝えられたことを史料と伝承をもとに解明し、わが国パン食文化二〇〇〇年の足跡を描き出す。四六判260頁 '96

81 枕（まくら） 矢野憲一

神さまの枕・大嘗祭の枕から枕絵の世界まで、人生の三分の一を共に過す枕をめぐって、その材質の変遷を辿り、伝説と怪談、俗信と民俗、エピソードを興味深く語る。四六判252頁 '96

82-I 桶・樽（おけ・たる）I 石村真一

日本、中国、朝鮮、ヨーロッパにわたる厖大な資料を集成してその豊かな文化の系譜を探り、東西の木工技術史を比較しつつ世界史的視野から桶・樽の文化を描き出す。四六判388頁 '97

82-II **桶・樽**（おけ・たる）II　石村真一

多数の調査資料と絵画・民俗資料をもとにその製作技術を復元し、東西の木工技術を比較考証しつつ、技術文化史の視点から桶・樽製作の実態とその変遷を跡づける。　四六判372頁　'97

82-III **桶・樽**（おけ・たる）III　石村真一

樹木と人間とのかかわり、製作者と消費者とのかかわりを通じて桶樽と生活文化の変遷を考察し、木材資源の有効利用という視点から桶樽の文化史的役割を浮彫にする。　四六判352頁　'97

83-I **貝I**　白井祥平

世界各地の現地調査と文献資料を駆使して、古来至高の財宝とされてきた宝貝のルーツとその変遷を探り、貝と人間とのかかわりの歴史を「貝貨」の文化史として描く。　四六判386頁　'97

83-II **貝II**　白井祥平

サザエ、アワビ、イモガイなど古来人類とかかわりの深い貝をめぐって、その生態・分布・地方名、装身具や貝貨としての利用法などを豊富なエピソードを交えて語る。　四六判328頁　'97

83-III **貝III**　白井祥平

シンジュガイ、ハマグリ、アカガイ、シャコガイなどをめぐって世界各地の民族誌を渉猟し、それらが人類文化に残した足跡を辿る。参考文献一覧／総索引を付す。　四六判392頁　'97

84 **松茸**（まつたけ）　有岡利幸

秋の味覚として古来珍重されてきた松茸の由来を求めて、稲作文化と里山（松林）の生態系から説きおこし、日本人の伝統的生活文化の中に松茸流行の秘密をさぐる。　四六判296頁　'97

85 **野鍛冶**（のかじ）　朝岡康二

鉄製農具の製作・修理・再生を担ってきた農鍛冶の歴史的役割を探り、近代化の大波の中で変貌する職人技術の実態をアジア各地のフィールドワークを通して描き出す。　四六判280頁　'98

86 **稲**　品種改良の系譜　菅　洋

作物としての稲の誕生、稲の渡来と伝播の経緯から説きおこし、明治以降主として庄内地方の民間育種家の手によって飛躍的発展をとげたわが国品種改良の歩みを描く。　四六判332頁　'98

87 **橘**（たちばな）　吉武利文

永遠のかぐわしい果実として日本の神話・伝説に特別の位置を占めて語り継がれてきた橘をめぐって、その育まれた風土とかずかずの伝承の中に日本文化の特質を探る。　四六判286頁　'98

88 **杖**（つえ）　矢野憲一

神の依代としての杖や仏教の錫杖に杖と信仰とのかかわりを探り、人類が突きつつ歩んだその歴史と民俗を興味ぶかく語る。多彩な材質と用途を網羅した杖の博物誌。　四六判314頁　'98

89 **もち**（糯・餅）　渡部忠世／深澤小百合

モチイネの栽培・育種から食品加工、民俗、儀礼にわたってそのルーツと伝承の足跡をたどり、アジア稲作文化という広範な視野からこの特異な食文化の謎を解明する。　四六判330頁　'98

90 **さつまいも**　坂井健吉

その栽培の起源と伝播経路を跡づけるとともに、わが国伝来後四百年の経緯を詳細にたどり、世界に冠たる育種と栽培・利用法を築いた人々の知られざる足跡をえがく。　四六判328頁　'99

91 珊瑚（さんご） 鈴木克美

海岸の自然保護に重要な役割を果たす岩石サンゴから宝飾品として知られる宝石サンゴまで、人間生活と深くかかわってきたサンゴの多彩な姿を人類文化史として描く。四六判３７０頁 '99

92-Ⅰ 梅Ⅰ 有岡利幸

万葉集、源氏物語、五山文学などの古典や天神信仰に表れた梅の足跡を克明に辿りつつ日本人の精神史に刻印された梅を浮彫にし、梅と日本人の二〇〇〇年史を描く。四六判２７４頁 '99

92-Ⅱ 梅Ⅱ 有岡利幸

その植生と栽培、伝承、梅の名所や鑑賞法の変遷から戦前の国定教科書に表れた梅まで、梅と日本人との多彩なかかわりを探り、桜との対比において梅の文化史を描く。四六判３３８頁 '99

93 木綿口伝（もめんくでん） 第2版 福井貞子

老女たちからの聞書を経糸とし、厖大な遺品・資料を緯糸として、母から娘へと幾代にも伝えられた手づくりの木綿文化を掘り起し、近代の木綿の盛衰を描く。増補版 四六判３３６頁 '00

94 合せもの 増川宏一

「合せる」には古来、一致させるの他に、競う、闘う、比べる等の意味があった。貝合せや絵合せ等の遊戯・賭博を中心に、広範な人間の営みを「合せる」行為に辿る。四六判３００頁 '00

95 野良着（のらぎ） 福井貞子

明治初期から昭和四〇年までの野良着を収集・分類・整理し、それらの用途と年代、形態、材質、重量、呼称などを精査して、働く庶民の創意にみちた生活史を描く。四六判２９２頁 '00

96 食具（しょくぐ） 山内昶

東西の食文化に関する資料を渉猟し、食法の違いを人間の自然に対するかかわり方の違いとして捉えつつ、食具を人間と自然をつなぐ基本的な媒介物として位置づける。四六判２９２頁 '00

97 鰹節（かつおぶし） 宮下章

黒潮からの贈り物・カツオの漁法から鰹節の製法や食法、商品としての流通までを歴史的に展望するとともに、沖縄やモルジブ諸島の調査をもとにそのルーツを探る。四六判３８２頁 '00

98 丸木舟（まるきぶね） 出口晶子

先史時代から現代の高度文明社会まで、もっとも長期にわたり使われてきた刳り舟に焦点を当て、その技術伝承を辿りつつ、森や水辺の文化の広がりと動態をえがく。四六判３２４頁 '01

99 梅干（うめぼし） 有岡利幸

日本人の食生活に不可欠の自然食品・梅干をつくりだした先人たちの知恵に学ぶとともに、健康増進に驚くべき薬効を発揮する、その知られざるパワーの秘密を探る。四六判３００頁 '01

100 瓦（かわら） 森郁夫

仏教文化と共に中国・朝鮮から伝来し、一四〇〇年にわたり日本の建築を飾ってきた瓦をめぐって、発掘資料をもとにその製造技術、形態、文様などの変遷をたどる。四六判３２０頁 '01

101 植物民俗 長澤武

衣食住から子供の遊びまで、幾世代にも伝承された植物をめぐる暮らしの知恵を克明に記録し、高度経済成長期以前の農山村の豊かな生活文化を愛惜をこめて描き出す。四六判３４８頁 '01

102 箸（はし）　向井由紀子／橋本慶子

そのルーツを中国、朝鮮半島に探るとともに、日本人の食生活に不可欠の食具となり、日本文化のシンボルとされるまでに洗練された箸の文化の変遷を総合的に描く。　四六判334頁　'01

103 採集　ブナ林の恵み　赤羽正春

縄文時代から今日に至る採集・狩猟民の暮らしを復元し、動物の生態系と採集生活の関連を明らかにしつつ、民俗学と考古学の両面から山に生かされた人々の姿を描く。　四六判298頁　'01

104 下駄　神のはきもの　秋田裕毅

古墳や井戸等から出土する下駄に着目し、下駄が地上と地下の他界を結ぶ聖なるはきものであったという大胆な仮説を提出、日本の神々の忘れられた側面を浮彫にする。　四六判304頁　'02

105 絣（かすり）　福井貞子

膨大な絣遺品を収集・分類し、絣産地を実地に調査して絣の技法と文様の変遷を地域別・時代別に跡づけ、明治・大正・昭和の手づくりの染織文化の盛衰を描き出す。　四六判310頁　'02

106 網（あみ）　田辺悟

漁網を中心に、網に関する基本資料を網羅して網の変遷と網をめぐる民俗を体系的に描き出し、網の文化を集成する。「網に関する小事典」「網のある博物館」を付す。　四六判316頁　'02

107 蜘蛛（くも）　斎藤慎一郎

「土蜘蛛」の呼称で畏怖される一方「クモ合戦」など子供の遊びとしても親しまれてきたクモと人間との長い交渉の歴史をその深層に遡って追究した異色のクモ文化論。　四六判320頁　'02

108 襖（ふすま）　むしゃこうじ・みのる

襖の起源と変遷を建築史・絵画史の中に探りつつその用と美を浮彫にし、衝立・障子・屛風等と共に日本建築の空間構成に不可欠の建具となるまでの経緯を描き出す。　四六判270頁　'02

109 漁撈伝承（ぎょろうでんしょう）　川島秀一

漁師たちからの聞き書きをもとに、寄り物、船霊、大漁旗など、漁撈にまつわる〈もの〉の伝承を集成し、海の道によって運ばれた習俗や信仰の民俗地図を描き出す。　四六判334頁　'03

110 チェス　増川宏一

世界中に数億人の愛好者を持つチェスの起源と文化を、欧米における膨大な研究の蓄積を渉猟しつつ探り、日本への伝来の経緯から美術工芸品としてのチェスにおよぶ。　四六判298頁　'03

111 海苔（のり）　宮下章

海苔の歴史は厳しい自然とのたたかいの歴史だった――採取から養殖、加工、流通、消費に至る先人たちの苦難の歩みを史料と実地調査によって浮彫にする食物文化史。　四六判172頁　'03

112 屋根　檜皮葺と杮葺　原田多加司

屋根葺師一〇代の著者が、自らの体験と職人の本懐を語り、連綿として受け継がれてきた伝統の手わざを体系的にたどりつつ伝統技術の保存と継承の必要性を訴える。　四六判340頁　'03

113 水族館　鈴木克美

初期水族館の歩みを創始者たちの足跡を通して辿りなおし、水族館をめぐる社会の発展と風俗の変遷を描き出すとともにその未来像をさぐる初の〈日本水族館史〉の試み。　四六判290頁　'03

114 古着（ふるぎ） 朝岡康二

仕立てと着方、管理と保存、再生と再利用等にわたり衣生活の変容を近代の日常生活の変化として捉え直し、衣服をめぐるリサイクル文化が形成される経緯を描き出す。四六判２９２頁 '03

115 柿渋（かきしぶ） 今井敬潤

染料・塗料をはじめ生活百般の必需品であった柿渋の伝承を記録し、文献資料をもとにその製造技術と利用の実態を明らかにして、忘れられた豊かな生活技術を見直す。四六判２９４頁 '03

116-Ⅰ 道Ⅰ 武部健一

道の歴史を先史時代から説き起こし、古代律令制国家の要請によって駅路が設けられ、しだいに幹線道路として整えられてゆく経緯を技術史・社会史の両面からえがく。四六判２４８頁 '03

116-Ⅱ 道Ⅱ 武部健一

中世の鎌倉街道、近世の五街道、近代の開拓道路から現代の高速道路網までを通観し、道路を拓いた人々の手によって今日の交通ネットワークが形成された歴史を語る。四六判２８０頁 '03

117 かまど 狩野敏次

日常の煮炊きの道具であるとともに祭りと信仰に重要な位置を占めてきたカマドをめぐる忘れられた伝承を掘り起こし、民俗空間の壮大なコスモロジーを浮彫りにする。四六判２９２頁 '04

118-Ⅰ 里山Ⅰ 有岡利幸

縄文時代から近世までの里山の変遷を人々の暮らしと植生の変化の両面から跡づけ、その源流を記紀万葉に描かれた里山の景観や大和・三輪山の古記録・伝承等に探る。四六判２７６頁 '04

118-Ⅱ 里山Ⅱ 有岡利幸

明治の地租改正による山林の混乱、相次ぐ戦争による山野の荒廃、エネルギー革命、高度成長による大規模開発など、近代化の荒波に翻弄される里山の見直しを説く。四六判２７４頁 '04

119 有用植物 菅 洋

人間生活に不可欠のものとして利用されてきた身近な植物たちの来歴と栽培・育種・品種改良・伝播の経緯を平易に語り、植物と共に歩んだ文明の足跡を浮彫にする。四六判３２４頁 '04

120-Ⅰ 捕鯨Ⅰ 山下渉登

世界の海で展開された鯨と人間との格闘の歴史を振り返り、「大航海時代」の副産物として開始された捕鯨業の誕生以来四〇〇年にわたる盛衰の社会的背景をさぐる。四六判３１４頁 '04

120-Ⅱ 捕鯨Ⅱ 山下渉登

近代捕鯨の登場により鯨資源の激減を招き、捕鯨の規制・管理のための国際条約締結に至る経緯をたどり、グローバルな課題としての自然環境問題を浮き彫りにする。四六判３１２頁 '04

121 紅花（べにばな） 竹内淳子

栽培、加工、流通、利用の実際を現地に探訪して紅花とかかわってきた人々からの聞き書きを集成し、忘れられた〈紅花文化〉を復元しつつその豊かな味わいを見直す。四六判３４６頁 '04

122-Ⅰ もののけⅠ 山内昶

日本の妖怪変化、未開社会の〈マナ〉、西欧の悪魔やデーモンを比較考察し、名づけ得ぬ未知の対象を指す万能のゼロ記号〈もの〉をめぐる人類文化史を跡づける博物誌。四六判３２０頁 '04

122-Ⅱ　もののけⅡ　山内昶
日本の鬼、古代ギリシアのダイモン、中世の異端狩り・魔女狩り等々をめぐり、自然＝カオスと文化＝コスモスの対立の中で〈野生の思考〉が果たしてきた役割をさぐる。四六判２８０頁　'04

123　染織（そめおり）　福井貞子
自らの体験と厖大な残存資料をもとに、糸づくりから織り、染めにわたる手づくりの豊かな生活文化を見直す。創意にみちた手わざのかずかずを復元する庶民生活誌。四六判２９４頁　'05

124-Ⅰ　動物民俗Ⅰ　長澤武
神として崇められたクマやシカをはじめ、人間にとって不可欠の鳥獣や魚、さらには人間を脅かす動物など、多種多様な動物たちと交流してきた人々の暮らしの民俗誌。四六判２６４頁　'05

124-Ⅱ　動物民俗Ⅱ　長澤武
動物の捕獲法をめぐる各地の伝承を紹介するとともに、全国で語り継がれてきた多彩な動物民話・昔話を渉猟し、暮らしの中で培われた動物フォークロアの世界を描く。四六判２６６頁　'05

125　粉（こな）　三輪茂雄
粉体の研究をライフワークとする著者が、粉食の発見からナノテクノロジーまで、人類文明の歩みを〈粉〉の視点から捉え直した壮大なスケールの〈文明の粉体史観〉　四六判３０２頁　'05

126　亀（かめ）　矢野憲一
浦島伝説や「兎と亀」の昔話によって親しまれてきた亀のイメージの起源を探り、古代の亀卜の方法から、亀にまつわる信仰と迷信、鼈甲細工やスッポン料理におよぶ。四六判３３０頁　'05

127　カツオ漁　川島秀一
一本釣り、カツオ漁場、船上の生活、船霊信仰、祭りと禁忌など、カツオ漁にまつわる漁師たちの伝承を集成し、黒潮に沿って伝えられた漁民たちの文化を掘り起こす。四六判３７０頁　'05

128　裂織（さきおり）　佐藤利夫
木綿の風合いと強靭さを生かした裂織の技と美をすぐれたリサイクル文化として見なおす。東西文化の中継地・佐渡の古老たちからの聞書をもとに歴史と民俗をえがく。四六判３０８頁　'05

129　イチョウ　今野敏雄
「生きた化石」として珍重されてきたイチョウの生い立ちと人々の生活文化とのかかわりの歴史をたどり、この最古の樹木に秘められたパワーを最新の中国文献にさぐる。四六判３１２頁〔品切〕　'05

130　広告　八巻俊雄
のれん、看板、引札からインターネット広告までを通観し、いつの時代にも広告が人々の暮らしと密接にかかわって独自の文化を形成してきた経緯を描く広告の文化史。四六判２７６頁　'06

131-Ⅰ　漆（うるし）Ⅰ　四柳嘉章
全国各地で発掘された考古資料を対象に科学的解析を行ない、縄文時代から現代に至る漆の技術と文化を跡づける試み。漆が日本人の生活と精神に与えた影響を探る。四六判２７４頁　'06

131-Ⅱ　漆（うるし）Ⅱ　四柳嘉章
遺跡や寺院等に遺る漆器を分析し体系づけるとともに、絵巻物や文学作品の考証を通じて、職人や産地の形成、漆工芸の地場産業としての発展の経緯などを考察する。四六判２１６頁　'06

132 まな板　石村眞一

日本、アジア、ヨーロッパ各地のフィールド調査と考古・文献・絵画・写真資料をもとにまな板の素材・構造・使用法を分類し、多様な食文化とのかかわりをさぐる。　四六判372頁　'06

133-I 鮭・鱒（さけ・ます）I　赤羽正春

鮭・鱒をめぐる民俗研究の前史から現在までを概観するとともに、原初的な漁法から商業的漁法にわたる多彩な漁法と用具、漁場と社会組織の関係などを明らかにする。　四六判292頁　'06

133-II 鮭・鱒（さけ・ます）II　赤羽正春

鮭漁をめぐる行事、鮭捕り衆の生活等を聞き取りによって再現し、人工孵化事業の発展とそれを担った先人たちの業績を明らかにするとともに、鮭・鱒の料理におよぶ。　四六判352頁　'06

134 遊戯　その歴史と研究の歩み　増川宏一

古代から現代まで、日本と世界の遊戯の歴史を概説し、内外の研究者との交流の中で得られた最新の知見をもとに、研究の出発点と目的を論じ、現状と未来を展望する。　四六判296頁　'06

135 石干見（いしひみ）　田和正孝編

沿岸部に石垣を築き、潮汐作用を利用して漁獲する原初的漁法を日・韓・台に残る遺構と伝承の調査・分析をもとに復元し、東アジアの伝統的漁撈文化を浮彫りにする。　四六判332頁　'07

136 看板　岩井宏實

江戸時代から明治・大正・昭和初期までの看板の歴史を生活文化史の視点から考察し、多種多様な生業の起源と変遷を多数の図版をもとに紹介する〈図説商売往来〉。　四六判266頁　'07

137-I 桜I　有岡利幸

そのルーツと生態から説きおこし、和歌や物語に描かれた古代社会の桜観から「花は桜木、人は武士」の江戸の花見の流行まで、日本人と桜のかかわりの歴史をさぐる。　四六判382頁　'07

137-II 桜II　有岡利幸

明治以後、軍国主義と愛国心のシンボルとして政治的に利用されてきた桜の近代史を辿るとともに、日本人の生活と共に歩んだ「咲く花、散る花」の栄枯盛衰を描く。　四六判400頁　'07

138 麴（こうじ）　一島英治

日本の気候風土の中で稲作と共に育まれた麴菌のすぐれたはたらきの秘密を探り、醸造化学に携わった人々の足跡をたどりつつ醱酵食品と日本人の食生活文化を考える。　四六判244頁　'07

139 河岸（かし）　川名登

近世初頭、河川水運の隆盛と共に物流のターミナルとして賑わい、船旅や遊廓などをもたらした河岸（川の港）の盛衰を河岸に生きる人々の暮らしの変遷としてえがく。　四六判300頁　'07

140 神饌（しんせん）　岩井宏實／日和祐樹

土地に古くから伝わる食物を神に捧げる神饌儀礼に祭りの本義を探り、近畿地方主要神社の伝統的儀礼をつぶさに調査して、豊富な写真と共にその実際を明らかにする。　四六判374頁　'07

141 駕籠（かご）　櫻井芳昭

その様式、利用の実態、地域ごとの特色、車の利用を抑制する交通政策との関連から駕籠かきたちの風俗までを明らかにし、日本交通史の知られざる側面に光を当てる。　四六判294頁　'07

142 **追込漁**（おいこみりょう）　川島秀一

沖縄の島々をはじめ、日本各地で今なお行なわれている沿岸漁撈を実地に精査し、魚の生態と自然条件を知り尽した漁師たちの知恵と技を見直しつつ漁業の原点を探る。　四六判３６８頁　'08

143 **人魚**（にんぎょ）　田辺悟

ロマンとファンタジーに彩られて世界各地に伝承される人魚の実像をもとめて東西の人魚誌を渉猟し、フィールド調査と膨大な資料をもとに集成したマーメイド百科。　四六判３５２頁　'08

144 **熊**（くま）　赤羽正春

狩人たちからの聞き書きをもとに、かつては神として崇められた熊と人間との精神史的な関係をさぐり、熊を通して人間の生存可能性にもおよぶユニークな動物文化史。　四六判３８４頁　'08

145 **秋の七草**　有岡利幸

『万葉集』で山上憶良がうたいあげて以来、千数百年にわたり秋を代表する植物として日本人にめでられてきた七種の草花の知られざる伝承を掘り起こす植物文化誌。　四六判３０６頁　'08

146 **春の七草**　有岡利幸

厳しい冬の季節に芽吹く若菜に大地の生命力を感じ、春の到来を祝い新年の息災を願う「七草粥」などとして食生活の中に巧みに取り入れてきた古人たちの知恵を探る。　四六判２７２頁　'08

147 **木綿再生**　福井貞子

自らの人生遍歴と木綿を愛する人々との出会いを織り重ねて綴り、優れた文化遺産としての木綿衣料を紹介しつつ、リサイクル文化としての木綿再生のみちを模索する。　四六判２６６頁　'09

148 **紫**（むらさき）　竹内淳子

今や絶滅危惧種となった紫草（ムラサキ）を育てる人びと、伝統の紫根染を今に伝える人びとを全国にたずね、貝紫染の始原を求めて吉野ヶ里におよぶ「むらさき紀行」。　四六判３２４頁　'09

149-Ⅰ **杉Ⅰ**　有岡利幸

その生態、天然分布の状況から各地における栽培・育種、利用にいたる歩みを弥生時代から今日までの人間の営みの中で捉えなおし、わが国林業史を展望しつつ描き出す。　四六判２８２頁　'10

149-Ⅱ **杉Ⅱ**　有岡利幸

古来神の降臨する木として崇められるとともに生活のさまざまな場面で活用され、絵画や詩歌に描かれてきた杉の文化をたどり、さらに「スギ花粉症」の原因を追究する。　四六判２７８頁　'10

150 **井戸**　秋田裕毅（大橋信弥編）

弥生中期になぜ井戸は突然出現するのか。飲料水など生活用水ではなく、祭祀用の聖なる水を得るためだったのではないか。目的や構造の変遷、宗教との関わりをたどる。　四六判２６０頁　'10

151 **楠**（くすのき）　矢野憲一／矢野高陽

語源と字源、分布と繁殖、文学や美術における楠から医薬品としての利用、キューピー人形や樟脳の船まで、楠と人間の関わりの歴史を辿りつつ自然保護の問題に及ぶ。　四六判３３４頁　'10

152 **温室**　平野恵

温室は明治時代に欧米から輸入された印象があるが、じつは江戸時代半ばから「むろ」という名の保温設備があった。絵巻や小説、遺跡などより浮かび上がる歴史。　四六判３１０頁　'10

153 **檜**（ひのき） 有岡利幸

建築・木彫・木材工芸に最良の材としてわが国の〈木の文化〉に重要な役割を果たしてきた檜。その生態から保護・育成・生産・流通・加工までの変遷をたどる。 四六判３２０頁 '11

154 **落花生** 前田和美

南米原産の落花生が大航海時代にアフリカ経由で世界各地に伝播していく歴史をたどるとともに、日本で栽培を始めた先覚者や食文化との関わりを紹介する。 四六判３１２頁 '11

155 **イルカ**（海豚） 田辺悟

神話・伝説の中のイルカ、イルカをめぐる信仰から、漁撈伝承、食文化の伝統と保護運動の対立までを幅広くとりあげ、ヒトと動物との関係はいかにあるべきかを問う。 四六判３３０頁 '11

156 **輿**（こし） 櫻井芳昭

古代から明治初期まで、千二百年以上にわたって用いられてきた輿の種類と変遷を探り、天皇の行幸や斎王群行、姫君たちの輿入れにおける使用の実態を明らかにする。 四六判２５２頁 '11

157 **桃** 有岡利幸

魔除けや若返りの呪力をもつ果実として神話や昔話に語り継がれ、近年古代遺跡から大量出土して祭祀との関連が注目される桃。日本人との多彩な関わりを考察する。 四六判３２８頁 '12

158 **鮪**（まぐろ） 田辺悟

古文献に描かれ記されたマグロを紹介し、漁法・漁具から運搬と流通・消費、漁民たちの暮らしと民俗・信仰までを探りつつ、マグロをめぐる食文化の未来にもおよぶ。 四六判３５０頁 '12

159 **香料植物** 吉武利文

クロモジ、ハッカ、ユズ、セキショウ、ショウノウなど、日本の風土で育った植物から香料をつくりだす人びとの営みを現地に訪ね、伝統技術の継承・発展を考える。 四六判２９０頁 '12

160 **牛車**（ぎっしゃ） 櫻井芳昭

牛車の盛衰を交通史や技術史との関連で探り、絵巻や日記・物語等に描かれた牛車の種類と構造、利用の実態を明らかにして、読者を平安の「雅」の世界へといざなう。 四六判２２４頁 '12

161 **白鳥** 赤羽正春

世界各地の白鳥処女説話を博捜し、古代以来の人々が抱いた〈鳥への想い〉を明らかにするとともに、その源流を、白鳥をトーテムとする中央シベリアの白鳥族に探る。 四六判３６０頁 '12

162 **柳** 有岡利幸

日本人との関わりを詩歌や文献をもとに探りつつ、容器や調度品に、治山治水対策に、火薬や薬品の原料に、さらには風景の演出用に活用されてきた歴史をたどる。 四六判３２８頁 '13

163 **柱** 森郁夫

竪穴住居の時代から建物を支えてきただけでなく、大黒柱や鼻っ柱などさまざまな言葉に使われている柱。遺跡の発掘でわかった事実や、日本文化との関わりを紹介。 四六判２５２頁 '13

164 **磯** 田辺悟

人間はもとより、動物たちにも多くの恵みをもたらしてきた磯——その豊かな文化をさぐり、東日本大震災以前の三陸沿岸を軸に磯漁の民俗を聞書きによって再現する。 四六判４５０頁 '14

165 タブノキ　山形健介

南方から「海上の道」をたどってきた列島文化を象徴する樹木について、中国・台湾・韓国も視野に収めて記録や伝承を掘り起こし、人々の暮らしとの関わりを探る。　四六判３１６頁 '14

166 栗　今井敬潤

縄文人が主食とし栽培していた栗。建築や木工の材、鉄道の枕木といった生活に密着した多様な利用法や、品種改良に取り組んだ技術者たちの苦闘の足跡を紹介する。　四六判２７２頁 '14

167 花札　江橋崇

法制史から文学作品まで、厖大な文献を渉猟して、その誕生から現在までを辿り、花札をその本来の輝き、自然を敬愛して共存する日本の文化という特性のうちに描く。　四六判３７２頁 '14

168 椿　有岡利幸

本草書の刊行や栽培・育種技術の発展によって近世初期に空前の大ブームを巻き起こした椿。多彩な花の紹介をはじめ、椿油や木材の利用、信仰や民俗まで網羅する。　四六判３３６頁 '14

169 織物　植村和代

人類が初めて機械で作った製品、織物。機織り技術の変遷を世界史的視野で見直し、古来より日本と東南アジアやインド、ペルシアの交流や伝播があったことを解説。　四六判３４６頁 '14

170 ごぼう　冨岡典子

和食に不可欠な野菜ごぼうは、焼畑農耕から生まれ、各地の風土のなか固有の品種や調理法が育まれた。そのルーツを稲作以前の神饌や祭り、儀礼に探る和食文化誌。　四六判２７６頁 '15

171 鱈（たら）　赤羽正春

漁場開拓の歴史と漁法の変遷、漁民たちのくらしを跡づけ、戦時の非常食としての役割を明らかにしつつ、「海はどれほどの人を養えるか」についても考える。　四六判３３６頁 '15

172 酒　吉田元

酒の誕生から、世界でも珍しい製法が確立しブランド化する近世までの長い歩みをたどる。飢饉や幕府の規制をかいくぐり、いかにその香りと味を生みだしたのか。　四六判２５６頁 '15

173 かるた　江橋崇

外来の遊技具でありながら二百年余の鎖国の間に日本の美術・文芸・芸能を幅広く取り入れ、和紙や和食にも匹敵する存在として発展した〈かるた〉の全体像を描く。　四六判３５８頁 '15

174 豆　前田和美

ダイズ、アズキ、エンドウなど主要な食用マメ類について、その栽培化と作物としての歩みを世界史的視野で捉え直し、食文化に果たしてきた役割を浮き彫りにする。　四六判３７０頁 '15

175 島　田辺悟

日本誕生神話に記された島々の所在から南洋諸島の巨石文化まで、島をめぐる数々の謎を紹介し、残存する習俗の古層を発掘して島の精神性にもおよぶ島嶼文化論。　四六判３０６頁 '15

176 欅（けやき）　有岡利幸

長年営林事業に携わってきた著者が、実際に見聞きした事例や文献・資料を駆使し、その生態から信仰や昔話、防災林や木材としての利用にいたる歴史を物語る。　四六判３０６頁 '16

177 **歯** 大野粛英

虫歯や入れ歯など、古来より人は歯に悩んできた。著者は小説や日記、浮世絵や技術書まで多岐にわたる資料を駆使し、歯科医ならではの視点で治療法の変遷も紹介。 四六判２５０頁 '16

178 **はんこ** 久米雅雄

「漢委奴国王」印から織豊時代のローマ字印章、歴代の「天皇御璽」、さらには「庶民のはんこ」まで、歴史学と考古学の知見を綜合して、印章をめぐる数々の謎に挑む。 四六判３４４頁 '16

179 **相撲** 土屋喜敬

一五〇〇年の歴史を誇る相撲はもとは芸能として庶民に親しまれていた。力士や各地の興行の実態、まわしや土俵の変遷、櫓の意味、文学など多角的に興味深く解説。 四六判２９８頁 '17

180 **醤油** 吉田元

醤油の普及により、江戸時代に天ぷらや寿司、蕎麦など一気に食文化が花開く。濃口・淡口の特徴、外国産との製法の違い、代用醤油、海外輸出の苦労話等を紹介。 四六判２７２頁 '18

181 **和紙植物** 有岡利幸

奈良時代から現代まで、和紙原木の育成・伐採・皮剝ぎの工程を軸に、生産者たちの苦闘の歴史を描き、生産地の過疎化・高齢化、野生獣による被害の問題にもおよぶ。 四六判３１８頁 '18

182 **鋳物** 中江秀雄

仏像や梵鐘、武器、貨幣から大砲、橋梁、自動車やジェット機エンジンまで。古来から人間活動を支えてきた金属鋳物の技術史を、燃料や炉の推移に注目して概観する。 四六判２３６頁 '18

183 **花火** 福澤徹三

戦国期に唐人が披露した花火は武士の狼煙と融合して独自の進化を遂げ、江戸時代に庶民の娯楽として全国に広まった。大人も子供も夢中になった夏の風物詩の歩み。 四六判２６８頁 '19

184 **掃除道具** 小泉和子／渡辺由美子

古代から現代まで、掃除の歴史を道具と精神性の視点から概観し、箒を巡る習俗、名称と分類、素材や産地・製法を精査して日本人の暮らしとの関わりを明らかにする。 四六判３２０頁 '20